네이버 블로그로 돈벌기

지은이 **김동석**

서울대학교 대학원에서 체육교육학과 석사학위를 받고 아동운동 발달센터를 운영하다 회사에 취직했습니다. 지금은 본업을 유지하면서 블로거, 마케터, 작가, 유튜버, 강사 등 다양한 활동을 통해 N잡을 실현하고 있습니다. 현재 누적 방문자 약 2,400만 명인 네이버 블로그 '동동이와 동쥬의 행복가득 육아일기'를 운영하고 있으며, 네이버 블로그는 물론, 다양한 부업 활동으로 월 수입 1,000만 원을 달성해 경제적, 시간적 여유를 누리고 있습니다. 국내 상위 0.1% 탑 블로거, 육아 분야 이달의 블로그 선정 경험을 바탕으로 N잡 직장인이 되는 노하우를 강연을 통해 아낌없이 전수하며, 여러 가지 체험단 활동 및 마케팅 컨설팅을 병행하고 있습니다. 또한 'N잡하는 직장인 아빠동동' 유튜브 채널과 'N잡사관학교' 카페 운영을 통해 부업 영역을 계속 확장하는 중입니다.

이메일 ehdtjr516@naver.com
블로그 https://blog.naver.com/ehdtjr516
유튜브 **라이프 브랜딩 연구소** 검색
브런치 https://brunch.co.kr/@ehdtjr516
카페 https://cafe.naver.com/abbadongdong
오픈채팅 https://open.kakao.com/o/ggeOSAEd

1년에 5,000만 원 버는 수익 확장 노하우 **네이버 블로그로 돈 벌기**

초판 1쇄 발행 2021년 09월 28일
초판 3쇄 발행 2022년 08월 19일

지은이 김동석 / **펴낸이** 김태헌
펴낸곳 한빛미디어(주) / **주소** 서울시 서대문구 연희로2길 62 한빛미디어(주) IT출판부
전화 02-325-5544 / **팩스** 02-336-7124
등록 1999년 6월 24일 제25100-2017-000058호 / **ISBN** 979-11-6224-477-7 13000

총괄 전정아 / **책임편집** 배윤미 / **기획** 박지수 / **교정** 신꽃다미
디자인 이아란 / **전산편집** 김보경
영업 김형진, 김진불, 조유미 / **마케팅** 박상용, 송경석, 한종진, 이행은, 고광일, 성화정 / **제작** 박성우, 김정우

이 책에 대한 의견이나 오탈자 및 잘못된 내용에 대한 수정 정보는 한빛미디어(주)의 홈페이지나 아래 이메일로 알려주십시오.
잘못된 책은 구입하신 서점에서 교환해 드립니다. 책값은 뒤표지에 표시되어 있습니다.
한빛미디어 홈페이지 www.hanbit.co.kr / 이메일 ask@hanbit.co.kr / 자료실 www.hanbit.co.kr/src/10477

지금 하지 않으면 할 수 없는 일이 있습니다.
책으로 펴내고 싶은 아이디어나 원고를 이메일(writer@hanbit.co.kr)로 보내주세요.
한빛미디어(주)는 여러분의 소중한 경험과 지식을 기다리고 있습니다.

1년에 5,000만 원 버는 수익 확장 노하우

네이버 블로그로 돈벌기

김동석 지음

HB 한빛미디어
Hanbit Media, Inc.

천 원을 벌 수 있는
나만의 전략이 있나요?

급변하는 미래를 준비하자

할아버지는 어릴 적 저에게 늘 이렇게 이야기했습니다. "열심히 해야 한다!" 저는 반사적으로 "네!"라고 대답했습니다. 그렇게 고등학교, 대학교를 지나 사회에 나와서도 할아버지가 저에게 늘 하는 말은 "열심히 해야 한다!"였습니다. 첫 직장에 취업하고 다시 할아버지를 뵈었을 때도 여전히 같은 이야기를 해주었는데, 어릴 때는 고개를 끄덕이며 들었지만 문득 열심히 하면 정말 성공할 수 있을지 의문이 들었습니다. 주위에는 열정을 가지고 열심히 노력하지만 성공하지 못하는 경우도 많이 있었기 때문입니다.

왜 우리는 성공하지 못하는 걸까요? 금수저가 아니라서? 단지 운이 좋지 않아서? 물론 그럴 수도 있지만 기본적으로는 나만의 전략이 없기 때문이라고 생각합니다. '열심히'만 해도 사회에서 성공할 수 있는 시기가 있었습니다. 하지만 할아버지 세대, 그리고 아버지 세대를 지나 MZ 세대까지 넘어오면서 '열심히 해도 100% 통하지 않는 시대'가 되었습니다. 코로나-19의 확산으로 생활 패턴과 근무 환경이 변했습니다. 또한 투잡, N잡과 같은 부업의 등장으로 생계를 꾸려가는 유형 역시 변했습니다. 이미 급변하고 있는 이러한 현상은 앞으로 더욱 빨라질 것입니다.

이제 돈 벌기에 대한 전략은 필수가 되었습니다. 기업은 물론 평범한 개인인 '나'도 과거 데이터를 바탕으로 미래를 예측하고 준비해야 하는 시대가 된 것입니다.

블로그 수익화를 이룬 탄탄한 노하우를 배우자

8년 넘게 블로그를 운영하며 다양한 곳에서 블로그 수익화, 블로그 운영 방법에 대한 노하우를 강의했습니다. 강의 후 가장 많이 받는 질문은 "블로그로 돈을 벌고 싶은데 가능할까요?", "블로그 수익화까지 얼마나 걸릴까요?"입니다. 그러면 저는 "지금 당장 천 원을 벌 수 있는 나만의 전략이 있나요?"라고 항상 되물었습니다. 대부분의 수강생은 이 질문에 대답하지 못하거나 주저했습니다.

당장에 블로그로 30만 원, 50만 원을 벌고 싶고, 시간과 노력이 얼마나 필요할지 궁금해하는 것은 충분히 이해합니다. 유튜브, 블로그에서 블로그 투잡, 블로그 수익화 키워드로 검색해보면 관련 영상과 강의가 넘쳐납니다. 당신도 할 수 있다는 말에 솔깃하지만 막상 강의를 듣고 나면 어떻게 해야 한다는 핵심이 없어 맥 빠지는 경험도 해봤을 것입니다.

이런 강의 내용을 자세히 살펴보면 전업 블로거, 마케팅 전공자, 관련된 업무에 종사한 경험이 있는 강사들의 노하우인 경우가 많습니다. 퇴사 후 월 200만 원, 500만 원을 벌 수 있다고 홍보하지만 우리가 전공자도 아니고 잘 다니는 직장을 퇴사하면서까지 무모하게 새로운 분야에 도전하기는 힘들 것입니다. 오히려 회사에 다니면서 수익화를 달성하고, 나아가 퇴사 후 내가 하고 싶었던 일(스마트스토어, 책 출간, 강의, 자영업 등)을 하기 위해 블로그를 성장의 발판이나 강력한 무기로 만들 수 있지 않을까 계속해서 고민할 것입니다.

주위에는 블로그 수익화 강의를 듣는 데만 100만 원을 넘게 쓰고도 제자리걸음인 안타까운 경우가 있었습니다. 제가 가진 노하우를 조금이라도 더 많이 나누고 저를 찾는 직장인, 학생, 주부들이 블로그 투잡, 블로그 수익화의 꿈을 이루었으면 하는 마음으로 이 책을 집필했습니다.

나만의 부의 파이프라인을 만들자

우리가 저수지에서 원하는 곳까지 파이프를 통해 물을 옮기고 있다고 생각해보겠습니다. 보다 많은 양의 물을 보내려면 두 가지 방법을 고민해볼 수 있을 것입니다. 하나는 파이프라인의 굵기(크기)를 확장하는 방법이고, 다른 방법은 파이프라인의 개수를 늘리는 방법입니다.

블로그 수익화가 물을 나르는 파이프라고 생각해보겠습니다. 수익화에 성공하려면 천 원을 벌 수 있는 나만의 방법을 찾아 그 상품, 서비스의 가치를 높이며 그것이 5만 원, 10만 원이 되도록 확장하는 방법과 이렇게 천 원을 벌 수 있는 방법을 10개, 20개, 30개로 확장해 수익의 규모를 늘리는 방법이 있을 것입니다. 이 책에서는 두 가지 방법으로 나누어 현실적인 블로그 수익화 노하우를 전달할 예정입니다.

최근 대세로 떠오르는 부업의 형태는 단순 노동에서 벗어나 노트북과 스마트폰만 있으면 언제 어디서든 할 수 있는 디지털 부업이 대부분입니다. 다시 강조하지만 이제 수익화 전략은 보통 사람인 우리에게도 필요한 필수 아이템이 되었습니다. 이 책에서는 블로그 최적화를 통한 수익화는 물론, 블로그를 부업으로 활용할 수 있는 12가지 방법을 소개할 것입니다. 더 나아가 '나'라는 사람의 '브랜딩'을 통해 단순히 제품 협찬이나 원고료를 받는 체험단을 넘어 블로그를 나의 강력한 무기가 되도록 세팅하고 운영하는 방법을 함께 고민하겠습니다.

그럼 본격적인 블로그 투잡, 수익화의 첫걸음을 여러분과 함께 시작해보겠습니다.

2021년 9월 네이버 탑 블로거 동동이 아빠, 김동석

CHAPTER 02 ⊘ SECTION 09

상위 0.1% 블로거가
알려주는
블로그 확장 팁

작은 성취 경험을 쌓는 챌린지 프로그램

블로그 권태기 일명 '블태기'는 언제든 올 수 있고 개인적인 일로 슬럼프를 겪을 수도 있습니다. 이를 극복하려면 강력한 동기부여가 필요합니다. 꼭 블태기를 극복하기 위한

▲ 네이버 블로그 챌린지 프로그램의 'HOT TOPIC 도전' 예시 화면

이해가 쏙쏙되는 내용 설명

네이버 블로그를 운영하기 위한 기초 지식부터 키워드 분석, 상위 노출 비법, 그리고 수익화를 위한 다양한 노하우와 사례까지 풍부한 경험을 바탕에 둔 친절한 설명과 도표로 핵심만 쏙쏙 뽑아 쉽게 알려줍니다.

▲ 자동완성 검색어와와 연관검색어(어)의 차이

키워드를 도출했으면 키워드 추출 도구를 활용해 키워드량과 문서량을 파악하는 작업이 필요합니다. 연관검색어까지 이해하고 블로그 글쓰기에 활용한다면 방문자 유입을 최대치로 끌어올릴 수 있습니다.

 네이버 블로그로 돈 버는 노하우 영상 강의

 제5강 | 네이버 키워드 활용 방법
네이버 블로그에서 키워드는 철저한 수요와 공급의 법칙에 따라 중요도가 결정됩니다. 중요한 키워드를 발굴하기 위해서는 월간 검색량과 문서 발행량을 확인하고 해석할 줄 알아야 합니다. 이런 방법을 통해 포스팅을 작성할 때 중요한 힌트는 물론 틈새를 공략하는 나만의 키워드도 확보할 수 있습니다. 이번 강의에서는 이러한 키워드를 발굴하는 방법, 그리고 자동완성 검색어와 연관검색어를 통해 키워드를 활용하는 방법에 대해 알아보겠습니다.

http://m.site.naver.com/0PW70

네이버 블로그로 돈 버는 동영상 강의 링크

저자의 네이버 블로그 수익화 강의를 유튜브 동영상으로 만나보세요! 책의 내용에 더해 추가 사례와 각종 도구 사용 방법을 더욱 자세히 알려줍니다. 스마트폰 카메라로 QR코드를 찍어 접속하거나 인터넷 브라우저에 주소를 직접 입력해 동영상 강의를 시청할 수 있습니다.

어려운 부분을 콕콕 짚어주는 TIP

생소한 용어 해설, 네이버 블로그를 운영하기 위한 간단한 지식, 추가로 설명이 필요한 부분을 속 시원하게 알려드립니다. 어려운 내용도 막힘없이 읽고 이해할 수 있도록 도와줍니다.

체험단 사이트 목록		
체험단 카페	**체험단 사이트**	**체험단 블로그**
01 미쓰넷	01 리얼리뷰	01 나무체험단
02 레온라바스	02 서울오빠	02 드루와 체험단
03 일등맘	03 놀러와 체험단	03 끌맷체험단
04 맘다엇템(유아, 아동 전집)	04 리뷰플레이스	04 블로그 원정대
05 똑똑체험단	05 원스타 체험단	05 웨이워즈 체험단
06 앤서스	06 앤서스	06 다노 체험단
	07 모두의 블로그	07 핑퐁언니
	08 에코블로그	08 엄마룸
	09 리뷰어스	
	10 구구다스	
	11 베이블로그	

▲ 주요 체험단 목록

체험단 사이트를 통해 리뷰를 쌓다보면 더 많은 기회가 찾아옵니다. 그러므로 조바심내지 않고 나를 뽑아줄 사이트를 찾고 응모하는 노력이 필요합니다. 복권 당첨 확률을 높이기 위해 여러 장의 복권을 사는 것처럼 꾸준히 체험단에 지원하고 도전하면 체험단 당첨 확률이 높아질 것입니다.

> 🔍 **핵심 콕콕 TIP** 다양한 체험단 리스트와 사이트, 주소 확인
>
> 국내에는 앞서 소개한 25개 체험단뿐만 아니라 다양한 체험단 카페, 사이트, 블로그가 있습니다. 각 체험단의 특징과 더 많은 체험단 정보는 별도로 자료를 정리하여 포스팅했습니다. 다양한 체험단 중 여러분이 원하는 체험단을 확인하고 선택할 때 도움이 되었으면 합니다.
>
> http://m.site.naver.com/0Q1yj

> 🔍 **NOTE** 네이버 블로그로 돈 버는 직장인 동동이의 실전 노하우
>
> **📋 글을 수정하지 않고 해시태그 변경, 삭제, 추가하기**
>
> ▲ 글 수정 없이 해시태그 수정하기
>
> 글을 발행한 후 새롭게 해시태그를 추가하거나 수정해야 하는 경우가 있습니다. 이때 글을 수정하지 않고 쉽고 간단하게 태그만 수정하는 방법이 있습니다. 내 블로그 포스팅의 해시태그 부분에 있는 [태그수정]을 클릭하면 글을 수정하지 않고 해시태그를 바로 변경할 수 있습니다. 참고로 해시태그는 띄어쓰기와 특수문자가 적용되지 않습니다.

다음, 구글, 줌(ZUM) 검색등록하기

다양한 검색 사이트에 블로그를 등록하는 것도 블로그를 확장하고 방문자를 늘리는 데 도움이 됩니다. 네이버 블로그라도 다음, 구글, 줌 등 다양한 채널에 등록해 검색에 노출할 수 있습니다. 등록 방법은 아주 간단하고 별도의 비용이 들지 않으며, 한 번만 세팅하면 지속적인 방문자 유입에 도움이 됩니다.

다음 검색등록

인터넷 검색 사이트에서 **다음 검색등록**으로 검색해 접속합니다. [신규 등록하기]를 클릭해도 되고 바로 아래 [블로그 등록]에 블로그 주소 URL을 직접 입력해도 됩니다. 이후 개인정보 제공에 동의하고, 블로그에 관한 정보를 간단히 입력하면 신청이 완료됩니다.

네이버 블로그로 돈 버는 직장인 동동이의 실전 노하우

네이버 블로그 운영 및 직접 실현해본 수익화 경험을 바탕으로 더 알면 좋은 내용, 궁금할 법한 내용을 아낌없이 정리했습니다. 저자의 풍부한 경험과 실전 노하우를 여러분의 것으로 만들어보세요!

일반적으로 영상을 편집하려면 전문적인 편집 도구를 사용하기 때문에 어렵다고 생각할 수 있지만 네이버 블로그 모먼트는 스마트폰의 사진과 영상을 활용해 쉽게 편집하고 배포할 수 있는 기능을 갖추고 있어 부담 없이 제작이 가능합니다.

실습 : 블로그 모먼트로 짧은 영상 만들기

스마트폰에 블로그 앱을 설치한 후 실행하면 메인 화면의 [모먼트]-[모먼트 만들기]가 나타납니다. ❶ [모먼트 만들기]를 터치하면 ❷ 미리 촬영한 사진 혹은 영상을 선택할 수 있고, 여러 사진을 선택하면 슬라이드 형태의 영상을 제작할 수 있습니다. [다음]을 터치하면 영상을 꾸미기 위한 ❸ 스타일과 ❹ 배경음악을 선택할 수 있습니다.

▲ 네이버 블로그 모먼트 사진(동영상) 선택, 스타일과 배경음악 선택 화면

배경음악과 스타일을 선택한 후 [다음]을 터치하면 영상 편집 화면이 나타납니다. 편집 화면 오른쪽 사이드 바에서 ❶ [첨부]를 터치합니다. 다양한 정보(블로그 포스팅, 지도,

돈 버는 노하우 실습 따라 하기

주제 정하기, 시간 활용 자가 진단, 네이버 블로그 모먼트 만들기, 1일 1포스팅 계획 등을 친절한 설명과 함께 직접 참여하는 형태로 학습합니다. 본문의 설명에 따라 실습을 진행하면서 블로그 운영에 유익한 전략을 체화할 수 있습니다.

전문가가 알려주는
네이버 블로그 수익화 Q&A

Q 블로그 주제가 세 가지 이상이어도 되나요?

A 주제 삼총사를 정하는 문제에 대해 혼동할 수 있는 부분을 좀 더 알아보겠습니다. 필자가 권장하는 주제 삼총사의 큰 틀은 메인, 일상, 취미/연재 콘텐츠입니다. 그런데 일상의 경우 주제를 하나로 정하기 애매한 경우가 많습니다. 영화나 연극, 뮤지컬을 즐겨보는 사람도 있고, 매일 책을 읽거나 요리를 하는 사람도 있을 겁니다. 또 꾸준히 자격증이나 영어를 공부하는 사람도 있고, 한두 가지로 꼽을 수 없을 만큼 취미와 관심사가 다양한 사람도 있습니다.

주제 삼총사를 정하라는 것은 오로지 세 개의 주제만 정해서 포스팅해야 한다는 의미가 아닙니다. 네이버에서도 공식 블로그를 통해 하나의 블로그에 하나의 주제

▲ 블로그 검색 반영률 알아보기(출처 : https://campaign.naver.com/blogssearch)

특별부록 전문가가 알려주는
네이버 블로그 수익화 Q&A

앞서 배운 내용 중 가장 궁금해하는, 강의 현장에서 많이 나온 질문 일곱 개를 부록으로 제공합니다. 수익화 노하우에 더해 더욱 유익하고 도움이 되는 내용으로 구성했습니다.

시간 활용 자가 진단 시트

* 하루 24시간(수면 시간 포함) 기준이며, 소요시간1+소요시간2의 합은 60분이 되어야 한다.

시간	시간 사용 내역 1	소요시간 (분)	시간 사용 내역 2	소요시간 (분)	자체 평가 (높은것 깊이 기술)
0:00					
1:00					
2:00					
3:00					
4:00					
5:00					
6:00					
7:00					
8:00					
9:00					
10:00					
11:00					
12:00					
13:00					
14:00					
15:00					
16:00					
17:00					
18:00					
19:00					
20:00					
21:00					
22:00					
23:00					

* 평가는 시간 활용에 대한 나의 '집중도 혹은 몰입도'를 A, B, C, F의 4단계 등급으로 자체 평가
  평가는 주관적이지만 나의 시간 사용 패턴을 객관화하여 평가한다.
  A 시간을 효율적으로 100% 몰입해 활용
  B 시간 활용은 양호하지만 몰입이 조금 아쉬운 정도(70% 미상)
  C 시간 활용이 만족스럽지 못했으나 어느 정도 과업은 처리한 상태(50% 이상)
  F 시간을 제대로 활용하지 못함, 개선 필요

네이버 블로그 운영을 도와주는
실습 활용 템플릿

실습에서 활용할 수 있는 템플릿 양식을 수록하였습니다. 주제 삼총사 정하기, 시간 활용 자가 진단 시트, 포스팅 계획표, 황금 키워드 정리표 등 다양한 템플릿 양식을 활용해 블로그 운영을 더욱 효율적으로 관리할 수 있습니다.

1일1포스팅 계획표

구분			내용
월에 읽을 책			
글	필사 노트	좋은 글귀	
		필사	
		나만의 문장	
	필사 노트	좋은 글귀	
		필사	
		나만의 문장	

구분		포스팅 주제	촬영 방법
이미지	메인 주제		
	일상 주제		
	연재 주제		

실습에 활용하는 템플릿은 직접 인쇄해서 쓸 수 있는 PDF 파일 및 컴퓨터로 작성할 수 있는 엑셀과 워드 문서로도 다운로드할 수 있습니다. 파일 다운로드 방법은 **부록 다운로드**에서 확인해보세요!

N잡하는 직장인 아빠동동의 블로그 수익화 무료 동영상 강의

▲ N잡하는 직장인 아빠동동 채널

스마트폰의 기본 카메라 어플리케이션을 실행하고 각 강의 동영상 소개 페이지의 QR코드에 초점을 맞추면 잠시 후 QR코드로 접속할 수 있는 웹페이지 링크가 나타납니다. QR코드 링크 안내를 터치하면 해당 동영상 강의의 웹페이지에 접속됩니다. 유튜브 어플리케이션을 설치했다면 유튜브가 실행됩니다. 유튜브에서 N잡하는 직장인 아빠동동으로 검색한 후 저자의 유튜브 채널에 접속해 동영상 강의를 시청할 수도 있습니다.

한빛출판네트워크 홈페이지에서 템플릿 파일 다운로드하기

01 웹 브라우저를 열고 한빛출판네트워크 홈페이지 주소 **http://hanbit.co.kr**을 입력하거나 인터넷 검색 사이트에서 **한빛출판네트워크**를 검색해 접속합니다. 홈페이지에 접속한 후 오른쪽 아래에 있는 [자료실]를 클릭합니다.

02 검색란에 **네이버 블로그로 돈 벌기**를 입력한 후 검색 🔍을 클릭합니다. 검색 결과가 나타나면 도서의 [예제소스]를 클릭합니다.

• 단축 주소를 이용해 다운로드 페이지에 빠르게 접속할 수 있습니다.
https://www.hanbit.co.kr/src/10477

03 다운로드한 템플릿 파일의 압축을 해제한 후 열면 실습에 사용할 수 있는 각종 서식이 한글 문서와 PDF 파일로 준비되어 있습니다. 컴퓨터에서 작성하거나 출력해서 직접 기록합니다.

CHAPTER 01 | 블로그 투잡, 시작이 절반이다

CHAPTER

02 | 블로그로 돈 버는 실전 노하우

▼

목차

CHAPTER 03   블로그 N잡과 퍼스널 브랜딩 실전 노하우

블로그 투잡,
시작이 절반이다

블로그를 통해 여러분이 이루고자 하는 목표는 다양할 것입니다. 그 목표를 달성하는 방법을 알아보기 전에 블로그를 어떻게 운영할 것인지 방향을 설정하는 시간을 가지겠습니다. 단순히 블로그를 개설하고 포스팅하는 방법이 아닌 운영에 대한 전반적인 이해를 도울 수 있는 내용으로 구성했습니다. 블로그 부업과 최적화의 개념, 주제 선정과 블로그 지수 관리 등 블로그를 운영하고 포스팅할 때 꼭 알아야 하는 핵심만 모았습니다.

블로그로 N잡을
시작해야 하는 이유

뉴스를 보니 정리해고 등으로 어쩔 수 없이 직장을 그만둔 40~50대가 2019년에 50만 명에 육박하면서 5년 만에 최고치를 경신했다고 합니다(통계청, 2019). 코로나-19로 인한 산업구조의 변화가 이러한 현상을 부채질하며 그 수치는 해를 거듭할수록 가속화 될 전망이라고 합니다.

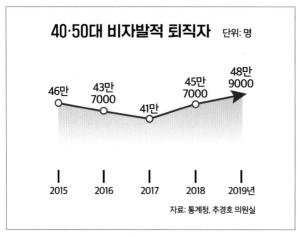

◀ 40 · 50대 비자발적 퇴직자 현황[1]

---

1) ···

"40 · 50대 비자발적 퇴직, 작년 49만 명", 동아일보, 2020년 2월 17일,
https://www.donga.com/news/Economy/article/all/20200217/99734002/1

100세 시대가 되면서 "회사 일만 열심히 해서 퇴직금과 연금으로 남은 50년을 풍족하게 살 수 있을까?"라는 고민을 피할 수 없게 되었습니다. 미래에 대한 준비는 빠르면 빠를 수록 좋습니다. 근로소득만으로 풍족하게 살기 힘들다는 것을 알게 된 20~30대, MZ세 대가 비트코인과 주식 열풍의 중심이 된 것은 우연이 아닐 것입니다.

한 취업 포털 사이트에서 진행한 **직장인이 예상하는 본인의 퇴직 연령**에 관한 조사 결과[2]를 보면 오늘날 직장인들은 법정 정년인 60세보다 10년 정도 이른 49.7세를 본인의 퇴직 연령으로 생각하고 있는 것으로 나타났습니다. 기대수명은 늘었지만 체감 퇴직 연령은 오히려 낮아지고 있는 것입니다.

최근 새로운 투자와 소비 세력으로 주목받고 있는 MZ세대는 1980년대 초반~2000년 대 초반에 출생한 밀레니얼 세대와 1990년대 중반~2000년대 초반에 출생한 Z세대 를 일컫습니다. 이들은 온라인 정보 활용에 능숙하고 트렌드에 빠르게 적응하며, 빠른 시간 내 경제적 자유를 달성해 조기 은퇴 후 원하는 인생을 살겠다는 파이어(FIRE, Financial Independence Retire Early) 운동에 관심이 많습니다.

은퇴 준비에 대한 인식 또한 40~50대 선배들과 다릅니다. 이른 은퇴를 준비하기 위해 강의를 듣고, 책을 읽고, 공부하며 자격증을 준비합니다. 또 블로그, 유튜브, 인스타그 램 등 SNS 채널을 운영하며 금전적·시간적 투자를 아끼지 않습니다. SNS 투잡, 블로 그 수익화, 디지털 노마드 관련 강의 콘텐츠와 도서가 불티나게 소비되는 것도 이러한 방증입니다.

어느덧 10년 차 직장인인 필자 역시 동료들과 현재와 미래에 대해 자주 이야기합니다. 그중 40~50대 선배들과 대화를 나누다 보면 **안정적**이라는 단어가 많이 등장합니다. 그 런데 문득 이곳이 나에게 안정감을 줄 수 있는 평생직장일까, 퇴직 후 50년을 위한 준 비가 필요한 100세 시대에 평생직장이 무조건 좋은 것일까, 흐르지 못하고 고인 물처럼 발전 없이 안주하게 되는 것은 아닐까 하는 의문이 들었습니다.

---

[2] ···

"직장인 체감 퇴직 연령 평균 49.7세", 잡코리아, 2020년 9월 11일,
https://www.jobkorea.co.kr/goodjob/tip/view?News_No=18264&schCtgr=120001

직장이 평생의 안정감을 줄 수 있냐는 질문에 그렇다고 대답하는 사람도 있을 것입니다. 하지만 그렇게 되려면 전제 조건이 있습니다. 일단 회사가 망하지 않아야 하고, 일을 그만둘 정도로 아프지 않아야 하며, 나를 대체할 시스템이 개발되지 않아야 합니다. 무엇보다 나의 업무 실력이 회사에서 지속적으로 필요로 할 정도로 계속 업그레이드되어야 합니다. 평생 안정감을 주는 직장이란 이처럼 아주 복잡한 조건이 충족되어야 가능합니다.

인공지능 시대에는 데이터 모델링, 데이터 분석, 프로그래밍 등과 같은 하드 스킬(Hard Skill) 역량의 중요도가 점차 낮아지고, 리더십, 업무 유연성, 창의성, 장악력, 회복력, 적응력과 같이 수치화하기 힘든 소프트 스킬(Soft Skill) 역량이 더욱 주목받을 것이라고 합니다.

이런 상황에서 블로그를 통해 스스로를 **브랜딩**하고 다양한 사람과 소통하면서 소프트 스킬을 확장하는 동시에 하드 스킬과 적절히 조화를 만들어낼 수 있다면 진정한 **하이브 리드 스킬**을 겸비한 독보적인 캐릭터로 성장할 수 있을 것입니다.

이 책에서는 1차원적인 블로그 수익화를 넘어 브랜딩 노하우를 통해 수익을 극대화하는 스킬을 담기 위해 노력했습니다. 필자는 대한민국 온라인 마케팅의 중심에 있는 플랫폼인 네이버 블로그를 통해 수익을 극대화하였으며, 이런 경험과 노하우를 12가지 전략으로 정리하였습니다.

처음부터 12가지 방법을 모두 실천하기는 힘듭니다. 여러분의 현재 상황에 맞는 것부터 하나씩 적용하고 실천해보기 바랍니다. 1회 강연료가 20만 달러인 백만장자 브라이언 트레이시는 저서 《목표, 그 성취의 기술》[3]에서 누군가에게 단 하나의 조언을 해줄 수 있다면 이렇게 말해주고 싶다고 했습니다. "목표를 설정하고, 그것을 성취하기 위한 계획을 세우고, 날마다 그 계획을 실천하기 위해 노력하라."

그런데 목표 설정보다 먼저 해야 할 일이 있습니다. 바로 자신이 진정으로 원하는 것이 무엇인가에 대한 치열한 고민입니다.

---

3) ....
《목표, 그 성취의 기술》(브라이언 트레이시 지음, 김영사, 2003년 10월)

이 책에는 지난 8년간의 블로그 운영과 수익화의 노하우를 담았습니다. 필자는 마케팅을 전공하지도 않았고, 관련 직종에 종사하지도 않으며, 전업 블로거도 아닙니다. 새벽 네 시에 일어나 두 시간 정도 블로그 포스팅과 강의 자료를 준비하고, 여섯 시 반부터 출근 준비를 시작합니다. 매일 한 시간씩 만원 지하철을 타고 회사까지 이동합니다. 월요일부터 금요일, 아침 아홉 시부터 오후 여섯 시까지 회사에서 열심히 일하고, 다시 한 시간을 이동해 아이들이 반갑게 맞아주는 집으로 돌아옵니다. 그리고 저녁에는 여섯 살, 두 살 아이의 육아에 참여합니다.

필자는 지극히 평범한 직장인이고 남편이자 아빠입니다. 동시에 육아 블로거이기도 합니다. 이 책에는 필자와 같이 평범한 사람이 블로그를 통해 수익화를 이루고 커리어를 발전시켜온 과정과 그 방법을 담았습니다. 지금부터 소개하는 노하우와 실천 전략을 토대로 실행하고 노력한다면 여러분도 디지털 노마드, 수익화 블로그 운영자, 온라인 건물주라는 목표를 달성할 수 있습니다.

하지만 불행히도 블로그에 도전하는 사람 대다수는 블로그 수익화가 무엇인지, 어떻게 만들고 준비해야 하는지 몰라 시작도 못하고 오랜 습관과 핑계에 얽매여 있습니다.

- 그런 일을 할 시간적 여유가 없어.
- 블로그 수익화는 일찍 시작한 사람들만 돈을 버는 거 아니야?
- 내 주변 사람도 도전해봤는데 실패했다고 하던데?
- 그냥 지금까지 살던 대로 편하게 살래.

많은 사람이 회사만 열심히 다니며 사는 것을 당연하게 여기는 세상에서 시간과 노력을 별도로 들여 수익화 구조를 만드는 일은 쉽지 않습니다. 어쩌면 그렇기 때문에 그 꿈을 이루는 사람이 소수일지도 모릅니다. 앞에서 언급했던 것처럼, 처음부터 거창한 목표를 세우지 않아도 됩니다. 일단 시작하는 것이 중요합니다. 월급 외 수입으로 만 원을 버는 것부터 도전할 것을 권합니다. 만 원짜리 콘텐츠와 아이템이 열 개면 10만 원이 되고, 백 개면 100만 원이 됩니다.

자신의 콘텐츠와 아이템으로 만 원을 벌어보지 못한 사람은 100만 원을 벌 가능성 또한 없습니다. 필자는 여러분의 첫 도전을 도울 것이고 부의 파이프라인을 만드는 첫걸음을 함께 하고 싶습니다.

블로그의 수익 구조는 선택한 플랫폼(네이버, 다음, 구글 등)에 따라, 개인적인 방향성에 따라 여러 형태로 만들어질 수 있습니다. 이 책에서 설명하는 수익형 블로그는 기본적으로 네이버 블로그를 의미합니다. 하지만 전체적인 흐름을 이해한다면 다음 카카오의 티스토리와 구글 애드센스에서도 유사하게 수익을 낼 수 있습니다.

이 책의 모든 내용을 이해하고 실천하기 위해 노력했다면 마지막에는 스스로를 브랜딩하는 방법을 배우게 될 것입니다. 블로그를 통한 제품 체험단, 원고·광고 수익을 통해 얻는 1차원적 수익화를 넘어선 **확장형 수익** 기술을 터득해 '1인기업'을 창업하고 나만의 스토어까지 성공적으로 만드는 밑거름이 될 것이라고 자신합니다.

코로나-19 장기화로 경기 침체와 재택근무, 유연근무제 정착이 맞물리면서 부업에 대한 직장인의 수요가 늘고 있습니다. 직장인을 대상으로 하는 블로그 특강에 나가면 가장 많이 받는 질문들이 바로 "블로그로 투잡을 하고 싶은데 어떤 아이템이 좋을까요?", "어떻게 하면 최대한 빨리 세팅을 해서 돈을 벌 수 있을까요?" 등입니다.

직장인 대상으로 실시한 투잡에 관한 인식 조사를 살펴보면 열 명 중 여덟 명이 투잡의 필요성을 느끼고 있으며, 두 개 이상의 직업을 가진 일명 **N잡러**에 대한 관심도 높은 것으로 나타나고 있습니다.

우리와 같은 고민을 하는 30대 이상 직장인 2,050명을 대상으로 실시한 '직장인 투잡에 관한 설문조사' 결과를 살펴보겠습니다. 현재 직장생활과 아르바이트를 병행하는 직장인은 전체의 18.6%이며, 나이가 많을수록 투잡을 하는 비중이 높다는 것을 알 수 있습니다. 아르바이트로 버는 월평균 수입은 약 50만 원이었습니다.

이처럼 본업과 부업을 겸하는 N잡러가 늘어나는 이유에 대해서는 평균 수명이 길어지면서 정년 없는 일자리, 안정적인 부수입에 대한 관심이 높아지고 있기 때문이라는 의견이 많습니다. 단순히 투잡, 부업의 개념을 넘어 또 다른 직업, 부캐(부 캐릭터, 제2의

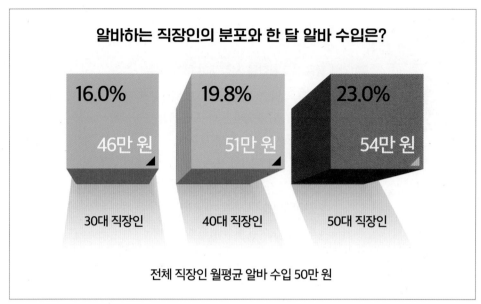

알바하는 직장인의 분포와 한 달 알바 수입은?

16.0%
46만 원

19.8%
51만 원

23.0%
54만 원

30대 직장인   40대 직장인   50대 직장인

전체 직장인 월평균 알바 수입 50만 원

▲ 연령별 투잡하는 직장인 분포와 월평균 알바 수입[4]

자아)를 만드는 직장인이 증가하고 있습니다.

하지만 N잡을 하겠다는 의욕이 앞서 일의 개수만 늘린다면 오래 가지 못할 뿐 아니라 실패할 가능성이 높습니다. 여러 직업을 가지려면 중심을 잡아주는 뼈대가 있어야 합니다. 앙상한 가지만 있는 나무는 오래 버틸 수 없습니다. 튼튼한 몸통을 중심으로 가지를 뻗어야 어떠한 역경이 오더라도 버틸 수 있습니다. N잡 역시 마찬가지라고 생각합니다. N개의 일을 연결해줄 핵심이 있어야 합니다. 필자의 경우 네이버 블로그를 중심으로 블로그 강사, SNS 마케팅, 작가, 컨설턴트, 마케터 등으로 N잡을 확장할 수 있었습니다. 진정한 N잡을 통해 수익화의 꿈을 실현하는 데 블로그라는 채널이 튼튼한 몸통으로서 중심을 잡아줄 것입니다.

---

4)
"투잡하는 직장인 월평균 50만 원 소득, 알바하는 이유와 종류는?", 디지틀조선일보, 2019년 3월 12일, http://digitalchosun.dizzo.com/site/data/html_dir/2019/03/12/2019031280213.html

영상 강의 링크 　네이버 블로그로 돈 버는 노하우 **영상 강의**

제1강 | 블로그로 N잡을 시작해야 하는 이유

네이버 블로그로 이루려는 목표나 가치는 각자 다를 것입니다. 네이버 블로그를 통한 부업, 수익화는 너무 먼 목표라 어렵게 느껴질 수 있습니다. 하지만 한 가지만 명심하면 됩니다. 바로 지금 시작하라는 것입니다. 이번 강의를 통해 네이버 블로그를 활용한 부업, N잡을 시작하기 전 결심을 다질 수 있기를 바랍니다. 필자의 사례를 통해 여러분도 할 수 있다는 자신감을 얻을 수 있을 거라 생각합니다. 편안하게 들을 수 있도록 유튜브 라디오 형식의 영상을 준비했습니다.

http://m.site.naver.com/0PW67

새롭게 도래하는
네이버 블로그 시대

강의 현장에서는 네이버 블로그보다는 유튜브를 하는 게 낫다거나 네이버 블로그의 시대는 끝나지 않았냐는 등의 질문이 많이 나옵니다. 하지만 월간 순 이용자 3,000만 명 이상인 네이버가 우리나라 최고의 포털 사이트라는 사실에는 변함이 없습니다.

Since 2003
지금까지 작성된 블로그 글 수
21억 **4**천 **3**백 **169,514**개

지금도 1초마다 7개의 글 이 블로그에 발행되고 있어요.

2020 올해 남겨진 공감과 댓글   ♥ 95,788,478

공감과 댓글이 1억 5천만 개,
한 해 동안 이토록 많은 관심과 호응이 함께 했습니다.   💬 63,381,123

▲ 2020 네이버 블로그 리포트 : 지금까지 작성된 네이버 블로그 글 수[5]

---

5) ....

"2020 네이버 블로그 리포트", 네이버, https://campaign.naver.com/2020blog/blogreport

한성숙 대표는 2021년 4월 네이버 1분기 실적 발표에서 네이버 블로그가 20대를 중심으로 일상을 기록하는 트렌디한 매체로 부각 중이라고 밝혔습니다. 소위 지는 해라고 여겨졌던 네이버 블로그가 2021년 다시 역주행을 하게 된 이유는 무엇일까요? 전문가들은 코로나-19로 인한 집콕족의 증가와 스마트스토어, 블로그 마켓을 중심으로 하는 수익화 채널의 활용성 증가를 주요한 원인으로 꼽습니다.

네이버 블로그에는 2003년 이래로 2020년까지 21억 건 이상의 글이 올라왔다고 합니다. 1초에 일곱 개씩 발행된 것이니 실로 엄청난 수치입니다. 그런데 이 중 2020년에 작성된 글이 3억 건에 달했습니다. 네이버 블로그 서비스 시작 이후 역대 최고 수치입니다. 월평균 콘텐츠 생산량 역시 2019년 대비 28% 증가했으며 새로 개설된 블로그는 120% 늘었습니다.

Since 2003
네이버 블로그에 존재하는 블로그 수
28,239,272
2천8백만 개의 블로그
대한민국 인구의 절반이 네이버 블로그를 가지고 있어요.

▲ 2020 네이버 블로그 리포트 : 네이버에 존재하는 블로그 수[6]

2020년 통계에서 눈에 띄는 부분은 신규 블로거 중 20대가 30%를 차지한다는 점입니다. 이 글을 읽고 있는 지금도 누군가는 블로그를 개설하고 있을 것입니다. 네이버 블로그의 역주행은 이미 시작되었다고 할 수 있습니다.

네이버 블로그의 가장 큰 장점은 무엇보다도 국내 소비자가 가장 많이 검색하는 포털이

[6]
"2020 네이버 블로그 리포트", 네이버, https://campaign.naver.com/2020blog/blogreport

자 압도적인 점유율을 가진 플랫폼을 배경으로 갖고 있다는 점입니다. 네이버는 여기서 멈추지 않고 커머스 전문가 플랫폼으로 블로그를 확장하고 있습니다. 또한 채널 영향력을 활용한 커머스 시스템인 **인플루언서** 영역과 전문가 플랫폼인 **엑스퍼트** 영역을 블로그에 접목해 진화를 거듭하고 있습니다. 이러한 내용만 보더라도 이미 제2의 전성기가 시작되었다는 생각이 듭니다.

네이버 수익화에 대해서 본격적으로 알아보기 전에 거쳐야 할 필수 과정이 있습니다. 네이버를 이해하는 일입니다. 네이버 블로그를 통해 수익을 창출하려면 먼저 네이버가 어떻게 운영되는지, 이에 맞춰 어떻게 운영해야 하는지 알아야 합니다. 이에 대한 자세한 내용을 이어서 알아보겠습니다.

블로그 운영의 중요한 원칙,
기록을 관리하라

투잡의 시작이 네이버 블로그여야 하는 이유

이 책을 접한 여러분은 이미 부업에 대해 고민하고 유튜브나 네이버 블로그에서 수익화 방법이나 강의 후기도 찾아보았을 것입니다. 직장인 투잡의 시작이 왜 네이버 블로그여야 하는지, 그 이유를 다섯 가지로 간단히 정리해보았습니다.

네이버 블로그는 비트코인이나 주식처럼 투자금이 필요 없으므로 위험성이 거의 없다시피 합니다. 또한 타 SNS 채널보다 운영하기 쉽고, 수익화가 빠릅니다. 점유율이 압도적인 포털이므로 다른 채널로의 확장성이 좋고, 우리나라에서 마케팅의 기본 도구로 사용된다는 점에서 투잡 시작으로 적격입니다.

이 다섯 가지 이유 외에 **정보가 많다는 것** 또한 장점입니다. 네이버 블로그는 초보자가 참조할 수 있는 정보에 대한 접근성이 좋습니다. 네이버와 유튜브만 검색해봐도 블로그 최적화·수익화에 관한 다양한 정보를 쉽고 빠르게 얻을 수 있을 것입니다.

물론 명확한 콘셉트 없이 운영한다면 수익화와 최적화에 도달하는 데 시간이 오래 걸릴 수 있습니다. 따라서 이 책을 읽는 도중 혹은 다 읽은 후에는 '6개월', '1년'과 같은 목표기한과 수익화 달성 방법을 결정할 필요가 있습니다.

'돈 많이 벌기', '블로그 투잡 세팅하기'와 같은 막연한 계획보다는 올해 12월까지 매월 50만 원씩 버는 시스템(PDF 전자책, 온라인 강의 등) 구축하기, 1년에 600만 원 벌기 등과 같이 구체적인 목표를 세우는 것이 중요합니다. 이러한 목표를 세우기 위해서는 무엇보다 나를 이해하고 네이버에 대해 알아야 합니다.

▲ 네이버 블로그로 온라인 투잡을 시작해야 하는 다섯 가지 이유

블로그 최적화의 개념과 원칙

블로그를 운영 중이든 운영할 예정이든 블로그의 정확한 사전적 의미를 검색해본 사람은 그리 많지 않을 것입니다. 무슨 일이든 우선 개념이 정립되어야 이해도가 높아집니다. 블로그 또한 마찬가지입니다.

네이버 지식백과에서는 **블로그**를 다음과 같이 정의하고 있습니다.

블로그란 웹(web)과 로그(log)의 합성어로 개인의 생각과 경험, 알리고 싶은 견해나 주장, 나아가 전문지식 등을 웹에 일기(로그)처럼 기록해 다른 사람도 보고 읽고 댓글을 달 수 있게 끔 열어놓은 글모음을 말한다.

출처 : 네이버 지식백과(손에 잡히는 IT 시사용어, 2008년 02월 01일)[가]

다시 말해 블로그는 '웹(Web)사이트에 기록(Log)한 글', 그리고 '검색 이용자, 이웃과 소통하는 것'을 의미합니다. 여기서 우리가 눈여겨봐야 할 포인트는 바로 **기록**입니다. 블로그 최적화의 해답은 의외로 간단합니다. 기록을 어떻게 하느냐에 따라 블로그 최적화(네이버 검색 시 상단 노출과 수익화를 위한 안정화 단계) 단계에 빠르게 진입할 수 있습니다.

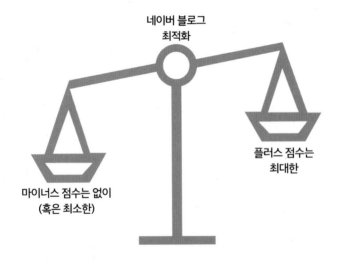

▲ 네이버 블로그 최적화 원칙

네이버 블로그의 최적화 방법을 프로 축구에 비유해보겠습니다. 프로 축구에서는 한 경기를 승리하면 승점 3점을 얻고, 패배하면 승점을 얻지 못합니다. 그렇게 한 시즌 동

가) ⋯⋯
"블로그", 네이버 지식백과 – 손에 잡히는 IT 시사용어,
https://terms.naver.com/entry.naver?docId=3586511&cid=59277&categoryId=59278

안 경기를 진행해 승점 획득순에 따라 순위가 정해지고 가장 많은 승점을 얻은 팀은 우승팀이 됩니다. 상위권 팀은 리그를 대표해 챔피언스리그 등에 출전할 기회를 얻고, 하위권 팀은 하부 리그로 강등됩니다. 이것을 시스템화함으로써 공정한 경쟁 속에 리그가 운영됩니다.

블로그도 마찬가지입니다. 올바른 기록을 남기면 가산점인 승점을 받고, 잘못된 기록을 하면 마이너스 점수인 벌점을 받습니다. 따라서 올바른 기록을 통해 좋은 점수를 쌓는 것이 블로그 운영의 가장 중요한 원칙입니다. 마이너스 점수만 계속 쌓이면 흔히 말하는 **저품질 블로그**로 강등되고 검색에 노출되지 않는 강력한 페널티를 받게 됩니다. 눈치가 빠르다면 여기서 기록(Log)적 요소를 마이너스가 아닌 플러스가 되도록 관리하고 운영해야 한다는 사실을 알 수 있을 것입니다.

기록적 요소에는 어떤 것들이 있는지 블로그 포스팅에 사용되는 요소를 생각해보면 답을 쉽게 찾을 수 있습니다. 바로 **글(텍스트), 이미지, 영상** 세 가지입니다. 이 기록 요소를 어떻게 관리하고 요리하느냐에 따라 최적화가 조금 더 진행되기도 하고, 저품질이 찾아오기도 합니다.

대부분의 블로그 관련 강의는 **최적화＝수익화** 공식을 기본 전제로 합니다. 그런데 여기에 도달하려면 최소 6개월은 필요합니다. 길게는 2~3년이 걸리는 경우도 있습니다. 그러나 최적화된 블로그가 아니라도 어느 정도 돈을 벌 수 있는 방법은 있습니다. 잘 나가는 블로그가 아니더라도 수익을 낼 수 있는 비법을 알아보겠습니다. 실천할 준비가 되었다면 누구나 할 수 있는 방법이니 끝까지 정독하면서 따라 해보기 바랍니다.

블로그 운영의 첫 단추,
주제 정하기

큰아이가 어린이날 선물로 할머니께 받은 예쁜 남방을 입던 날, 스스로 단추를 채운다고 해서 지켜보았습니다. 첫 번째 단추를 잘못 끼웠는데 바로 알려주려다 뭐가 문제인지 스스로 알 수 있도록 가만히 지켜보기로 했습니다.

첫 번째 단추가 제자리를 벗어나니 두 번째, 세 번째 단추 역시 제자리를 찾지 못했습니다. 옷을 다 입었다고 생각한 아이는 자기 모습을 거울로 보고 나서야 무언가 잘못됐다는 걸 알고 까르르 웃더니 한참을 고민했습니다. 맨 아래 단추부터 하나씩 거슬러 올라가보면서 첫 단추와 반대편 구멍의 위치가 다르다는 것을 발견했습니다. 그리고 다시 단추를 채우기 시작했고 이번에는 모든 단추가 제자리를 잡았습니다.

첫 단추의 중요성은 누구나 잘 알고 있습니다. 블로그 역시 마찬가지입니다. 시작을 잘해야 블로그 최적화도, 수익화도 순탄하게 이어나갈 수 있습니다. 하지만 대부분의 초보 블로거가 처음 블로그를 세팅할 때 많은 시행착오를 겪습니다.

이게 문제였으니 다음에는 이런 실수를 하지 말아야지 하는 경험을 쌓으면서 블로그는 성장합니다. 하지만 혼자서 이런 사실들을 터득하려면 너무 많은 시간이 필요하기 때문에 다른 블로거의 경험을 참고하거나 무료 유튜브 강의, 유료 강의에 시간과 돈을 투자해 시간을 단축하고자 합니다.

하지만 여기에는 한 가지 전제 조건이 있습니다. 내가 배우려고 하는 상대의 기록과 경험이 올바른 것이어야 한다는 것입니다. 실제 경험과 사례를 통해 검증된 정보여야 내 블로그에 적용했을 때 문제가 없습니다. 그런데 인터넷에 퍼진 정보 중에는 이러한 검증 과정을 거치지 않고 떠돌아다니는 소위 '카더라' 정보가 많습니다. 그런 정보를 믿고 적용했다가 실패한 초보들의 고민을 보면 안타까움이 큽니다.

지금부터 필자가 소개하는 내용은 지난 8년간 직접 블로그를 운영하며 경험하고, 때로는 다양한 테스트를 통해 검증한 것들입니다. 믿고 안내할 수 있는 정보만 엄선했습니다. 이 내용을 여러분의 블로그에 맞게 적용하는 과정에서 최적화와 수익화를 빠르게 달성할 수 있는 지름길을 발견했으면 합니다.

2021년 1월 기준으로 네이버 블로그는 약 2,823만 개에 달하며 지금도 수많은 블로그가 새롭게 만들어지고 있습니다. 특색이나 차별성 없이는 눈에 띄기 힘들고 사용자로부터 관심을 받기 어렵다는 의미입니다. 그렇다면 내 블로그를 주목받게 할 수 있는 방법은 무엇일까요?

블로그를 시작하는 첫 단추는 나만의 특색을 나타내고 글을 읽는 독자, 블로그 이웃들의 선택을 받을 수 있는 **주제 삼총사 정하기**입니다.

실습 : 내 블로그의 핵심이 될 주제 삼총사 정하기

지금 잠깐 책 읽기를 멈추고 부록으로 제공된 '나만의 주제 삼총사 정하기' 양식을 준비합니다. 이 내용은 꼭 종이에 직접 작성할 것을 추천합니다. 양식은 예제 파일로 제공되니 다운로드 후 활용하면 됩니다. 종이를 준비했으면 내 블로그에서 다루고 있거나 혹은 앞으로 다루고자 하는 주제 세 가지를 적어봅니다. 쉽게 작성할 수도 있지만 이제부터 고민을 시작해야 할 수도 있을 것입니다.

네이버 블로그의 주제가 뭔지 감이 잡히지 않는다면 네이버에서 분류하고 있는 32개의 소주제 중에서 세 가지를 선택하는 방법도 있습니다. 네이버 블로그의 주제 설정 분류는 다음 그림을 참고합니다.

주제 설정

주제를 선택하면 내블로그와 블로그 홈에서 주제별로 글을 볼 수 있습니다.
주제를 선택하지 않아도 '블로그 홈 > 주제별 글보기 > 전체'에서 볼 수 있습니다.

엔터테인먼트·예술	생활·노하우·쇼핑	취미·여가·여행	지식·동향
○ 문학·책	○ 일상·생각	○ 게임	○ IT·컴퓨터
○ 영화	● 육아·결혼	○ 스포츠	○ 사회·정치
○ 미술·디자인	○ 애완·반려동물	○ 사진	○ 건강·의학
○ 공연·전시	○ 좋은글·이미지	○ 자동차	○ 비즈니스·경제
○ 음악	○ 패션·미용	○ 취미	○ 어학·외국어
○ 드라마	○ 인테리어·DIY	○ 국내여행	○ 교육·학문
○ 스타·연예인	○ 요리·레시피	○ 세계여행	
○ 만화·애니	○ 상품리뷰	○ 맛집	
○ 방송	○ 원예·재배		

▲ 네이버 블로그의 주제 설정 분류(출처 : 네이버 블로그 주제 설정 화면)

그래도 주제를 결정하기 어렵다면 중요한 힌트가 있습니다. 다음은 필자의 블로그에서 중요하게 다루는 주제 세 가지입니다. **메인(핵심) 주제 – 일상 주제 – 연재 주제**로 구분한 것이 포인트입니다.

[메인 주제]
육아

[일상 주제]
맛집

[취미/연재 주제]
스포츠

▲ 필자가 운영하는 '동동이 블로그'의 주제 삼총사

메인 주제 - 핵심 주제

먼저 메인 주제는 쉽게 적었을 거라 생각합니다. 필자는 블로그의 메인 주제를 육아로 정했습니다. 두 아이의 아빠다 보니 메인 주제를 통해 다양한 육아용품을 협찬받고 리뷰를 진행하고 있습니다.

메인 주제는 자신이 가장 좋아하고 매력을 어필할 수 있는 소재가 무엇인지 생각해보면 금방 찾을 수 있습니다. 그래도 찾기 힘들다면 블로그를 통해 어떠한 이야기를 하고 싶은지 고민이 필요합니다.

포스팅 개수에 집중하며 명확한 주제나 콘셉트 없이 다양한 주제로 포스팅하는 블로그도 있습니다. 하지만 무조건 다양한 주제를 많이 포스팅하는 것은 우리의 목표인 블로그 최적화를 통한 검색 상위 노출과 블로그 수익화를 위해 적절한 방법은 아닙니다. 따라서 나를 표현하고 나타낼 수 있는 명확한 메인 주제를 설정하는 것이 무엇보다 중요합니다. 다만 블로그를 이제 막 개설했거나 아직 작성한 글이 100개 이하라면 메인 주제를 두고 너무 고민하지 않았으면 합니다. 메인 주제는 블로그를 만들 때 정하면 가장 좋지만 일상적인 소재로 운영하면서 자신이 좋아하는 주제를 찾아가는 것도 괜찮은 방법입니다. 일단 다양한 글을 쓰며 나에게 맞는 메인 주제를 정해봅니다.

일상 주제

메인 콘셉트는 쉽게 정할 수 있어도 일상 주제는 본격적인 고민이 필요합니다. 어쩌면 메인 주제보다 일상 주제를 잘 잡아야 할 수도 있습니다. 일상이라는 콘셉트를 잡을 때도 단순히 생활의 단편을 보여주는 것보다는 중심이 되는 소재가 있는 것이 좋습니다.

필자는 일상 콘셉트를 맛집으로 정했습니다. 식당에서 점심을 먹는 일, 저녁 회식과 주말 외식, 모임 가지는 것 등이 모두 블로그의 소재가 되므로 하루 한 번 이상은 기록의 재료(이미지, 영상, 이야깃거리)가 생기기 때문입니다.

CHAPTER 02에서 자세히 다루겠지만 사진의 개수가 15장 이상이어야 한다거나, 글자 수는 1,500자 이상이어야 한다는 '썰'은 신경 쓰지 않아도 됩니다. 우선 사진 두어 장에 간단한 일기 형식으로 작성해도 됩니다. **키워드의 양**, **키워드의 다양성**, 그리고 **꾸준함**을 목표로 작성하는 게 핵심입니다. 따라서 일상 주제는 평소 생활, 관심사와 밀접한 관계가 있어야 합니다. 여러분의 생활 패턴에 따라 편의점 도시락, 음료, 커피 등 일상에서 매일 접하는 익숙한 아이템을 선정한다면 더 좋습니다.

취미/연재 주제

세 번째로 취미/연재 주제를 정합니다. 이 주제 역시 메인 주제만큼 중요합니다. 필자는 스포츠를 주제로 연재 중이지만 이해하기 쉽게 드라마를 예로 들어보겠습니다.

연재글 주제가 드라마일 경우 등장인물 관계도로 시작해 매회 예고편과 지난 이야기에 대한 리뷰, 등장인물 분석, 원작이 있다면 원작에 대한 설명, 약간의 스포일러, 재방송 스케줄과 편성표, 후속작 등 다양한 주제로 포스팅이 가능합니다. 연재하는 드라마가 16부작이라면 적어도 20개의 포스팅이 가능하고, 종영까지 약 두 달 정도 포스팅 소재를 확보할 수 있습니다.

드라마의 새로운 이야기가 일주일 후 정해진 시간에 다시 찾아오는 것처럼 연재 포스팅 주제 역시 일주일에 한두 번 혹은 그 이상 지속적으로 연재할 수 있는 주제로 선정하는 것이 좋습니다. 이러한 연재글은 블로그에 방문한 이용자가 하나의 포스팅만 보고 떠나지 않고 동일한 주제의 또 다른 연재 포스팅을 볼 수 있게 만듭니다. 이는 블로그 지수의 중요한 포인트 중 하나인 체류 시간을 높이는 역할을 합니다.

처음 블로그를 만든 블로거를 대상으로 하는 초급반 강의에 들어가면 "1일 1포스팅 도전 10일 차인데 이제 더 이상 쓸 주제가 없어 걱정이에요.", "리뷰는 제 돈으로 물건을 사서 써야 할까요?", "블로그에 어떤 주제로, 뭘 써야 할까요?"라는 질문을 열 명 중 일곱 명은 하는 것 같습니다. 이는 명확한 콘셉트 삼총사가 없기 때문입니다. 블로그를 이제 막 시작했거나, 블로그를 제법 운영했지만 방문자가 늘지 않거나, 글쓰기 주제가 없어 걱정이라면 주제 삼총사에 대해 진지하게 고민할 때입니다.

블로그 운영 측면에서 주제 삼총사가 중요한 이유

주제 삼총사에 대해 설명하면 "네이버 블로그는 하나의 주제로 써야 좋지 않나요?"라고 질문하는 수강생이 많습니다. 인터넷에서 검색할 수 있는 자료나 블로그 관련 강의를 보면 콘텐츠의 품질을 결정하는 C-RANK 알고리즘 때문에 하나의 주제로 블로그를 운영하고 전문성 있게 브랜딩하는 것이 중요하다고 합니다.

물론 틀린 말은 아닙니다. 하지만 이렇게 블로그를 운영하면 한계가 금방 찾아오기 때문에 롱런하기 힘듭니다. 하나의 주제로 글을 쓰면 소재가 금방 고갈되고, 키워드의 다양성이 부족하면 방문자 유입이 감소합니다. 소재 고갈, 방문자 감소로 의욕이 떨어지고 결국 블로그 관리에 소홀해지면서 포기하는 경우를 많이 보았습니다.

블로그를 꾸준히 운영하는 원동력이 되는 중요한 요소 중 하나는 즐거움입니다. 글 쓰는 즐거움, 블로그를 운영하는 즐거움이 없다면 하기 싫은 일이 됩니다. 포스팅 수를 채우기 위해 형식적으로 쓴 글은 읽고 싶은 글, 신뢰를 얻는 글이 아닌 상업적인 글, 의도가 뻔한 글로 인식되어 성장의 한계에 부딪히게 됩니다.

이는 **블태기**(블로그+권태기)를 부르는 가장 큰 원인이 되며, 결국 오랜 기간 블로그를 운영하기 힘든 상황으로 이어집니다. 나를 나타낼 수 있는 글쓰기, 내가 좋아하는 주제 선정이 중요한 이유입니다.

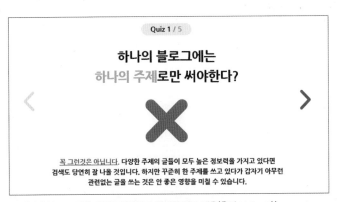

▲ 네이버 블로그 검색 제대로 알아보기 캠페인 퀴즈 내용(출처 : https://campaign.naver.com/blogsearch)

하나의 블로그에는 하나의 주제만 써야 한다는 소문에 관해 네이버 공식 자료에서는 "다양한 주제의 글이 모두 높은 정보력을 가지고 있다면 검색도 당연히 잘 나오지만, 갑자기 아무런 관련 없는 글을 쓰는 것은 안 좋은 영향을 미칠 수 있다."라고 밝히고 있습니다.[8]

우리의 삶 전반을 둘러보아도, 관심 있는 주제가 하나는 아닐 것입니다. 만약 하나의 주제만 이야기한다면 블로그에서 다룰 수 있는 내용에 한계가 있고 지루해질 수밖에 없습니다. 또 블로거 입장에서는 글 쓸 주제도 한정되고, 소재도 쉽게 고갈되어 포스팅거리를 찾느라 지쳐버릴 것입니다. 그러므로 관심 있는 주제 삼총사를 정해 꾸준하게 글쓰기를 시작해볼 것을 권합니다.

네이버 블로그 서비스 운영정책 차원에서 본 주제 선정

NAVER 블로그 서비스 운영정책

블로그 서비스 운영정책

블로그 서비스에 관한 제반 사항은 본 '블로그 서비스 운영정책'에서 별도의 언급이 없는 한 네이버 이용약관을 따릅니다.
블로그 서비스 운영정책은 네이버 이용약관에 동의하고 회원 가입한 네이버 회원(이하 '회원')이 블로그 서비스를 이용함에 있어 유의사항과 관련 법령 또는 네이버 이용약관과 게시물 운영정책 등에 반하는 부적절한 활동에 대한 네이버의 조치를 규정하는 것을 목적으로 합니다.

블로그 이용 안내   이용 제한 안내   저작권 안내   전자상거래 관련 주의사항

네이버 블로그 서비스는
많은 이용자들이 함께 모여 소통하는 공간으로,
열린 커뮤니티를 지향합니다.

1.네이버 블로그는 나를 표현합니다.
· 네이버 블로그는 나의 생각, 느낌, 관심 등을 기록하여 일상 속의 내 모습을 온라인 공간을 통해 표현하는 개인 공간 서비스입니다.

2.네이버 블로그는 이웃과 함께 합니다.
· 네이버 블로그는 개인의 성향과 관심사를 표현함으로써 이웃 블로거와 교류할 수 있으며, 보다 다양한 이웃들과 커뮤니케이션하며 친밀하고 건전한 관계를 만들어가는 공간입니다.

3.네이버 블로그 이용자는 온라인 에티켓을 준수합니다.
· 네이버 블로그에 공개된 수많은 게시물은 네이버 이용자 모두에게 제공되므로, 서로의 취향과 의견을 존중하고, 공개된 게시물에 대한 매너를 지켜주세요.

▲ 네이버 블로그 서비스 운영정책(출처 : http://blog.naver.com/post/blog_use.htm)

---

[8] "네이버 블로그 검색 제대로 알아보기–블로그 C–RANK", 네이버, https://campaign.naver.com/blogsearch/#none

네이버 블로그 서비스 운영정책을 살펴보면 다음과 같은 사항을 강조하고 있습니다.[9]

1 네이버 블로그는 나를 표현합니다.
2 네이버 블로그는 이웃과 함께합니다.
3 네이버 블로그 이용자는 온라인 에티켓을 준수합니다.

네이버에서는 블로그를 나의 생각, 느낌, 관심 등을 기록하여 일상의 모습을 온라인 공간을 통해 표현하는 개인 공간 서비스라고 정의합니다. 개인의 다양한 이야기를 들려주되 이웃(검색자, 이용자)과 소통하며, 서로 온라인 에티켓을 준수하면서 운영할 것을 권하고 있습니다.

우리는 밥을 먹고, 영화나 드라마를 보고, 책을 읽고, 여행을 가고, 스포츠를 즐기는 등 다양한 경험을 하며 살아갑니다. 하나의 주제로 블로그를 꾸준히 운영하는 것도 좋지만, 다양한 주제를 다루더라도 직접 경험하고 느끼고 생각한 이야기를 꾸준하게 포스팅하며 서로 소통하는 것이 네이버가 제시하는 블로그 운영 취지에 더욱 맞는 것이 아닌가 합니다.

영상 강의 링크 | **네이버 블로그로 돈 버는 노하우 영상 강의**

제2강 | 블로그 운영 기초와 주제 선정

블로그 운영에 앞서 블로그의 정의와 주제 선정 방법에 대해서 알아보겠습니다. 블로그의 주제 선정은 브랜딩과 직결되는 중요한 과정입니다. 이번 강의를 통해 일상, 메인, 취미/연재를 다루는 주제 삼총사의 사례를 확인하고, 이런 주제 선정을 통해 어떤 포스팅으로 블로그를 운영할지 확인해보겠습니다. 또 주제 선정과 관련된 여러 소문이 왜 사실이 아닌지 네이버 블로그 운영 정책을 통해 알아보겠습니다.

http://m.site.naver.com/0PW6l

---

[9] "네이버 블로그 서비스 운영정책", 네이버, http://blog.naver.com/post/blog_use.htm

네이버 검색 알고리즘의
진화와 우리의 자세

네이버 블로그를 운영하는 목적은 다양합니다. 개인의 일상을 기록하기 위한 공간, 판매하고 있는 물건이나 서비스를 홍보하는 공간, 기업이나 기관의 공식 정보 전달과 소통을 위한 공간, 수익화 실현을 위한 공간 등 저마다 다른 목적으로 블로그를 운영합니다. 각자 운영 목적은 다르지만 목적을 이루기 위한 공통적인 목표는 **노출**입니다. 내가 작성한 콘텐츠가 검색 화면 상단에 위치해 사용자들에게 우선적으로 보이면 홍보와 소통, 그리고 수익화를 모두 달성할 수 있습니다. 이러한 목적을 달성하려면 네이버라는 채널과 검색 엔진을 제대로 이해하고 효과적으로 활용해야 합니다.

네이버 검색 이용자들은 검색 결과에 광고성 콘텐츠가 넘쳐나는 현상을 비롯해 검색의 신뢰도 문제를 지속적으로 지적해왔습니다. 실제 네이버에서 발표하기를 "문서의 제목과 설명만 보고 클릭했더니, 실제 원하는 정보는 없는 낚시성 글이었다."라는 불만이 많이 접수되었다고 합니다.[10]

네이버는 이러한 고객 불만에 꾸준히 귀 기울이며, 검색어(키워드)와 연관성이 높은 양

---

[10]

"VIEW 검색에서 진짜 정보를 찾기 위한 D.I.A.+ 알고리즘의 변화를 소개합니다", 네이버,
https://blog.naver.com/naver_search/222147478268

질의 콘텐츠를 우선 보여주고 지나치게 광고성을 띠고 있는 콘텐츠는 걸러내는 방향으로 시스템을 개선하며 계속 노력하고 있습니다. 검색 결과에 대한 만족도를 높이기 위해 인공지능은 신뢰도 높은 출처의 정보를 검색 결과에 반영하고 보다 많은 정보를 포함하고 있는 문서를 우선 노출(랭킹화)하는 방향으로 발전을 거듭하고 있습니다. 이렇듯 검색 알고리즘이 실시간으로 진화하고 있기 때문에 우리도 이에 대해 명확히 이해하고 적절한 대응책을 찾아 실천해야 합니다.

현재 네이버 검색 엔진은 검색 시 블로그와 카페 게시글의 검색 영역을 통합하여 **VIEW (뷰) 영역**으로 보여줍니다. VIEW 영역은 다양한 알고리즘이 적용되어 경험에 기반을 둔 의견, 리뷰가 포함된 내용 등 사용자에게 유용한 문서가 우선적으로 노출됩니다.

네이버 검색 알고리즘 세 가지

VIEW 영역에 적용되어 있는 알고리즘은 크게 세 가지입니다. 출처의 신뢰도를 분석하는 **C-RANK**(Creator-RANK), 문서의 정보성을 분석하는 **D.I.A.**(Deep Intent Analysis), 기존 D.I.A. 모델에서 사용자의 구체적인 의도에 더 부합하는 정보를 찾아내기 위해 딥 매칭과 패턴 분석 기술을 적용해 업그레이드한 **D.I.A.+**로 구성되어 있습니다.

이런 알고리즘은 딥 러닝 기술을 이용해 사용자의 피드백을 반영하면서 시간이 지날수록 더 좋은 검색 결과를 제공하게 될 것입니다. 블로그를 운영하는 입장에서 글을 어떻게 써야 하나 걱정스러울 수 있지만 기존의 알고리즘(C-RANK, D.I.A. 등)은 동일한 기준으로 동작하므로 좋은 문서를 작성하는 기준 자체가 근본적으로 바뀌는 것은 아닙니다.

광고성, 스팸성 게시글을 거르고 더 정확하고 유용한 정보를 전달하기 위한 자연스러운 변화의 흐름으로 이해하면 됩니다. 어떤 알고리즘이 적용되었는지 아는 것보다 중요한 것은 다른 사람의 경험이나 기록을 가져와 짜깁기한 것이 아닌 자신만의 경험이나 의견, 리뷰를 알차게 담으려는 노력이라는 것을 기억해야 합니다.

01	02	03
C-RANK (C-랭크)	**D.I.A.** (다이아)	**D.I.A.+** (다이아 플러스)
출처의 신뢰도를 분석 특정 주제에 대한 전문성 있는 콘텐츠를 꾸준하게 작성하는 것이 중요	사용자가 선호하는 문서들에 대한 점수를 랭킹에 반영하여 문서의 정보성을 분석 실제 경험을 바탕으로 더 많은 정보가 반영된 콘텐츠와 검색 이용자들의 반응이 중요	기존 D.I.A. 모델에서 사용자의 구체적인 의도에 맞는 더 정확한 진성 정보와 출처를 찾아내기 위함 문서의 구조, 본문 텍스트, 이미지 정보 등 다양한 정보와 경험, 의견 리뷰가 반영된 콘텐츠

▲ 네이버 검색 알고리즘 : C-Rank, D.I.A, D.I.A.+ 모델의 비교

블로그 지수는
어떻게 해야 올라가는 걸까

8년간 네이버 블로그를 운영하고 강연을 하면서 많이 들었던 질문으로 **지수**에 관한 이야기를 빼놓을 수 없습니다. 블로그 지수와 관련된 포스팅이나 유튜브 강의는 참 많지만, 시원하게 정의를 내려주는 콘텐츠는 없기에 아쉬움과 궁금함이 많을 것이라 생각합니다.

블로그 지수에 대한 이야기는 여러 번 들어보았을 것입니다. 지수란 기준치를 100으로 하고 그것에 대한 다른 수량을 비율로 나타낸 수치를 의미합니다. 뭔가 어려워 보이지만 어떤 공식에 의해 계산된 값이라는 것은 알 수 있습니다. 하지만 네이버 어디를 뒤져봐도 블로그 지수를 구하는 공식은 찾아볼 수 없습니다. 공식이 있다고 해도 네이버 외부로 유출되지 않을 것이기 때문에 누구도 정확한 정의를 내리지 못하는 것이 당연합니다.

네이버에서 '블로그 지수'를 검색해보면 지수 측정 사이트와 애플리케이션도 나오고, 특정 프로그램을 통해 지수 확인을 도와준다는 포스팅도 심심치 않게 볼 수 있습니다. 하지만 이는 네이버의 지수 공식을 이용해 방문자 수, 페이지뷰, 평균 체류 시간과 같은 통계 자료를 집계한 데이터가 아니므로 참고 자료로만 보는 것이 좋습니다. 수치에 너무 연연하지 않아도 된다는 뜻이기도 합니다.

물론 블로그 지수를 어떻게 하면 올릴 수 있을지에 대한 고민은 필요합니다. 하지만 블로그 지수의 정의도 명확히 파악하지 않고 이야기한다면 뜬구름만 잡고 말 것입니다. 우선 블로그 지수의 정의부터 간단히 알아보겠습니다.

블로그 지수의 정의

다양한 블로그 지수 프로그램의 집계 방식과 8년간 직접 블로그를 운영하며 비교하고 경험한 내용을 바탕으로 필자가 내린 블로그 지수의 정의는 **기록하고 소통하면서 생기는 점수**입니다.

- **네이버 블로그** | 웹(Web)+로그(Log, 기록)=이미지, 글(텍스트), 영상(사운드 포함)
- **블로그 운영 정책** | 나만의 이야기를 쓰고, 온라인 에티켓을 지키며, 이웃과 소통한다.

블로그를 어떻게 운영해야 하는지에 대한 가이드는 곧 블로그 지수를 어떻게 하면 올릴 수 있는지에 대한 해답입니다. 블로그에는 이미지, 글(텍스트), 영상의 기록적 요소를 사용해 기록하며, 남의 이야기를 가져와 베끼거나 짜깁기하지 말고 자신만의 이야기를 써야 합니다. 또 검색 이용자, 이웃과 소통하고 온라인 에티켓(지켜야 할 것, 쓰지 않아야 할 것)을 지키며 운영한다면 안갯속에 있는 블로그 지수의 개념과 앞으로의 운영 방법이 손에 잡힐 것입니다.

나만의 경험을 바탕으로 독창적인 이야기를 쓰고 이웃과 소통하라는 말은 대부분 단번에 이해합니다. 하지만 온라인 에티켓에 대해서는 의문을 가질 수 있습니다. 강의에서도 많은 수강생이 우리가 생각하는 그 온라인 예의범절을 의미하는 건지 고개를 갸우뚱합니다. 네이버에서 밝히고 있는 온라인 에티켓 준수 지침은 다음과 같습니다.

네이버 블로그에 공개된 수많은 게시물은 네이버 이용자 모두에게 제공되므로, 서로의 취향과 의견을 존중하고, 공개된 게시물에 대한 매너를 지켜주세요.

이 지침은 글을 작성하는 입장에서의 에티켓만 의미하는 것이 아닙니다. 블로거는 자신의 채널을 운영하는 주인으로서 블로그에 방문하는 이용자 · 이웃과 소통하지만, 때로는 검색자, 이용자가 되기도 합니다. 다시 말해 게시물을 작성할 때, 방문자와 소통할 때, 다른 블로그에 방문할 때 등 모든 상황에서 에티켓을 지켜달라는 의미입니다.

블로그 운영 시 하지 말아야 할 것들

이런 키워드나 단어의 사용은 피하기

비속어
의도적 반복
부자연스러운 문장
도박성
유해 단어
상업적 표현
의료법 위반
위험 키워드?
주의
특정 패턴
사행성 키워드
판매금지 물품
유해 키워드
욕설
성적인 단어
과대 광고

▲ 네이버 블로그의 에티켓

좋은 문서와 나쁜 문서의 차이

블로그 에티켓과 관련한 내용은 네이버 공식 블로그 네이버 다이어리에서도 찾아볼 수 있습니다. 네이버에서 제시하는 좋은 문서와 나쁜 문서의 예시를 살펴보면 그 속에 답이 있습니다.

좋은 문서	나쁜 문서
• 신뢰할 수 있는 정보에 기반한 문서 • 물품이나 장소 등 본인이 직접 경험하고 작성한 후기 • 다른 문서를 복사, 짜깁기하지 않고 독자적인 정보적 가치를 가진 문서 • 해당 주제에 대해 도움이 될 만한 충분한 길이의 정보와 분석 내용을 포함한 문서 • 읽는 사람이 북마크하고, 친구에게 공유·추천하고 싶은 문서 • 네이버 랭킹 로직을 생각하며 작성한 것이 아닌 읽는 사람을 생각하며 작성한 문서 • 글을 읽는 사용자가 쉽게 읽고 이해할 수 있는 문서	• 음란성, 반사회성, 자살, 도박 등 법률을 통해 금지하고 있는 불법적인 내용으로 이루어진 문서 • 위 내용을 다루는 불법적인 사이트에 접근하기 위해 작성된 문서 • 사생활 침해 방지 또는 개인 정보 보호, 저작권 보호를 위해 노출이 제한되어야 하는 문서 • 피싱이나 악성 소프트웨어가 설치되는 등 사용자에게 피해를 줄 수 있는 문서·사이트

▲ 좋은 문서와 나쁜 문서에 관한 예시[11]

나쁜 문서란 비속어, 욕설, 도박성, 허위 과장 광고, 의료법 위반, 음란성, 반사회성, 자살, 도박 등 법률로 금지된 불법적인 내용, 판매금지 물품, 문장 생성기를 통해 만들어진 부자연스러운 문장 등을 담은 문서를 말합니다. 또한 다른 사람의 글을 그대로 사용하거나, 키워드 노출을 위한 의도적인 반복, 제목과 본문의 내용이 다른 낚시성 글, 동일한 내용을 단일 블로그 또는 여러 블로그에 중복해서 생성하는 도배성 글, 상품이나 서비스에 대한 거짓 경험담으로 사용자를 속이는 문서도 포함됩니다. 이런 키워드나 내용을 다룬 글은 실수로라도 작성하지 말아야 합니다. 이는 앞서 살펴본 네이버 알고리즘(C-RANK, D.I.A., D.I.A.+)이 좋아하는 글쓰기와 연결된 부분이기도 합니다.

네이버 쇼핑 검색 결과의 노출 순위를 결정하는 랭킹 구성 요소를 살펴보면 적합도, 인기도, 신뢰도의 세 가지로 구성되는 것을 알 수 있습니다. 물론 블로그 지수에 100% 적용할 수는 없지만 각각의 요소를 블로그에 적용해보면 블로그 지수에서 중요한 포

---

11)
"네이버 검색이 생각하는 좋은 문서! 나쁜 문서?", 네이버, https://blog.naver.com/naver_diary/150153092733

L2R (Learning to Rank)

이 모든 랭킹 구성요소의 가중치는
매일 AI가 자동 개선합니다.

적합도 × 인기도 × 신뢰도

적합도	인기도	신뢰도
검색어와 연관도가 높은 상품	사용자가 선택한 최신 인기 상품	정직하고 정확한 상품
• 상품명 • 브랜드/제조사 • 카테고리 • 속성 • 판매처 • 태그	• 판매지수 • 클릭 • 쿼리태그 • 리뷰 • 찜 • 판매처 수 • 최신성	• 상품명 SEO • 이미지 SEO • 어뷰징 몰 패널티

▲ 네이버 쇼핑 검색 결과의 노출 순위를 결정하는 '랭킹 구성 요소'[12]

인트가 무엇인지 유추할 수 있습니다(적합도에 대한 자세한 내용은 CHAPTER 02의 SECTION 06에서 자세히 살펴보겠습니다). 이번 SECTION에서는 인기도와 신뢰도, 그리고 활동성에 의해 생기는 지수에 대해 알아보겠습니다.

블로그 지수를 결정하는 세 가지 기준

올바른 참여(기록과 소통)를 통해 쌓아 올리는 점수인 블로그 지수에 대해서 조금 더 살펴보겠습니다. 1일 1포스팅이 중요하다는 말을 많이 들었을 것입니다. 이는 활동성 지

---

12)

"AI가 학습하는 네이버 쇼핑 검색을 소개합니다", 네이버, https://blog.naver.com/naver_search/222165504381

수에 영향을 미치며 검색 이용자와 이웃의 방문, 체류 시간은 블로그 인기도 지수에 영향을 줍니다. 그리고 이웃 블로거와의 교류, 다양한 이용자와의 커뮤니케이션을 통한 활동도 영향을 미칩니다. 이 모든 것이 합쳐져 블로그 지수가 결정됩니다. 각 지수의 특징을 조금 더 자세히 살펴보겠습니다.

블로그 지수 = 활동성 지수 + 인기도 지수 + 신뢰 지수

- **활동성 지수 = 운영 기간 + 포스트의 수 + 포스트 발행 빈도 + 최신 포스트 활동성**

- **인기도 지수 = 블로그 인기도 + 포스트 주목도**

- **신뢰 지수 = 내용의 충실성 + 소통 능력 + 활동의 신뢰성**

---

① 활동성 지수

블로그 활동성 지수에는 **블로그 운영 기간, 포스트 수, 포스트 발행 빈도, 최근 포스트 활동 등이 포괄적으로 적용**됩니다. 모든 방문자와 공유할 수 있는 전체 공개 포스팅을 대상으로 직접 작성한 글인지 스크랩하거나 수집한 글인지 여부도 구별합니다.

다음 소개할 블로그 인기도 지수는 SECTION 04에서 배운 주제 삼총사와 연결해 이해하면 더 쉽습니다. 블로그를 운영할 때 연재글을 써야 하는 이유가 여기에 있습니다.

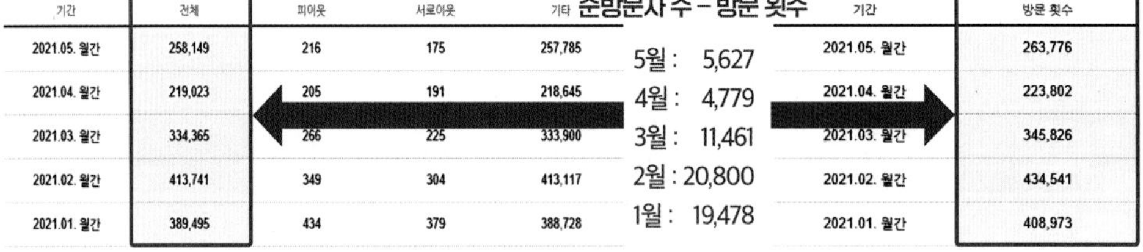

기간	전체	피이웃	서로이웃	기타	순방문자 수 – 방문 횟수	기간	방문 횟수
2021.05. 월간	258,149	216	175	257,785	5월: 5,627	2021.05. 월간	263,776
2021.04. 월간	219,023	205	191	218,645	4월: 4,779	2021.04. 월간	223,802
2021.03. 월간	334,365	266	225	333,900	3월: 11,461	2021.03. 월간	345,826
2021.02. 월간	413,741	349	304	413,117	2월: 20,800	2021.02. 월간	434,541
2021.01. 월간	389,495	434	379	388,728	1월: 19,478	2021.01. 월간	408,973

▲ '동동이 블로그' 2021년 1~5월 월간 방문자 통계 자료

위 그림은 필자가 운영하는 블로그의 2021년 1~5월의 월간 방문자 통계 자료로, 네이버 블로그의 통계에서 확인할 수 있습니다. 여기서 주목할 점은 왼쪽의 순방문자 수(전

체)와 오른쪽의 방문 횟수의 수치 차이입니다. 두 수치에 차이가 발생한 이유는 **이탈률**에 있습니다.

예를 들어 우리가 즐겨보는 월화 드라마가 있다고 가정해보겠습니다. 이 드라마는 시청률이 20%대에 육박합니다. 주인공과 캐릭터, 러브라인, 유행어가 연일 큰 인기를 누리고 있습니다. 이때 단순하게 드라마의 회차별 줄거리에 대한 포스팅을 작성할 수 있지만 드라마의 인물 관계, 유행어 모음, 배경음악 리스트, 촬영 장소, 주인공이 입은 옷이나 가방에 관한 이야기, 재방송 편성표와 같은 포스팅을 작성할 수도 있습니다.

이 드라마를 좋아하는 시청자라면 줄거리에 대한 포스팅으로 유입되어 드라마와 관련된 다른 포스팅도 읽을 확률이 높아질 것입니다. 이런 작용이 가능한 이유는 주제의 연계성 때문입니다. 지금 읽고 있는 포스팅과 연계성을 극대화하려면 연재글 작성 시 포스팅 하단부에 **함께 읽으면 좋은 글**을 같이 표시하고 관련 링크를 달아놓습니다. 그러면 블로그 방문자를 다른 포스팅으로 자연스럽게 유도할 수 있을 것입니다.

블로그의 순방문자 수와 방문 횟수에 차이가 발생한 이유는 방문자가 내 글을 보러 들어와서 다른 글들을 클릭해서 봤기 때문입니다. 네이버 인공지능 로봇의 입장에서는 좋은 블로그라고 판단할 근거가 됩니다. 좋은 글을 작성했기 때문에 하나의 글만 보고 이탈하지 않고 연계된 다른 글들도 읽은 것으로 해석할 수 있기 때문입니다. 주제의 연계성을 이어나갈 수 있는 연재글이 중요한 이유를 여기에서 찾을 수 있습니다.

② 인기도 지수

블로그 인기도 지수에는 방문자 수, 방문 수, 페이지뷰, 이웃 수, 스크랩 수가 포괄적으로 적용됩니다. 이때 **같은 방문자가 몇 차례 방문하는지(방문자 수와 재방문 수), 한 번 방문해서 몇 개의 포스팅을 얼마나 보고 가는지(페이지뷰) 등을 세부적으로 분석**합니다. 그러므로 특정 지표 하나가 아니라 인기도 지수의 다양한 요소를 종합적으로 높이기 위한 노력이 필요합니다.

제목	작성자	작성일	조회	좋아요 ▾
1581692	공, 3분체류 서이추환영 성실하게 답방 갑니다 [6] Ⓝ		11:56	4	0
1581691	서이추, 서로 찐이웃하며 소통해요!! 형식적보다 자주 소통하길 희망해요 ~^^ [11] Ⓝ		11:54	13	1
1581690	소통하는 블로거입니다 공감 + 댓글 + 체류 3분이상 반사갑니다 ⊘ [5] Ⓝ		11:53	8	1
1581680	애견/일상블로그 지속공감 이웃 구합니다^^ ⊘ [5] Ⓝ		11:38	8	1
1581675	[서이추,공감,댓글] 쌈빡하게 같이나눠요. 😊 [1] Ⓝ		11:35	4	0
1581667	<< 블로그 2종 공감 체류 빠른 답방 가요 >> [12] Ⓝ		11:04	7	0
1581666	공감 체류5분이상 서이추 환영 칼방100% 입니다. [26] Ⓝ		11:01	13	0
1581663	일상 ♥ 이웃 소통해요 ⊘ [3] Ⓝ		10:44	9	0
1581661	공감, 3분체류만 늦어도 꼭갑니다 소통하고 지내요 [10] Ⓝ		10:39	6	0
1581657	서이추~♡~♡~♡~♡~♡ ⊘ [6] Ⓝ		10:11	11	0
1581655	[서이추,공감,댓글] 쌈빡하게 같이나눠요. 😊 [1] Ⓝ		10:10	7	0
1581654	공제 2종 실시간 칼답방 달려가고 있습니다 ⊘ [15] Ⓝ		10:07	12	0
1581631	완료:) [7] Ⓝ		09:12	8	0
1581626	■ 소통 환영 : 맛집 / 제품리뷰 / 정보 / IT 관련 SNS ■ [3] Ⓝ		09:03	7	0
1581623	100% 맞답방 공감 체류 합니다 [8] Ⓝ		08:18	11	0

▲ 다양한 네이버 카페에서 진행 중인 블로그 품앗이(댓글, 공감, 체류)

네이버 카페에서 **블로그 품앗이, 블로그 소통**으로 검색해보면 관련 카페를 많이 찾을 수 있습니다. 이런 카페에서 공감과 체류를 비롯한 소통을 하고 애정이웃을 만들기도 합니다. 이미 많은 블로거가 네이버 블로그에서 주목도와 인기도 지수를 높이는 방법을 꾸준히 실천하고 있습니다.

 핵심 콕콕 **TIP**　애정이웃

애정이웃은 서로이웃을 맺은 블로거 중에서도 같은 관심사를 공유하고 진지하게 소통할 수 있는 이웃을 말합니다. 애정이웃에 대해서는 CHAPTER 02의 SECTION 08에서 더욱 자세히 알아보겠습니다.

포스트의 내용이 충실하고, 많은 방문자가 글을 읽고 댓글과 공감을 남길수록 주목도 지수가 올라갑니다. 블로그 전체의 주목도 지수와 포스트 하나하나의 주목도 지수는 다르게 평가 · 반영됩니다. 또한 댓글, 엮인 글, 공감, 조회, 스크랩 등 포스트의 반응 지표도 체크합니다. 각 포스트에 대한 반응이 내가 남긴 것인지, 이웃이 남긴 것인지, 일반 방문자가 남긴 것인지에 따라 다른 비중으로 계산됩니다.

댓글과 공감, 스크랩에 대한 의견은 분분합니다. 이러한 행위들이 블로그 지수에 플러스 영향을 미친다는 사람도 있고, 전혀 무관하다고 주장하는 사람도 있습니다. 분명한 사실은 네이버에서 공식적으로 공지하고 있는 블로그 서비스 운영정책에서 "블로그 서비스는 많은 이용자가 함께 모여 소통하는 열린 커뮤니티를 지향한다."고 명시하고 있다는 것입니다. 동시에 블로그는 이웃과 함께 커뮤니케이션하며 친밀한 관계를 만들어 가는 공간이라고 정의하고 있습니다. 결국 이웃과의 소통 방법인 댓글, 공감, 스크랩 등은 블로그 지수에 있어 중요한 지표일 수밖에 없습니다. 또한 이는 블로그 전체 지수와 포스트 하나하나의 지수에 영향을 미치며, 소통과 관리가 필요한 지표 중 하나라는 사실을 기억해야 합니다.

③ 신뢰 지수

2018년 9월 네이버에 **VIEW(뷰) 검색 영역**이 등장하면서 신뢰성 높은 경험적 정보의 노출이 더욱 중요해졌습니다. 검색 이용자의 만족도를 높이기 위해 주제의 적합도, 경험 정보의 충실성, 독창성과 적시성, 문서의 의도 등과 같은 지표를 인공지능이 계산해 신뢰도 높은 출처의 정보가 더 많이 포함된 문서를 선별하고 랭킹화하고 있습니다.

이러한 내용을 설명하면 블로그 운영을 더욱 어렵게 생각하는 사람이 많지만 너무 어려워하지 않아도 됩니다. 여러분은 블로그를 운영하는 블로거이기도 하지만 궁금한 내용을 찾기 위해 검색하는 이용자이기도 합니다. 원하는 정보가 일목요연하게 잘 정리되어 있어 궁금증을 해결한 경험이 있을 것입니다. 반면에 주제와 어긋나고 무슨 말인지 이해하기 힘들어 만족도가 낮은 포스트를 본 경험도 있을 것입니다. 이미 답은 나와 있습니다. 누군가에게 높은 만족도를 줄 수 있는 포스트를 성실하게 작성하면서 블로그를 운영하면 됩니다. 중요한 것은 보다 유용한 정보를 검색 사용자에게 전달하기 위한 노력입니다. 여기에 꾸준함과 에티켓, 올바른 커뮤니케이션이 더해진다면 블로그 지수는 자연스럽게 높아질 것입니다.

NOTE 네이버 블로그로 돈 버는 직장인 동동이의 실전 노하우 🔍

📋 블로그 지수 세 가지 기준 정리

고품질 블로그로 만들고 유지하기 위해서는 블로그 지수를 결정하는 어느 한 가지 수치가 아닌 앞서 배운 네 개의 지수를 모두 종합적으로 고려해 포스팅하고 관리해야 합니다. 이런 블로그 운영에 중요한 지수와 운영 방법을 다시 정리해보겠습니다.

블로그 활동성 지수

블로그 운영 기간, 포스트 수, 포스트 발행 빈도, 최근 포스트 활동 등이 포괄적으로 포함됩니다. 모든 방문자와 공유할 수 있는 전체 공개 포스팅을 대상으로, 직접 작성한 글인지 스크랩하거나 수집한 글인지 여부도 구별합니다. 방문자가 중도 이탈하지 않고 여러 글을 둘러볼 경우 네이버 인공지능 로봇의 입장에서는 좋은 블로그라고 판단합니다. 그러므로 1일 1포스팅, 주제의 연계성을 고려한 연재글 포스팅을 꾸준히 작성하는 것이 중요합니다.

블로그 인기도 지수, 포스팅 인기도, 주목도 지수

블로그 인기도 지수는 방문자 수, 방문 수, 페이지뷰, 이웃 수, 스크랩 수를 포괄적으로 포함하며, 같은 방문자가 몇 차례 방문하는지(방문자 수와 재방문 수), 한 번 방문해서 몇 개의 포스팅을 얼마나 보고 가는지(페이지뷰) 등을 세부적으로 분석합니다. 특정 지표 하나만 높이는 것이 아니라 인기도 지수의 다양한 요소를 종합적으로 높이는 노력이 필요합니다. 이웃과 꾸준히 교류하면 재방문 수는 자연스럽게 늘어날 것이며 적절한 정보 글 포스팅을 통해 새로운 페이지뷰, 방문자, 스크랩 수를 끌어올리는 것이 중요합니다.

포스팅 인기도와 주목도 지수는 포스팅의 내용이 충실하고, 많은 방문자가 글을 읽고 댓글과 공감을 남길수록 올라갑니다. 블로그 전체의 주목도 지수와 포스팅 하나하나의 주목도 지수는 다르게 평가/반영됩니다. 또한 댓글과 엮인 글, 공감, 조회, 스크랩 등 포스팅의 반응 지표도 체크합니다. 각 포스팅의 반응이 내가 남긴 것인지, 이웃이 남긴 것인지, 일반 방문자가 남긴 것인지에 따라 다른 비중으로 계산됩니다.

포스팅 신뢰도 지수

검색 이용자의 만족도를 높이기 위해 주제의 적합도, 경험 정보의 충실성, 독창성과 적시성, 문서의 의도 등과 같은 지표를 인공지능이 계산해 신뢰도 높은 출처의 정보가 더 많이 포함된 문서를 선별하고 랭킹화하고 있습니다. 좋은 포스팅을 작성하는 방법을 참고해 기록적 요소에 주의하면서 포스팅을 작성하면 쉽게 해결할 수 있습니다.

블로그로
돈 버는
실전 노하우

CHAPTER

02

지금까지 블로그에 대한 이해를 높이고 개념을 정립하는 시간을 가졌습니다. 이번에는 블로그 수익화를 달성하는 실전 노하우에 대해 알아보겠습니다. 이번 CHAPTER의 내용을 읽고 각자의 블로그에 적용해볼 것을 권합니다. 특히 함께 고민하고 직접 작성하는 부분에서는 잠시 멈추고 자신의 생각을 정리해보는 것이 중요합니다. 블로그 운영을 위한 시간 관리와 1일 1포스팅을 위한 전략 수립, 핵심 키워드 분석과 이미지 확보 방법, 그리고 블로그 글쓰기 최적화 전략 등 수익화 달성 노하우를 실천함으로써 여러분의 꿈에 한 걸음 다가설 수 있길 바랍니다.

블로그 운영을 위한
시간 확보의 중요성

회사에서 독서 통신 교육으로 버크 헤지스의 저서 《파이프라인 우화》[13]를 접하게 되었습니다. 책 서문의 한 이야기는 다음과 같습니다.

이탈리아의 어느 한 마을에 파블로와 브루노라는 두 청년이 살았습니다. 둘은 강의 물을 길어 물탱크를 채우는 보수로 물 한 통에 1페니를 받으며 열심히 일했습니다. 문득 파블로는 물을 쉽게 옮길 수 있는 방법으로 파이프라인 설치를 떠올리고 브루노에게 동업을 제안하지만 브루노는 거절합니다. 파블로는 물을 나르고 남는 시간에 혼자서 바위투성이 땅을 파며 조금씩 파이프를 설치했습니다. 처음에는 매우 힘들었지만 1m, 10m, 100m를 파이프가 완성될수록 이동 거리가 줄어 시간적 여유가 생겼고, 공사에 더욱 박차를 가할 수 있었습니다. 반면 브루노는 양동이 크기를 두 배로 늘려 수입을 두 배로 키웠지만 무거운 양동이 무게에 허리가 휘고 일이 끝난 뒤에 술집에서 보내는 시간이 많아졌습니다. 결국 몸이 약해졌고, 다시 작은 양동이로 물을 날라야 했습니다.

파블로가 파이프라인을 완공한 후에는 잠을 자거나 일을 하지 않아도 물이 마을에 안정적으로 공급되었습니다. 파블로는 다른 마을에도 파이프라인 설치해 돈을 벌 계획을 세웠습니

13]

《파이프라인 우화》(버크 헤지스 지음, 라인(LINE), 2015년 12월)

다. 양동이로 물을 나르던 브루노는 일을 잃게 되었지만 파블로는 그런 친구에게 다시 동업을 제안하고 둘은 의기투합해 전 세계에 파이프라인을 보급하기 시작합니다.

많은 사람이 물통을 나르며 사는 것을 당연하게 여기는 세상에서 파이프라인 완공의 꿈을 이루기는 쉽지 않습니다. 하지만 지금 이 글을 읽는 여러분도 파블로와 브루노의 이야기에서 느끼는 바가 있을 것입니다.

필자도 마찬가지였습니다. 블로그를 운영하는 블로거이자 평범한 직장인이었지만 이이야기를 통해 **안정적으로 물이 흐르는 파이프라인**을 만들어야 한다는 강렬한 영감을 받았습니다. 물론 처음부터 어떤 파이프라인을 만들겠다는 명확한 계획이 바로 떠오른 것은 아니었습니다. 하지만 본업 외에도 지금 운영하고 있는 블로그를 통한 N잡을 병행하면서 파이프라인을 늘리고, 또 효율적인 수익화로 파이프라인의 크기도 키워 더 많은 물이 흐르도록 만들고 싶었습니다.

▲ 필자의 다양한 수입원이 되는 수익 '파이프라인' 인증

이를 위해서 필요한 것은 파블로처럼 **파이프라인을 만드는 시간**을 확보하는 것이 가장 중요한 과제였고, 주어진 24시간을 어떻게 관리하며 시간을 활용할 것인지가 매우 중요했습니다.

성공의 파이프라인을 구축하는 설계도, 시간 관리

우리는 회사에서 열심히 일하며 수입을 늘리고 추가 근무나 아르바이트를 통해 부가 수익을 얻기도 합니다. 어떤 이는 이직으로 몸값(연봉)을 높여 양동이의 크기를 키우기도 합니다. 모든 사람에게 공평하게 주어지는 24시간을 대부분은 브루노처럼 돈, 즉 시급이나 월급으로 바꿉니다.

하지만 24시간을 일하는 데만 사용할 수는 없습니다. 또 나이, 건강, 그 밖의 다른 이유로 더 이상 시간을 돈과 바꿀 수 없는 때가 반드시 찾아옵니다. 이때 우리의 수입은 줄어들거나 멈추게 됩니다. 여러분도 브루노가 그랬던 것처럼 시도조차 해보지 않고 미래에 대한 준비 없이 직장에서만 월급을 받거나 부업을 준비하는 단계에서 멈춰 서기를 바라진 않을 것입니다.

모두가 불가능하다고 했지만 매일 조금씩 노력하고 그 노력의 결실이 쌓이는 순간 엄청난 결과를 만들어낸 파블로처럼 우리도 각자의 파이프라인을 만들 수 있습니다. 이것을 가능하게 만들기 위해 가장 먼저 바꿔야 하는 것은 시간 관리에 대한 생각입니다.

실습 : 일과표 작성하고 가용 시간 찾아보기

아침에 일어나서 잠자리에 들기까지 24시간의 일상을 일과표로 작성해보겠습니다. 부록으로 제공되는 '시간 활용 자가 진단 시트'에 한 시간 또는 30분 단위로 최대한 상세하게 작성합니다. 어렸을 때 방학마다 작성했던 생활계획표처럼 두루뭉술하게 그리지 말고 최대한 구체적으로 작성하는 것이 중요합니다.

자투리 시간 활용하기

블로그를 위한 시간 확보의 핵심 포인트는 **단 한 시간**이라도 한 달 중 **25일 이상** 일정한 시간에 포스팅할 수 있는 시간을 확보하는 것입니다.

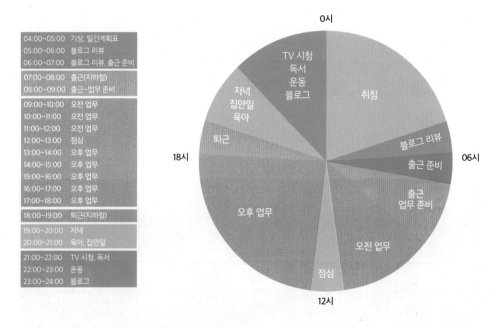

▲ 필자의 하루 일과표 : 분홍색과 파란색은 포스팅이 어려운 시간

다 작성했다면 이제 블로그를 운영할 수 있는 자투리 시간을 찾아봅니다. 위의 계획표에서 초록색으로 표시한 부분은 필자가 블로그를 위해 투자할 수 있는 시간대입니다. 주황색은 출퇴근 시간이지만 블로그와 관련된 일을 할 수 있는 시간입니다. 파란색과 분홍색은 블로그 포스팅과 관련된 일을 할 수 없는 시간대입니다. 따라서 이 초록색과 주황색 구간을 어떻게 활용하느냐가 시간 확보의 포인트입니다.

필자의 경우 지하철로 왕복 두 시간을 출퇴근하기 때문에 하루 최소 두 시간 정도는 포스팅거리를 찾기 위해 책을 읽고 영상을 보거나 블로그 이웃과 소통하고, 간단한 포스팅 작성 시간으로 사용할 수 있습니다.

이처럼 포스팅할 수 있는 자투리 시간을 찾는 것이 중요합니다. 하지만 자차로 출퇴근하거나, 대중교통이 너무 복잡해 도저히 블로그 운영을 하기 힘든 경우도 있습니다. 또 하루 일과를 시작하기 전 출근길을 충전의 시간으로 사용한다면 포스팅을 하는 것이 어려울 수도 있습니다.

수면 패턴 바꾸기

그렇다면 플랜 B로 수면 패턴 바꾸기 전략을 추천합니다. 필자의 경우 출퇴근 시간 두 시간과 수면 패턴의 변화로 확보한 두 시간까지 하루 최소 네 시간을 확보할 수 있었습니다. 아래 이미지는 필자의 기상 시간 인증 사진입니다.

▲ 보름간의 기상 인증 챌린지 사진

이렇게 일찍 일어나는 게 가능한지 의문이 들 것입니다. 사실 힘은 들지만 가능합니다.

필자도 평범한 직장인이자 두 아이의 아빠입니다. 아침에 출근하고 저녁이면 퇴근해 집에 와서 저녁을 먹고, 여섯 살, 두 살 아이를 돌본 뒤 잠깐 TV를 보면 금방 10시가 넘습니다. 저녁에는 육아도, 집안일도 해야 합니다. 그래서 새벽 시간을 선택했습니다.

새벽 시간의 중요함과 소중함을 다룬 자기 계발 서적이 나오면 매번 베스트셀러로 불티나게 판매됩니다. 《아침형 인간》에서는 새벽 4시, 《나의 하루는 4시 30분에 시작된다》에서는 4시 30분, 《아침 5시의 기적》에서는 5시, 《미라클 모닝》[14]에서는 6시를 기준으로 기상할 것을 권장합니다. 하지만 기상 시간은 중요한 것이 아닙니다. 필자는 6시 기상으로 시작해 적응될 때마다 30분씩 앞당겼습니다. 6시가 적응되면 5시 30분, 또 적응되면 5시에 일어났습니다. 핵심은 **마음가짐과 습관**을 좋은 방향으로 바꾸는 것입니다.

물론 개인적인 일이나 회식이 있는 날에는 하루 정도 건너뛰기도 합니다. 그래도 이틀 이상은 건너뛰지 않도록 계획을 세워서 스케줄을 소화했습니다. 매일 아침에 작성하는 하루 일과표가 있기 때문에 아침, 저녁으로 목표를 확인하고 이를 성취할 수 있는 방법을 계속해서 고민했습니다. 이러한 노력은 깨어 있는 시간 내내 목표에 집중할 수 있도록 도와줍니다.

팀 페리스의 저서 《타이탄의 도구들》[15]을 보면 승리하는 아침을 만드는 의식에 대한 조코 윌링크(Jocko Willink)의 이야기가 나옵니다. 20년간 미 해군 특수부대 네이비실(Navy SEAL)에서 복무한 조코 윌링크는 "나는 새벽 4시 35분에 일어난다. 적보다 먼저 일어났다는 심리적 승리감이 좋기 때문이다."라고 말했습니다. 거창한 것이 아니라 타인보다 먼저 깨어 있다는 사실, 타인보다 먼저 뭔가를 했다는 사실이 그의 삶에 끼치는 긍정적인 영향력이 매우 강했다고 합니다.

---

14) 각각 《아침형 인간》(사이쇼 히로시 지음/최현숙 역, 한스미디어, 2003년 10월), 《나의 하루는 4시 30분에 시작된다》(김유진 지음, 토네이도, 2020년 10월), 《아침 5시의 기적》(제프 샌더스 지음/박은지 역, 비즈니스북스, 2017년 2월), 《미라클 모닝》(할 엘로드 지음/김현수 역, 한빛비즈, 2016년 2월)

15) 《타이탄의 도구들》(팀 페리스 지음/박선령, 정지현 공역, 토네이도, 2017년 4월)

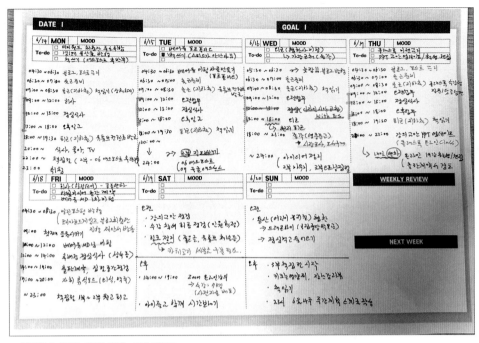

▲ 일주일 스케줄을 기록한 일간 · 주간 계획표

구분	주제1 육아	주제2 일상	주제3 스포츠	기타 원고	비고
월	시디즈 식탁의자	—	—	임산부영양제	
화	—	과일(배송형)	류현진 선발경기	부모님영양제	
수	유아웨건(신상품)	강원도 옥수수(배송형)	—	LG퓨리케어 정수기 5차	
목	—	한우(배송형)	챔피언스리그 준결승	홍삼	
금	신생아 기저귀	다이소 0월행사(취재)	유로파 결승	종근당건강 신제품 원고	
토	신생아 유모차	대형마트 휴무일(취재)	—	맥주효모	
일	아기 성장앨범	TS샴푸(배송형)	김광현 선발경기	윙크학습지 7차	

▲ 주간 포스팅 계획표 : 별도의 양식 없이 각 주제별로 잘 구분되게 관리한다.

일간·주간 계획표 작성하기

이렇게 30일 중 25일, 하루 한 시간 이상 블로그 운영에 할애할 수 있는 시간을 확보했다면 일간·주간 계획표를 작성해봅니다. 별도의 형식은 없습니다. 처음부터 거창하게 만들 필요도 없습니다.

왼쪽의 그림은 필자의 블로그를 위한 한 주간 포스팅 계획을 정리한 표입니다. 앞서 소개한 것처럼 세 가지 주제로 구분하고, 일주일 간격으로 주제가 겹치지 않게 스케줄을 작성했습니다. 기타(원고)는 업체와 내용을 조율한 후에 발행해야 하는 협찬 포스팅입니다. 워드 파일로 내용을 작성하고 사진을 첨부해 업체에 보낸 후 내용을 확인하고 포스팅합니다. 제출 후 검토 승인까지 일주일 정도 시간이 소요되므로 기간에 대한 사전 계산은 필수입니다.

주간 계획표를 보면 일주일에 총 22개를 포스팅했습니다. 너무 어렵다고 생각할 수 있지만 한 주의 스케줄을 전체적으로 조망할 수 있는 계획이 수립되어 있어 큰 어려움 없이 진행할 수 있습니다. 처음부터 하루에 여러 개를 포스팅하는 것은 어려울 수 있지만, 앞으로 배울 방법으로 포스팅을 준비하고 작성한다면 두세 달 후에는 **1일 1포스팅** 정도는 가뿐하게 할 수 있는 놀라운 변화를 경험하게 될 것입니다.

오늘 할 일을 적어보고 포스트에 넣을 사진 촬영이 필요하다면 촬영 스케줄을 계획에 포함하는 것이 좋습니다. 일주일의 계획표를 적어보고 그 다음 주, 나아가 월간 계획까지 수립해봅니다. 처음에는 할 일이 없어 이런 것까지 적어야 할까 싶을 수 있습니다. 하지만 이런 계획 수립을 통해 어느 순간 주간 계획이 머릿속에 들어오고, 일상을 바라보는 시각 역시 달라질 것입니다. 무엇보다 남는 시간을 허투루 쓰지 않게 됩니다.

《미라클 모닝》[16]의 저자 할 엘로드는 "삶에 지속적으로 투자하지 않는다면 우리 삶은 발전하지 않는다."라고 말했습니다. 지금 당장은 큰 의미가 없어 보이는 새벽 시간의 메모와 계획표 작성 습관은 블로그 운영에 큰 변화를 가져다줄 것입니다.

---

[16] ······

《미라클 모닝》(할 엘로드 지음/김현수 역, 한빛비즈, 2016년 2월)

📋 시간 확보를 위한 직장인의 노하우

기업 출강을 나가면 직장인들이 궁금해하는 부분 중 하나가 **어디서부터 어떻게 시작**해야 하는가입니다. 반복적인 일상에서 시간적 여유를 확보하기 힘들다는 것입니다. 충분히 가능한 고민입니다. 회사에 다니면서 많은 시간을 낼 수 없는 것은 우리 직장인이 처한 현실입니다. 일과 중 개인적으로 사용할 수 있는 시간을 최대한 확보해 블로그 운영에 효율적으로 투자하는 방법을 찾아야 합니다. 새벽 시간과 자투리 시간의 중요성은 충분히 설명했으니 이번에는 필자가 점심과 저녁 시간을 활용하는 방법을 소개해보겠습니다.

첫째. 점심시간

동료나 거래처 등 다양한 사람과 식사하거나 오후 업무를 위해 재충전하는 점심시간은 직장인에게 매우 소중합니다. 하지만 일주일에 한두 번은 간단한 식사 후 포스트를 쓰는 시간으로 사용하거나 다른 부서 사람과 함께 식사하며 부족한 부분을 배우는 시간으로 활용하는 것도 좋습니다.

필자의 경우 이미지 디자인이나 포토샵 작업이 서투를 때 디자인팀 후배에게 식사를 사주며 작업물에 대한 피드백을 얻고 노하우를 배운 적이 있습니다. 눈에 잘 띄는 섬네일 텍스트를 만들 수 있도록 일주일에 한 번 정도 만나서 가독성이 좋은 색상 배치와 구도 잡는 법 등을 배우고, 다음 주에 만날 때까지 직접 만들어보고 연습했습니다. 그리고 일주일 후에 다시 만나 결과물에 대한 피드백을 받고 새로운 미션을 받으며 진행했습니다.

이처럼 점심시간을 직접 동료와 식사하며 관련 업무 이야기를 들어보고 자신의 부족한 능력을 채우거나 스킬을 늘리는 시간으로 활용할 것을 추천합니다.

둘째. 저녁 시간

이 시간에는 평소 배우고 싶거나 관심 있는 주제와 관련된 외부 활동에 참여하는 것도 좋습니다. 저자 특강을 찾아 들을 수도 있고, 스터디 활동에 참여해 나와 비슷한 생각을 가진 사람들과 의견을 나누고, 내가 추구하는 방향에 대한 객관적이면서도 현실적인 평가와 조언을 구할 수 있습니다.

타인의 생각을 함께 공유하고 나에 대한 주변의 소중한 평가를 통해 신선한 활력을 불어넣는 것 또한 자기 계발의 중요한 과정이자 충분히 가치 있는 투자라고 생각합니다. 또 이런 활동을 통해 포스팅할 소재가 많아진다면 더욱 좋습니다.

물론 이 모든 시간을 오롯이 활용하기란 쉽지 않습니다. 하지만 새벽에 일어나 오늘 또는 이번 주에 내가 점심시간과 저녁 시간을 활용해 어떤 것을 배우고, 도전하고, 경험할 것인지 계획하고 준비하는 것만으로도 일상이 놀랍게 변화할 것입니다.

셋째. 주말 휴식 시간

금쪽같은 주말도 활용하기 좋은 시간입니다. 하지만 재충전을 해야 하고 가족과 시간도 보내야 하므로 매주 계획을 세울 수는 없습니다. 다만 한 달에 한 번 정도는 블로그, 마케팅 관련 강의를 들을 것을 추천합니다. 한 번 듣고 끝내지 말고, 강의 내용을 복습하고 정리하면서 내 것으로 만드는 과정을 거치는 것이 중요합니다.

기회가 된다면 직접 강의를 개설해 강사가 되어보는 것도 적극 추천합니다. 블로그 운영 노하우 또는 블로그를 통해 쌓아 올린 관심 분야의 노하우를 강의하면서 자기 재능을 다양하게 펼칠 수 있는 시대가 되었습니다. 내 재능이 될 만한 것들을 강연을 통해 찾고 자꾸 끄집어내야 기회가 생깁니다. 강의를 하다 보면 분야에 대한 폭넓은 시야와 더불어 완전히 새로운 경험도 얻을 수 있습니다. 무엇보다 그 과정에서 만난 사람들은 나의 큰 자산이자 무기가 됩니다.

영상 강의 링크 **네이버 블로그로 돈 버는 노하우 영상 강의**

제3강 | 블로그 운영 시간 관리 노하우

24시간은 누구에게나 공평하게 주어집니다. 블로그로 수익화를 달성하고 확장하기 위해서는 꾸준함이 있어야 하고 시간을 효율적으로 사용할 줄 알아야 합니다. 이번 강의에서는 한 달 최소 25일 이상 같은 시간에 포스팅할 수 있도록 계획을 세우고, 낭비되는 빈 시간을 효율적으로 활용하는 방법에 대해 알아보겠습니다.

http://m.site.naver.com/0PW6J

어려운 1일 1포스팅을 쉽게 만드는 노하우

1일 1포스팅이 어려운 이유

꾸준히 포스팅할 수 있는 시간을 확보했다면 이제 블로그 포스트를 작성할 차례입니다. 많은 초보 블로거가 뭘 써야 할지 모르겠다는 어려움을 토로합니다. 이런 고민을 접하며 필자가 블로그를 처음 시작했던 8년 전으로 거슬러 올라가 발행했던 포스트와 당시 고민을 되짚어봤습니다. 가장 근본적인 문제는 블로그 글쓰기를 너무 거창하고 어렵게 생각하는 데 있었습니다.

쉽게 생각해보겠습니다. 어릴 때 일기를 쓰거나 친구에게 편지를 썼던 경험이 있을 것입니다. 모두는 아니겠지만 그때는 아마 나만 보는 나의 이야기를 쓰고 친한 친구와 소통하는 것을 어렵다고 생각하지는 않았을 것입니다.

앞에서 알아본 대로 블로그는 웹(Web)과 로그(Log)의 합성어입니다. 웹사이트에 기록을 한다는 본질만 기억하면 됩니다. 처음 1일 1포스팅이 어렵다면 나의 일기로 시작해볼 것을 권장합니다. 물론 지극히 개인적인 이야기로는 방문자의 상승을 기대하기 힘듭니다. 이번 SECTION에서는 글쓰기 자체에 집중하고 방문자 상승에 관한 내용은

SECTION 03에서 자세히 배우겠습니다.

1일 1포스팅이 어려운 이유는 크게 두 가지로 압축할 수 있습니다. 첫째는 이미지가 확보되지 않았기 때문이고, 둘째는 글쓰기가 어렵다고 생각하기 때문입니다. 이미지가 없다는 것은 단순히 사진 자료가 준비되지 않았다는 뜻일 수 있지만, 더 넓게는 소재가 확보되지 않았다는 의미이기도 합니다. 새벽이나 아침에 하루의 계획을 세우면서 포스팅할 주제에 대해 고민하고 소재를 확보하는 것은 블로거의 매우 중요한 자질입니다.

블로그 이미지 사용에 대한 오해와 진실

블로그 최적화와 상위 노출을 위해서는 사진은 15장 이상, 글자 수는 1,500자 이상이어야 하고, 동영상도 필수로 넣어야 한다는 이야기를 들어봤을 것입니다. 이는 네이버 블로그에 대한 대표적인 잘못된 소문 중 하나입니다.

보다 정확한 근거를 확인하기 위해 필자는 사진 일곱 장부터 테스트를 시작했습니다. 여섯 장, 다섯 장 순서로 줄이고 마지막에는 두 장으로 줄였습니다. 이 테스트를 통해 키워드 경쟁력이 있다면 두 장으로도 상위 노출이 가능한 것을 확인했습니다.

---

2) 이미지를 많이 혹은 적게 사용할수록 좋다?

블로그에서는 일반적으로 내용의 전달과 이해에 도움을 주기 위해 이미지를 사용합니다. 그러나 이미지를 많이 사용할수록 좋다는 소문 때문에 필요 없는 이미지를 의도적으로 본문에 많이 삽입하는 경우가 있는데요. 필요 없는 이미지 사용은 방문자의 만족도를 떨어뜨리는 요인으로 작용하기 때문에 이러한 의도적인 이미지 사용은 검색에 좋지 않다고 할 수 있습니다.

특히 다른 출처의 이미지들을 가져와 사용하는 경우 저작권 분쟁이 발생할 수 있으며, 동일 이미지로 인해 유사 문서로 분류될 수도 있습니다.

이와는 반대로 이미지를 잘못 사용했다가 자칫 검색 결과에서 불이익을 받지 않을까 우려하여 필요한 경우에도 이미지 사용을 기피하기도 하는데요. 이미지 사용 시 주의 사항들만 잘 숙지하시면 문제가 되지 않습니다.

▲ 네이버에서 밝히는 블로그 이미지 사용에 대한 오해와 진실(출처 : https://blog.naver.com/naver_search/22075414 0850)

네이버 Search&Tech 공식 블로그에서는 블로그 이미지에 대한 소문과 실체를 자세히 설명하고 있습니다. 그중 **블로그에서 이미지 사용하기**란 포스팅의 '2) 이미지를 많이 혹은 적게 사용할수록 좋다?'[17]라는 내용을 살펴보겠습니다. 이미지는 일반적으로 시각적 내용을 전달하고 글에 대한 이해를 돕기 위해 사용합니다. 하지만 이미지를 많이 사용할수록 좋다는 소문이 퍼지면서 주제나 내용과 무관한 이미지를 본문에 많이 삽입하는 경우가 생겨났습니다. 이런 이미지는 방문자의 만족도를 떨어뜨리는 요인으로 검색 노출에 좋지 않은 영향을 준다고 알려져 있습니다. 반대로 이미지를 잘못 사용했다가 자칫 검색 결과에서 불이익을 받지 않을까 하는 우려에 이미지가 필요한 경우에도 사용을 기피합니다. 하지만 네이버에서는 이미지 사용 시 주의 사항만 잘 숙지한다면 문제가 되지 않는다고 명확히 밝히고 있습니다.

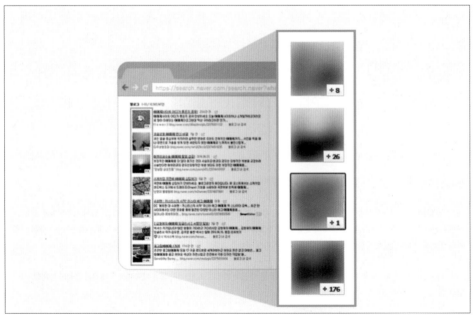

▲ "네이버에서 밝히는 블로그 이미지 사용에 대한 오해와 진실" 예시(출처 : https://blog.naver.com/naver_search/220754140850)

---

17)

"블로그에서 이미지 사용하기", 네이버 Search&Tech, https://blog.naver.com/naver_search/220754140850

네이버에서 예시로 제시한 앞의 이미지를 보면 세 번째 포스팅의 섬네일 사진에 이미지 개수가 **+1**로 표시된 것을 확인할 수 있습니다. 사진 두 장만 사용해도 검색 결과 상위 노출이 가능하다는 것을 알 수 있습니다. 여기에서 힌트를 얻어 테스트를 시작했고 그 결과 이미지의 개수는 노출 순위와 직접적인 연관성이 없다는 사실을 확인했습니다.

사례 1 : '버거킹 ○월 행사' 키워드는 매월 7만~10만 건 이상의 검색량을 기록하는 대형 키워드 중 하나입니다. 사진 두 장을 사용해 '와퍼주니어 1+1', '버거킹 6월 행사'를 중심 키워드로 삼아 포스트를 작성했고 해당 키워드 검색 5위 이내 노출에 성공했습니다.

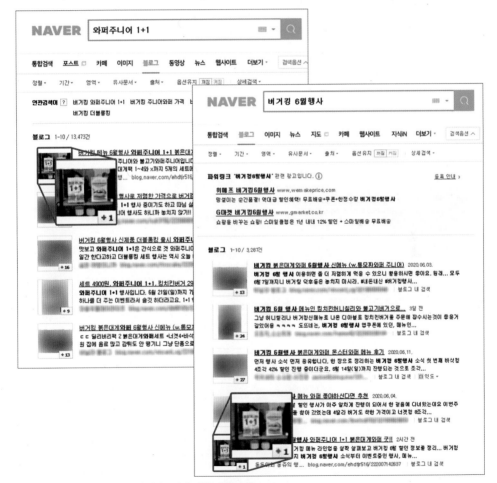

▲ 사례 1 : 사진 두 장으로 버거킹 이벤트 관련 키워드 상위 노출

사례 2 : 매주 일요일 UFC 경기는 많은 검색량과 유입을 불러오며 네이버 실검 상위에 자리 잡던 단골 키워드 중 하나입니다. 역시 사진 두 장만으로 UFC를 전문적으로 다루는 블로그나 스포츠 전문 채널 SPOTV의 공식 블로그보다 높은 순위를 차지했습니다.

또 스타벅스 썸머레디백과 함께 2020년 여름 큰 인기를 누렸던 할리스 폴딩 카트/캠핑의자 포스트 역시 사진 두 장으로 검색 노출 상위를 유지했고 엄청난 검색 유입 결과를 얻었습니다. 2020년 6월 21일 작성 후 7월 22일까지 한 달간 48,319명의 검색 유입을 기록했고 일평균 1,600여 명이 검색하는 결과를 얻었습니다.

이러한 결과를 종합했을 때 검색 상위 노출을 위해 이미지 개수는 중요하지 않으며 이미지를 15장 이상 사용해야 한다는 소문은 잘못되었다는 것을 알 수 있습니다.

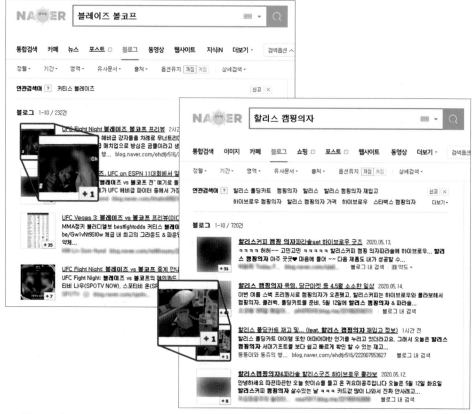

▲ 사례 2 : 사진 두 장으로 UFC 경기 및 할리스 캠핑의자 키워드 상위 노출

▲ 사례 2 : 할리스 폴딩 카트/캠핑 의자 월간 검색 유입자 통계

물론 볼거리가 많아지면 방문자의 체류 시간이 길어지므로 사진의 개수를 늘려야 한다는 말도 맞습니다. 필자가 강조하고 싶은 말은 모든 포스트에서 사진을 두 장만 사용하라는 게 아니라 이미지 확보에 너무 많은 스트레스를 받지 않아도 된다는 것입니다. 내용과 충분한 연관성이 있고 본인이 직접 만들거나 촬영한 이미지라면 사용할 수 있는 만큼 사용해도 괜찮습니다.

CHAPTER 01에서 배웠던 주제 삼총사와 연결해 알아보겠습니다. 메인 주제는 블로그의 아이덴티티를 나타내고 연재글은 나의 블로그 지수 상승을 위해 필요하다고 설명했습니다. 그렇다면 일상글이 왜 블로그 포스팅 핵심인 주제 삼총사에 포함되어 있는 것인지 답이 보일 것입니다.

우리가 출퇴근 길에 지나치는 맥도날드, 롯데리아, 스타벅스, 롯데마트, 이마트, 다이소 등 다양한 프랜차이즈의 이벤트도 일상 포스팅의 주제가 될 수 있습니다. 만약 상위 노출과 양질의 포스팅을 위해서 사진 15장이 필요하다면 적어도 맥도날드의 햄버거를 주문하고, 스타벅스의 커피를 한 잔이라도 마시고, 다이소에서 구매한 제품의 사진을 찍어야 할 것입니다.

하지만 우리는 이미지 두 장만으로도 포스팅이 가능하다는 사실을 알았으므로 햄버거나 커피를 주문하지 않아도, 홍보 포스터나 이벤트용 브로셔만으로도 정보를 충분히 담아 포스팅할 수 있습니다.

▲ 일상에 있는 다양한 소재에 관심을 가져야 한다.

영상 강의 링크   **네이버 블로그로 돈 버는 노하우 영상 강의**

제4강 | 1일 1포스팅과 포스트 노출 최적화

1일 1포스팅이 어려운 이유는 포스팅 소재의 확보 그리고 이미지 확보의 어려움이 가장 큽니다. 포스트가 상위에 노출되려면 사진 15장 이상, 동영상 삽입이 필수라는 잘못된 정보 때문에 이미지 확보가 어렵다는 이야기를 많이 듣습니다. 하지만 상위 노출을 위해서는 이미지는 두 장이면 충분합니다. 이번 강의에서는 필자의 사례를 통해 이미지 확보의 어려움을 해소하고 적은 사진 개수로 효율적인 1일 1포스팅을 하는 방법에 대해 알아보겠습니다.

http://m.site.naver.com/0PW6S

글쓰기의 어려움을 극복하는 방법

이번에는 글쓰기가 어려운 이유에 대해 고민해보겠습니다. 필자의 강의를 찾은 수강생들은 글쓰기라는 단어와 마주하면 자신 없는 모습을 보이곤 합니다. 누군가 내 글을 읽는 게 부끄럽다고 하는 사람도 있습니다. 이런 분들께 하고 싶은 조언은 글쓰기에 재능이 있는지 없는지를 생각하기보다는 일단 블로그에 들어갈 본문을 써보라는 것입니다. 블로그 글은 일단 써서 발행해야 가치가 있고, 그 글이 좋은 글인지 나쁜 글인지 평가받을 수 있습니다.

필자 역시 블로그를 처음 시작한 2014년 초반에 발행한 포스트를 지금 다시 보면 정말 부끄럽고 형편없다는 느낌을 받습니다. 하지만 그런 과정이 있었기에 블로그를 지금까지 운영할 수 있었고 블로그 수익화와 관련된 강의를 하고 책을 쓸 수 있다고 생각합니다. TV에 나오는 가수, 연기자도 무명 기간이 있고 그 과정이 쌓여 최고의 스타가 될 수

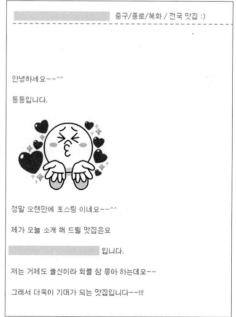

▲ 필자가 2014년에 발행한 포스팅

있는 것입니다. 누구에게나 무명 시절이나 흑역사가 있습니다. 블로거 역시 그런 과정을 거치면서 파워 블로거, 인플루언서로 성장합니다. 다만 무명 기간을 짧고 빠르게 극복하기 위해 책이나 강의를 통한 배움의 과정이 필요한 것입니다.

처음 블로그를 시작하고 1년 이상 운영해도 방문자 수 1,000명을 넘지 못해 의욕이 떨어지는 슬럼프 시기를 겪는 사람이 의외로 많습니다. 난관에 부딪히면 문제점이 무엇인지 빠르게 파악하고 개선하기 위한 변화와 노력을 투입해야 합니다. 하지만 1년 이상 블로그를 운영하며 제자리를 맴돌고 있는 사람이 자신의 문제를 파악하기는 쉽지 않습니다.

일 방문자 1,000명을 넘기지 못하는 가장 큰 이유는 **키워드의 수요량 예측**과 상위 노출을 결정하는 **AI가 좋아하는 글쓰기 방법**을 찾아내지 못했기 때문입니다. 일단 잘 검색되고 잘 읽히는 글을 쓰려면 베스트 블로그의 글과 형식을 벤치마킹하면서 실력을 키우는 과정이 필요합니다.

하지만 주제 삼총사를 중심으로 꾸준히 포스팅을 연재하며 제대로 배울 거리까지 있는 블로그를 찾기란 쉬운 일이 아닙니다. 그렇다면 필자가 글쓰기에 흥미를 느끼고 자신감을 얻을 수 있었던 필사 방법을 추천합니다. 글쓰기에 자신이 없다면 다른 사람의 글을 필사하는 방법을 꼭 실천해봤으면 합니다. 블로그 글쓰기뿐만 아니라 보고서를 작성하거나 전자책과 종이책을 집필하는 데 분명 요긴하게 활용될 것입니다.

대학원 석사 입학을 위해 텝스와 논술을 같이 준비할 때, 유명한 논술 교사에게 한 달동안 글쓰기의 매력과 좋은 글을 쓰는 방법에 대해 배웠습니다. 좋은 글을 쓰려면 좋은 글을 많이 읽어야 한다는 조언이 기억납니다. 그때 매일 했던 것 중 하나가 필사였습니다. 필사란 글을 그대로 베끼어 쓰는 것을 뜻합니다. 단순히 글자를 베끼어 쓴다기보다 제대로 읽기 위해서 필요한 훈련입니다. 방법은 간단합니다. 우선 필사할 부분을 반복해서 읽은 뒤 띄어쓰기는 물론이고 쉼표, 마침표 하나까지 빠트리지 않고 그대로 옮겨적는 것입니다.

워드프로세서나 메모장을 이용해 타이핑해도 되지만 가급적 손글씨로 한 줄 한 줄 집중해서 필사하는 것을 추천합니다. 이렇게 쓰다 보면 어느새 문장이 머릿속에 체화됩니다. 그리고 필사한 문장을 다시 읽고 느낌이나 생각을 적어보면서 글쓰기 실력을 키울 수 있습니다. 필사는 글쓰기 연습뿐 아니라 글의 구조를 알게 해주고, 다양한 문체를 익힐 수 있습니다. 또한 문장을 매끄럽게 쓸 수 있도록 도와주고, 글을 읽거나 쓸 때의 집중력 또한 높여줍니다. 필자는 이후로도 책을 읽다가 좋은 글귀가 있으면 사진으로 찍거나 캡처해두었다가 시간이 날 때 필사합니다.

블로거의 숙명은 누군가 읽을만한 콘텐츠를 매일 꾸준히 만들어야 한다는 것입니다. 하지만 영상을 편집하거나 카드뉴스를 만드는 데 시간을 투자하지 않아도 됩니다. 블로그에는 텍스트, 이미지, 음성이 포함된 영상 모두 자유롭게 기록할 수 있기 때문에 어떤 자료든 준비만 되면 포스팅이 가능하다는 매력이 있습니다.

블로그 포스팅은 일단 담아보고 써보는 게 중요합니다. 이미지는 두 장이면 충분합니다. 주변의 모든 일상을 스마트폰 카메라에 일단 담아보면 답이 보일 것입니다. 타고난 사람만 글을 잘 쓸 수 있는 것은 아니라는 사실을 기억하고 도전하면 충분히 극복할 수 있습니다.

실습 : 사진 두 장으로 포스팅 완성하기

온·오프라인 강의에서 사진 두 장으로 포스팅이 가능하다고 설명하면 의외로 어렵다는 피드백을 받곤 합니다. 지면을 통해 설명하므로 직접 촬영한 사진으로 포스트를 작성하면서 서로 확인하고 조언할 수는 없지만 작성 과정을 최대한 자세하게 단계별로 설명해보겠습니다. 이 내용은 실습이므로 함께 고민하고 직접 써보는 과정이 중요합니다.

먼저 사진을 보고 어떤 정보를 담으면 좋을지 생각해보겠습니다. 아직 키워드에 대해서는 배우지 않았으니 일단 생각나는 대로 자유롭게 써봅니다. 직접 써보는 것이 무엇보다 중요하다는 사실을 잊지 말고, 다른 정보성 포스트와 연결하고 응용하는 확장 방법도 고민해보겠습니다.

▲ 버거킹 할인 정보를 소개한 포스트에 사용한 사진

위의 사진은 회사 앞 버거킹을 지나다 정보성 포스트 작성을 위해 홍보 브로셔 두 컷을 촬영한 것입니다. 이 두 장의 사진으로 어떤 글을 쓸 수 있을지 고민해봅니다. 쉽게 떠오르지 않는다면 다른 사람은 버거킹의 무엇을 궁금해하며 검색할지 생각해봅니다.

1 버거킹 와퍼 메뉴에는 어떤 것이 있을까? → 버거킹 메뉴

2 버거킹 와퍼 1+1 행사에 모든 햄버거가 포함될까? → 버거킹 1+1

3 버거킹 매장은 몇 시까지 영업을 할까? → 버거킹 영업시간

4 버거킹 월별 할인 행사가 더 있을까? → 버거킹 행사

주어진 사진을 보고 내가 궁금하거나 다른 사람이 궁금해할 것 같은 내용 네 가지를 골랐습니다. 이 네 가지는 포스팅의 핵심 내용이자 키워드가 될 것입니다. 기간, 가격, 할인율, 적용 매장 등의 정보는 공식 홈페이지에 자세히 나와 있습니다. 이 정보를 정리하고 각 주제의 앞뒤에 경험이나 생각을 더해 포스트를 작성합니다.

제목 : 버거킹 7월 행사 메뉴 및 와퍼 1+1 이벤트(FEAT. 버거킹 영업시간 체크)

[서론 – 도입부] : 해당 시기에 대한 정보 + 전달 정보에 대한 예고(요약) + 메인 키워드 배치

날씨가 점점 더워지면서 땀도 많이 나고 입도 텁텁해지면서 입맛이 떨어지는 시기인 요즘 이

웃님들은 어떻게 입맛을 끌어올리고 계시는지 궁금한데요. 동동이는 평소 좋아하는 음식과 메뉴들을 찾는 재미와 먹는 재미를 느끼며 여름철 입맛을 극복하고 있습니다. 오늘은 많은 분들이 좋아하시는 **버거킹 7월 행사** 소식과 와퍼주니어 할인 소식까지 풍성하고 다양하게 준비했으니 도움이 되셨으면 합니다.

[본론 – 주요 정보] : 버거킹 홈페이지에 있는 행사 기간, 가격 정보 + 맛에 대한 나의 생각, 평가

회사 근처에 버거킹이 있어 자주 찾는데 집 가까이에 매장이 없어서 퇴근하면서 테이크 아웃을 해와도 집에서는 따끈한 버거가 아닌 식은 버거를 먹게 되고 뭔가 아쉬웠는데요. 집 근처에도 드디어 새로운 매장이 오픈했습니다. 그래서 지난주 빠르게 달려가 맛있게 먹고 왔는데 이번 7월에는 세 가지 이벤트를 진행 중에 있습니다. 와퍼를 3,900원에 즐길 수 있는 프리미엄 와퍼 행사와 더블롱킹세트 주문 후 500원만 추가하시면 너겟 네 조각을 증정하는 행사로 7/1일(수)~19일(일)까지 진행합니다. 1인 최대 5개까지만 구매가 가능하며 일반 매장이 아닌 Drive Thru 매장에서 적용되는 이벤트인 점을 기억해주세요.

다음으로 소개해드릴 **버거킹 7월 행사**는 '버거킹 메뉴'하면 가장 먼저 떠오르는 시그니처 메뉴 중 하나인 와퍼주니어 1+1 관련 소식입니다. 7/6일(월)~12일(일)까지 일주일간 진행되는 버거킹 와퍼 할인 행사는 무려 53% 다운된 가격으로 더블와퍼주니어 3,000원, 치즈와퍼주니어를 2,300원에 드실 수 있습니다. 와퍼 메뉴로는 불고기, 베이컨치즈, 더블, 할라피뇨, 치즈와퍼가 있습니다. 역시 와퍼는 특유의 단짠 단짠 패티와 소스의 조합이 매력적으로 패티가 두장인 더블와퍼로 즐겨줘야 합니다. 저도 가끔 뭔가 스트레스 해소로 먹방이 필요할 때 주로 주문하는 올데이킹 시리즈인데요. 일반적인 버거와 라지사이즈로 선택이 가능합니다. 더블베이컨토마토비프 라지사이즈로 맛도 풍미도 배로 즐기시면 여름철 떨어진 입맛을 제대로 끌어올려줄 것 같습니다.

[결론 – 마무리] : 추가 정보 + 마무리 멘트 + 다음 전달 정보에 대한 예고 + 메인 키워드 배치

버거킹은 다양한 형태의 매장이 존재합니다. 일반 매장, 24시간 매장, DT 매장까지 타입별로 영업시간도 다른데요. 쉽고 간단하게 찾고자 하는 버거킹 영업시간 체크 방법을 소개해드리도록 하겠습니다. 먼저 버거킹 어플을 깔고 좌측 상단에 3선(메뉴바)을 클릭해주시구요. 두 번째 매장 소개 메뉴를 눌러주면 매장 찾기가 뜰 겁니다. 여기에서 GPS를 켜고 현 위치로 매장 검색을 누르시면 가까운 매장의 위치 정보가 떠요. 매장명을 검색하시거나 지역 검색도 가능하기 때문에 내가 원하는 버거킹 매장의 영업시간을 보다 쉽고 빠르게 체크하실 수 있습니다. 지금까지 동동이와 함께 알아본 버거킹 메뉴 구성 및 **버거킹 7월 행사** 소식 참고하셔서 입맛 없는 여름 든든하고 푸짐한 한 끼 즐기셨으면 합니다. 그럼 동동이는 무더위가 절정을 이루는 다음달 버거킹 8월 행사 소식으로 다시 찾아올게요.

정보성 포스트를 작성할 때 **서론 → 본론 → 결론**을 어떤 포인트에 맞춰 작성해야 하는 지 실제 사례를 통해 알아보았습니다. 이 정도 길이의 글은 공백을 제외하고 1,000자가 넘습니다. 처음부터 무리해서 1,000자 이상 써야 하는 것은 아니지만 이런 과정을 통해 1,000자 정도는 넘겨서 작성할 수 있어야 합니다. 왜 1,000자를 기준으로 삼아야 하고, 이러한 스토리라인의 전개가 필요한지는 SECTION 06에서 자세히 알아보겠습니다.

NOTE 네이버 블로그로 돈 버는 직장인 동동이의 실전 노하우 🔍

📋 포스트 작성과 키워드의 상관 관계 확인하기

앞의 실습에서 전달하고자 했던 정보 키워드는 다음 네 가지입니다.

① 버거킹 7월 행사 ② 버거킹 메뉴 ③ 버거킹 와퍼 1+1 ④ 버거킹 영업시간

해당 포스트의 실제 검색 유입 통계를 살펴보면 **93.8%**가 **네이버 통합검색_모바일**인 것으로 나타났습니다. 세부 유입 키워드를 살펴보면 **버거킹 7월 행사**가 **73.1%**로 가장 높았고 그 뒤를 이어 버거킹 메뉴, 버거킹 영업시간, 버거킹 와퍼 1+1 순으로 높게 나타납니다.

버거킹 7월행사 메뉴 및 와퍼 1+1(FEAT. 버거킹 영... 📄게시물 보기 📄 다운로 드

2020.07.07. 05:59 작성 (실시간) 2021.06.12. 기준

누적 조회수	누적 공감수	누적 댓글수
55,768	129	0

📊 유입경로		📊 상세 유입경로	
네이버 통합검색_모바일	93.8%	버거킹 7월행사	73.1%
네이버 뷰검색_모바일	3.2%	버거킹 메뉴	6.0%
네이버 통합검색_PC	1.8%	버거킹 영업시간	5.5%
네이버 블로그_모바일	0.8%	버거킹 와퍼 1+1	1.5%
네이버 블로그검색_PC	0.2%	버거킹 메뉴 추천	1.1%
네이버 블로그_PC	0.1%	버거킹 통새우와퍼	0.8%
		와퍼	0.6%
		버거킹행사	0.4%

▲ 실제 버거킹 7월 행사 메뉴 포스트의 유입 키워드 통계

실제 실험을 통해 사진 두 장만으로 노출과 방문자 유입 모두를 잡을 수 있었습니다. 정보성 포스팅은 일반 제품 리뷰, 체험 리뷰처럼 여러 장의 사진을 찍어야 하는 것이 아니라는 것을 확인할 수 있었습니다. 정확한 정보는 공식 홈페이지에서 확인할 수 있습니다. 우리는 정리된 내용에 살을 붙이고, 경험을 더하고, 생각을 더하는 글쓰기를 하면 됩니다. 어려워할 이유가 전혀 없습니다.

키워드 선정과
황금 키워드 추출 방법

네이버 블로그는 검색을 기반으로 하는 사용자 유입 비중이 큽니다. 따라서 메인 화면에 콘텐츠를 큐레이팅해주는 유튜브 알고리즘과는 달리 특정 콘텐츠의 조회 수가 하루아침에 빵하고 터지는 소위 '떡상'의 개념이 약합니다. 네이버 블로그는 무엇보다도 전략적인 키워드 선별과 꾸준함이 중요한 채널인 것입니다.

이런 특징은 블로그만의 매력이 아닌가 합니다. 예를 들어 내가 발행한 글이 1,000개이고 1,000개의 글을 각각 한 명씩 읽는다면 방문자 수는 1,000명이 됩니다. 그리고 검색에 노출되는 글이 늘어나면 훨씬 더 많은 방문자가 찾아와 높은 조회 수를 기록할 것입니다. 1,000개의 글을 쓰기 위한 꾸준함도 중요하지만 블로그를 더 빨리 최적화하고 효율적으로 운영하고 싶다면 전략적인 키워드 선별에 중점을 두어야 합니다.

키워드란 데이터를 검색할 때 특정 내용이 포함되어 있는 정보를 찾기 위해 사용하는 단어를 뜻합니다. 그렇다면 네이버 블로그에서의 키워드란 무엇을 의미하는지 먼저 생각해보겠습니다. 우리가 궁금한 것이 생길 때 검색창에 입력하는 단어를 키워드라고 이해하면 편합니다. 이 키워드를 어떻게 활용하는가에 따라 내 글이 첫 페이지 상단에 노출될 수도 있고, 눈에 띄지 않는 뒷페이지에 자리할 수도 있습니다. 블로그 키워드에도 수요와 공급의 법칙이 적용됩니다. 블로그 글에는 최신성이 반영되기 때문에 월간 검색량(데이터)을 바탕에 두고 살펴보겠습니다.

구분	키워드	PC 월간 검색량	모바일 월간 검색량	Total	블로그 문서 월간 발행량	포화지수
경쟁력(↑)	강남 맛집	13,500	107,000	120,500	24,500	20.33
	부산 가볼만한곳	26,900	232,000	258,600	128,000	49.50
	여수 가볼만한곳	31,200	267,000	298,500	113,000	37.86
황금 키워드	GS25 5월 행사	3,230	51,900	55,130	580	1.05
	버거킹 5월 행사	13,800	209,000	222,400	540	0.24
	다이소 영업시간	9,300	130,000	139,100	1,350	0.97
	맥도날드 맥모닝 시간	2,850	80,200	83,050	570	0.69
	임신 극초기증상	5,820	161,000	166,520	520	0.31
틈새공략 키워드	○○○○○	121,000	805,000	926,300	18,800	
	○○○○○	19,800	367,000	386,500	1,420	

▲ 월간 검색량과 문서 발행량을 통한 포화지수(2021년 5월 5일~6월 4일 월간 데이터)

위의 표에서는 각각의 키워드를 **경쟁력이 높은 키워드, 황금 키워드, 틈새 공략 키워드**로 구분했습니다. 키워드를 확인할 때는 가장 먼저 월간 검색량을 살펴봐야 합니다. 검색량은 PC 검색량과 모바일 검색량으로 구분되는데, 모바일 검색량이 압도적 우위를 점하고 있다는 것을 알 수 있습니다. 여기서는 모바일과 PC를 합한 Total 검색량을 기준으로 하겠습니다.

'강남 맛집'은 한 달에 120,500명이 검색했는데 한 달간 24,500개의 문서가 발행되었습니다. 이를 포스팅의 효율성을 가늠하는 포화지수(문서 발행량 대비 Total 검색량 비율)로 계산하면 20.33%입니다. '여수 가볼 만한 곳'은 37.86%, '부산 가볼 만한 곳'은 무려 49.50%로 검색량 대비 발행 경쟁이 치열하다는 것을 알 수 있습니다.

만약 블로그 방문자 수가 얼마 나오지 않고 지수도 낮은데 이런 키워드를 작성한다면 글이 어디에 위치할 것인지는 뻔합니다. 포화지수가 높을수록 사용자의 수요는 많지만 노출 효율은 떨어집니다. 반면 황금 키워드에는 포화 지수가 1% 미만인 키워드가 보입니다. 검색량이 높은 키워드로 글을 쓰면 경쟁이 심해 노출도 안 되고 큰 이득이 없다는 소문을 들은 적이 있을 것입니다. 이 말은 반은 맞고, 반은 틀립니다. 검색량이 높은 키워드라고 이득이 없는 것이 아닙니다. 이때는 각 키워드의 경쟁도를 확인해야 합니다.

절대적인 비교가 될 수는 없지만 월간 139,100건의 '다이소 영업시간' 키워드와 월간 120,500건의 '강남 맛집' 키워드를 비교해보겠습니다. 각각의 월간 블로그 문서 발행량은 1,350건과 24,500건으로 엄청난 차이가 있습니다. '강남 맛집', '건대 맛집', '부산·여수 가볼 만한 곳'과 같이 누구나 아는, 경쟁이 심하고 뻔한 키워드가 아닌 '맥도날드 맥모닝 시간', '다이소 영업시간', 'GS25 5월 행사'와 같이 경쟁도(월간 블로그 문서 발행량)는 낮고 수요량(검색량)이 많은 키워드를 발굴하는 것이 블로그 방문자 수를 높이는 핵심 공략 포인트입니다.

틈새를 공략하는 키워드

드라마 〈펜트하우스〉는 첫 시즌부터 매 시즌 시청률 고공행진을 이어가고 있습니다. 키워드를 검색해보면 '펜트하우스'의 오타인 '팬트하우스'의 검색량 역시 386,500건으로 엄청난 조회 수를 보입니다. 하지만 '팬트하우스'의 월간 콘텐츠 발행량은 '펜트하우스'

▲ 드라마 '펜트하우스'의 월간 검색량 비교(출처 : 블랙키위 키워드 검색 화면, https://blackkiwi.net)

의 10%도 안 됩니다. 이처럼 헷갈리는 맞춤법의 틈새를 노리는 것도 틈새 공략에 해당합니다. '빕스 샐러드바 가격'과 '빕스 셀러드바 가격'도 헷갈리는 키워드의 예입니다. 이런 키워드를 찾아내는 것 역시 수요에 비해 발행량이 낮은 키워드를 효과적으로 활용하는 방법이 될 수 있습니다.

결국 사용자가 궁금해하는 키워드가 무엇인지 많이 검색하고 찾아보는 것이 답입니다. 공부하고 찾아보는 만큼 효과적인 키워드 전략을 세울 수 있습니다.

언론사 기자인 필자의 한 친구는 직업의식이 투철해 매사 궁금한 게 많고 하나의 사건을 보더라도 끊임없이 생각하고 질문을 던집니다. 옆에서 보면 피곤할 정도로 집요하게 취재에 관한 계획을 수립하고 조사와 검증 과정을 거쳐 하나의 기사를 완성합니다.

블로그 포스팅은 기본적으로 키워드를 정하고 글의 내용과 방향을 정한 후 필요한 이미지를 준비하고 글을 쓰는 작업입니다. 기자의 직업정신까지는 아니더라도 좋은 블로그를 만들려면 핵심 키워드에 대한 탐구와 자료 수집과 같은 준비 과정에 많은 노력이 필요합니다. 여기에 제목, 키워드 배치, 태그, 클릭을 부르는 섬네일 등 다양한 기술을 추가해 발전한다면 이전과는 다른 포스트를 작성할 수 있을 것입니다.

자동완성 검색어와 키워드

그럼 키워드 추출은 어떻게 하는지 알아보겠습니다. 우리가 잘 아는 네이버 검색창에 나타나는 자동완성 기능과 연관검색어 기능을 활용하는 방법입니다. 먼저 자동완성 기능에 대해 알아보겠습니다.

자동완성 검색어(Auto Complete)란 키워드의 몇 글자만 입력해도 원하는 검색 결과를 보다 쉽게 찾을 수 있도록 사용자가 입력할 가능성이 큰 단어를 먼저 제시하는 서비스를 의미합니다. 사용자가 입력하거나 클릭한 키워드를 분석해 네이버 문서·콘텐츠에서 어뷰징, 저품질 검색어 등을 제외해 필터링하고 키워드 클릭 횟수와 검색 횟수에 따

N | 고속도로

- 고속도로교통상황
- 고속도로 통행료 미납
- 고속도로 버스전용차로 기준
- 경부고속도로 버스전용차로 시간
- 고속도로 휴게소 영업시간
- 경부고속도로 교통상황
- 고속도로 통행료
- 고속도로 돌빵
- 고속도로 미납요금
- 고속도로 주유소

관심사를 반영한 컨텍스트 자동완성 ⓘ

▲ 네이버 자동완성 기능

라 가중치를 부여해 검색 이용자에게 제공합니다.

그동안 PC 검색에서는 최대 15개, 모바일 검색에서는 최대 20개가 제공되었습니다. 하지만 많은 선택지를 제공하는 것보다 사용자가 찾을 확률이 높은 정확한 정보를 제공하여 탐색 시간을 줄일 수 있도록 현재는 PC, 모바일 모두 10개의 키워드를 제시하고 있습니다.[18]

네이버에서 밝히고 있는 것처럼 자동완성 검색어 기능은 클릭, 검색 횟수에 따른 가중치를 부여해 키워드를 랭킹화하여 보여줍니다. 순위가 고정되지 않고 계속 변화하므로 자동완성 검색어의 순위 변화를 잘 체크하면 검색 트렌드를 확인할 수 있습니다. 여기서 답을 찾아야 합니다.

18)

"네이버 검색창에 보여지는 자동완성검색어 개수가 변경됩니다", 네이버 Search & Tech, https://blog.naver.com/naver_search/221251180447

N 버거킹		N 버거킹	
1위 🔍 버거킹 5월행사		1위 🔍 버거킹 6월행사	
🔍 버거킹 메뉴		🔍 버거킹 메뉴	
3위 🔍 버거킹 6월행사		🔍 버거킹	
🔍 버거킹		🔍 버거킹 영업시간	
🔍 버거킹 와퍼 1+1		6위 🔍 버거킹 5월행사	
[6월 1일 검색 기준]		[6월 8일 검색 기준]	

▲ 네이버 '버거킹' 키워드 검색 시 6월 1일과 8일 자동 완성 검색어 순위 비교

위 화면은 2021년 6월 1일과 8일 네이버 검색창에 '버거킹' 키워드를 검색했을 때 나타난 자동완성 검색어의 순위입니다. 일주일 차이지만 키워드 순위가 급변한 것을 확인할수 있습니다. 6월의 첫날인 6월 1일에는 '버거킹 5월 행사' 키워드의 검색량이 더 높았기 때문에 1위에 자리했지만, 일주일 사이 관련 검색어는 자연적으로 줄고 '버거킹 6월행사' 키워드의 수요가 늘면서 자동완성 검색어 순위가 변화한 것입니다. 이처럼 **클릭횟수와 검색 횟수에 따라 가중치를 부여해 랭킹이 결정**되는 자동완성 검색어만 잘 포착해도 블로그 키워드 선정의 절반은 배운 셈입니다.

연관검색어와 키워드

연관검색어는 이용자가 더욱 편리하게 정보를 탐색할 수 있도록 입력한 키워드와 함께검색할 가능성이 높은 검색어를 랭킹화해 보여주는 서비스입니다. 다른 이용자의 관심사나 검색 패턴, 새로운 정보 등을 추가로 접할 수 있도록 이용자의 검색 추이와 검색이용 패턴, 연관성 등을 시스템이 자동으로 분석해 제공합니다. 자동완성 검색어와 마찬가지로 노출되는 검색어는 수시로 변할 수 있습니다.

하지만 이용자가 입력한 검색어를 기반으로 작동하다 보니 서비스 의도와는 다르게 오해의 소지가 있거나 명예훼손 및 사생활 침해로 이어질 수 있는 키워드가 함께 노출되는 경우가 있습니다. 네이버에서는 이런 부작용을 최소화하기 위해 2020년 3월 인물명 키워드의 연관검색어 서비스 중단을 발표했고, 통합검색을 비롯한 뉴스, VIEW 영역 등의 검색 결과에서 인물명에 대한 연관검색어 서비스도 종료했습니다.

일반 키워드 검색에서의 연관검색어 노출 위치에도 변화가 있었습니다. 다음 예시처럼 전에는 '밸런타인데이'를 검색하면 검색창 바로 아래에 연관검색어가 보였지만, 지금은 보이지 않습니다.

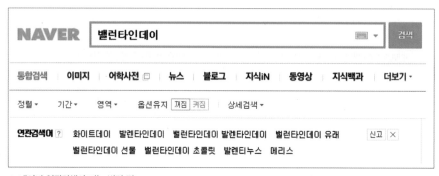

▲ 네이버 연관검색어 기능 변경 전

▲ 네이버 연관검색어 기능 변경 후

현재 연관검색어는 PC와 모바일 모두 검색 결과 페이지 가장 아래에 노출됩니다. 관심 있게 보지 않는다면 사라진 것으로 생각할 수 있을 정도로 찾아보기 힘들어졌습니다. 키워드에 따라 연관검색어가 상단에 보이는 경우도 있지만 아예 보이지 않는 경우가 많습니다. 따라서 키워드 수집 시 편의를 위해 주로 자동완성 검색어를 사용해 키워드를 추출합니다. 키워드 분석 용도로 사용하려면 자동완성 검색어뿐 아니라 트렌드에 따라 반영되는 연관검색어도 눈여겨볼 필요가 있습니다.

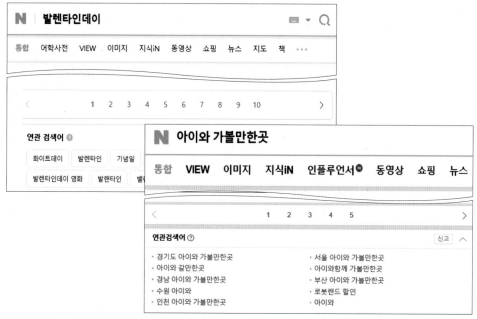

▲ PC와 모바일 검색 결과 화면 가장 아래에 위치한 연관검색어

자동완성 검색어와 연관검색어 모두 검색할 가능성이 높은 검색어를 분석해 보여주는 서비스입니다. 하지만 각각의 서비스에서 제공되는 키워드는 동일한 부분도 있지만 전혀 다른 키워드가 노출되기도 합니다.

여기서 중요한 사실은 두 서비스는 사용자가 찾고자 하는 정보에 빠르게 접근할 수 있도록 도와주고, 트렌드를 반영해 사용자의 검색 빈도나 관심도에 따라 꾸준히 변화하는 공통점이 있다는 것입니다. 따라서 어떤 것이 더 중요한지 우선순위를 가리는 것보다는 두 서비스를 적절히 활용해 내 블로그에 적용할 만한 키워드, 유입 확률이 높은 키워드를 찾는 것이 더욱 중요합니다.

← 버거킹	연관검색어 ⓘ
🔍 버거킹 6월행사	• 버거킹 6월행사
🔍 버거킹 메뉴	• 버거킹 5월행사
🔍 버거킹	• 롯데리아
🔍 버거킹 메뉴추천	• 버거킹 와퍼 1+1
🔍 버거킹 5월행사	• 버거킹 가격
🔍 버거킹 플랜트와퍼	• 버거킹 메뉴
🔍 버거킹 영업시간	• 맥도날드
🔍 버거킹 통베이컨와퍼	• kfc
🔍 버거킹 와퍼 1+1	• 맘스터치
	• 버거킹 메뉴추천

▲ 자동완성 검색어(좌)와 연관검색어(우)의 차이

키워드를 도출했으면 키워드 추출 도구를 활용해 키워드량과 문서량을 파악하는 작업
이 필요합니다. 연관검색어까지 이해하고 블로그 글쓰기에 활용한다면 방문자 유입을
최대치로 끌어올릴 수 있습니다.

영상 강의 링크 ▮ **네이버 블로그로 돈 버는 노하우 영상 강의**

제5강 | 네이버 키워드 활용 방법

네이버 블로그에서 키워드는 철저한 수요와 공급의 법칙에 따라 중요도
가 결정됩니다. 중요한 키워드를 발굴하기 위해서는 월간 검색량과 문
서 발행량을 확인하고 해석할 줄 알아야 합니다. 이런 방법을 통해 포스
팅을 작성할 때 중요한 힌트는 물론 틈새를 공략하는 나만의 키워드도
확보할 수 있습니다. 이번 강의에서는 이러한 키워드를 발굴하는 방법,
그리고 자동완성 검색어와 연관검색어를 통해 키워드를 활용하는 방법
에 대해 알아보겠습니다.

http://m.site.naver.com/0PW70

키워드 추출 도구로 황금 키워드 발굴하기

네이버의 여러 검색어 서비스 외에도 다양한 키워드 추출 도구가 존재합니다. 여기서는 필자가 현재 활용하고 있는 세 가지 도구의 사용 방법을 알아보겠습니다. 이 세 가지 도구의 사용법을 익히고 적절히 활용하면 누구나 효자 키워드, 황금 키워드를 발굴할 수 있을 것입니다.

네이버 검색광고 키워드 도구

네이버 검색창에서 **네이버 검색광고**로 검색하거나 브라우저 주소 입력란에 **https://searchad.naver.com**을 입력해 네이버 검색광고 사이트에 접속합니다. 일단 네이버 검색광고 사이트를 사용하려면 회원가입을 해야 합니다. 네이버 아이디가 있다면 [네이버 아이디로 로그인]을 클릭해 접속합니다.

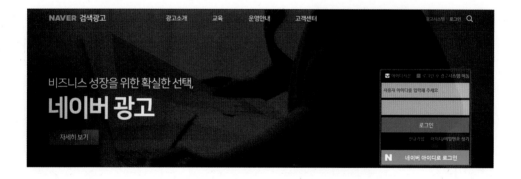

로그인한 후 검색광고 페이지로 이동하면 오른쪽 상단의 [광고시스템]을 클릭합니다.

광고시스템 페이지에서 [도구]–[키워드 도구]를 클릭합니다. 키워드 도구 페이지에서
다양한 키워드를 확인할 수 있습니다.

키워드 도구 페이지에서 [키워드]에 찾고자 하는 키워드를 입력하고 [조회하기]를 클릭하
면 각 키워드 및 연관 키워드의 월간 검색 수를 확인할 수 있습니다. 키워드는 한 번에 최
대 다섯 개까지 입력이 가능합니다. 키워드를 조회하면 입력한 키워드와 연관도가 높은
키워드를 최대 1,000개까지 확인할 수 있습니다.

▲ 네이버 검색광고를 통한 연관 키워드, 월간검색량 조회

각 키워드별로 월간 검색 수, 월평균 클릭 수, 월평균 클릭률, 경쟁 정도, 월평균 노출 광고 수에 대한 데이터를 확인할 수 있으며 엑셀 파일로 다운로드할 수도 있습니다. 결과에 다양한 데이터가 나타나기 때문에 복잡해보일 수 있지만 우리는 **월간검색수**만 참고하면 됩니다. 해당 키워드가 한 달 동안 얼마나 조회되었는지 파악하는 것이 중요합니다. 키워드마다 차이는 있지만 PC에 비해 모바일 검색이 압도적으로 높은 비중을 차지하기 때문에 [모바일]을 더블클릭하면 연관 키워드 중 월간 검색 수가 높은 순서대로 정렬됩니다.

키워드 검색 자료는 포스팅을 위한 가이드이자 새로운 키워드의 발굴 소스입니다. 이처럼 하나의 키워드에 대한 다양한 연관 키워드를 조합하면 키워드를 바라보는 시야를 넓히는 데 도움이 됩니다. 필자는 이렇게 검색한 키워드에서 1~10위까지는 엑셀 파일로 '나만의 키워드 리스트'에 정리해둡니다. 키워드를 효율적으로 정리하고 활용하는 방법은 CHAPTER 03에서 자세히 다루겠습니다.

블랙키위

다음으로 소개할 도구는 블랙키위입니다. 네이버나 구글 검색에서 **블랙키위**로 검색하면

▲ 빅데이터를 기반으로 키워드를 분석하는 플랫폼 블랙키위

쉽게 접속할 수 있습니다. 브라우저 주소 입력란에 **https://blackkiwi.net**을 입력해도 됩니다. 블랙키위는 빅데이터를 기반으로 네이버 키워드를 분석하는 플랫폼으로, 회원가입 후 로그인하면 무료로 사용 가능합니다. 여기서는 어떤 데이터를 활용할 수 있는지 알아보겠습니다.

블랙키위 역시 네이버 검색광고와 마찬가지로 검색한 키워드의 PC와 모바일 월간 검색량과 연관검색어를 보여줍니다. 차이가 있다면 네이버 검색광고는 1,000개까지 제공하지만 블랙키위는 상위 20개까지만 보여준다는 점입니다.

블랙키위에서 눈여겨볼 통계는 '월간 콘텐츠 발행량'입니다. 검색한 키워드와 연관 키워드의 최근 한 달간 검색량과 콘텐츠 발행량(블로그, 카페)을 보여줍니다.

연관 키워드 - 20개 ⓘ					⬇ # ⚙
키워드 ⇅	월간 검색량 (PC) ⇅	월간 검색량 (Mobile) ⇅	월간 검색량 (전체) ⇅	블로그 총 발행량 ⇅	철자 유사도
경주가볼만한곳	29,300	275,100	304,400	4,740,000	높음
여수가볼만한곳	32,600	269,300	301,900	4,620,000	높음
부산가볼만한곳	27,700	230,900	258,600	5,320,000	높음
강릉가볼만한곳	21,000	205,400	226,400	4,650,000	높음
어린이날 갈만한곳	18,200	199,500	217,700	23,400	보통
서울가볼만한곳	19,200	191,400	210,600	6,460,000	높음
파주가볼만한곳	13,100	190,900	204,000	4,610,000	높음

▲ 블랙키위 플랫폼의 자료 해석과 활용

키워드 검색 영역에서 [월간 검색량(Mobile)]을 더블클릭하면 검색량이 많은 순서대로 키워드가 정렬됩니다. 물론 개별 키워드의 [월간 검색량(전체)] 자료를 활용해도 무방합니다. 이 자료 역시 여러분의 키워드 소스가 되고 다양한 키워드에 대한 시야를 넓히는 데 도움을 줄 것입니다. 여기에서 블로그 총 발행량은 적지만 월간 검색량이 높은 키워드를 찾는다면 블로거들이 말하는 '황금 키워드' 또는 '로얄 키워드'가 되는 것입니다. 다시 강조하지만 끊임없이 키워드를 공부하고 리스트업하는 것은 블로거에게 아주 중요한 기본 자질이라는 사실을 기억하기 바랍니다.

카똑똑

카카오톡의 친구 검색에서 **카똑똑**을 검색해 추가합니다. 카똑똑의 최대 장점은 간단하게 카카오톡으로 메시지를 보내는 것처럼 키워드(단어)만 입력하면 쉽고 빠르게 관련 데이터를 얻을 수 있다는 점입니다.

▲ 키워드 추출 도구 카똑똑

앞서 소개한 두 플랫폼의 경우 다양한 연관 키워드를 확인할 수 있어 편리하지만, 찾아본 데이터를 엑셀로 다운로드해 정리해야하는 번거로움이 있습니다. 하지만 카똑똑은 카카오톡 메시지처럼 검색한 기록이 대화 형태로 남기 때문에 쉽게 다시 찾아볼 수 있고 시간에 따른 키워드 통계를 기록할 수 있는 장점이 있습니다. 무엇보다 신속성이 매력적입니다.

블로그 문서량을 비롯해 모바일과 PC의 월간 검색량 추이는 앞의 두 플랫폼과 동일합니다. 하지만 카똑똑은 해당 키워드 검색 시 모바일 블로그 탭 기준 100위 안에 내 글이 몇 개나 포함되어 있고 순위는 몇 위인지 간편하게 확인할 수 있습니다. 앞의 오른쪽 화면을 보면, 검색 일자 기준으로 1일 전에 작성한 '유로 2020 잉글랜드' 관련 포스팅이 해당 키워드 검색 시 4위이며, 두 달 전에 작성한 또 다른 포스팅은 34위인 것을 확인할 수 있습니다. 연관 키워드를 볼 수 없는 것은 아쉽지만, 간단한 검색 방식과 빠른 조회가 이 플랫폼의 최대 장점입니다.

지금까지 필자가 평소 포스팅을 준비하고 키워드를 찾아보며 공부할 때 활용하는 키워드 추출 도구 세 가지를 알아봤습니다. **네이버 검색광고**에서는 연관검색어(최대 1,000개)를, **블랙키위**에서는 블로그 문서 발행량을 통한 포화지수를 확인하고 주요 데이터로 적극 활용한다면 블로그 운영에 큰 도움이 될 것입니다. 그리고 **카똑똑**은 스마트폰에서 바로 확인이 가능하니 출퇴근길 지하철이나 업무 중 휴식 시간에 갑자기 떠오르거나 궁금해진 키워드를 찾아볼 때 활용하면 좋습니다. 무엇보다 검색 데이터가 메시지로 남기 때문에 따로 메모하지 않아도 언제든 다시 참고할 수 있다는 장점이 있습니다.

여기서 소개한 세 가지 도구 외에도 다양한 키워드 추출 도구가 있습니다. 어떤 도구든 중요한 활용 포인트는 블로그 운영에 효과적인 키워드를 찾아내는 것입니다.

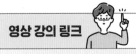
영상 강의 링크 | 네이버 블로그로 돈 버는 노하우 영상 강의

제6강 | 키워드 분석 추출 도구 활용하기
키워드를 분석하고 활용하기 위해서는 키워드 분석 도구를 사용할 줄 알아야 합니다. 네이버는 우리나라 1위 포털 사이트인 만큼 다양한 키워드 분석 추출 도구가 존재합니다. 이를 제대로 활용하려면 어떤 내용을 중점적으로 확인해야 할지 또 어떤 키워드가 황금 키워드인지 분석하는 방법을 알아야 합니다. 이번 강의에서는 필자가 자주 사용하는 네이버 키워드 검색광고, 블랙키위, 카똑똑 세 가지 키워드 분석 도구의 자세한 활용 방법에 대해 알아보겠습니다.

http://m.site.naver.com/0PW76

메인 노출로 이어지는
키워드 공략법

내가 궁금해하는 것은 다른 사람도 궁금해한다

필자가 생각하는 중요한 블로그 철학 중 하나는 **내가 궁금해하면 다른 사람도 궁금해한다**입니다. 네이버에서는 일평균 3,000만 명의 이용자가 키워드를 검색합니다. 지금 이 순간에도 수많은 키워드가 검색되고 있습니다.

필자의 오늘 하루를 잠시 되짚어보겠습니다. 아침에 일어나서 오늘 날씨는 어떤지, 미세먼지는 어떤지 검색했고, 지하철에서는 이번 주말 아이와 함께 가볼 만한 장소와 공연에 대해 검색했습니다. 필자가 검색 서비스를 이용하는 것처럼 누군가는 필자가 작성한 정보를 검색하고 읽을 것입니다.

그렇다면 내가 궁금한 내용, 정보 역시 누군가는 똑같이 궁금해할 것이라는 생각을 할 수 있습니다. 이렇게 생각하니 새로운 포스팅거리가 보이기 시작했습니다. 주변을 관찰하는 자세가 달라진 것입니다.

KTX 콘센트 좌석에 관련된 포스트도 그런 생각으로 작성한 것입니다. 부산, 광주, 대전 등 서울에서 KTX로 이동하는 출장이 잦아 KTX에서도 간단한 업무를 노트북으로 처리해야 할 때가 많았습니다. 그럴 때 좌석에 콘센트가 있으면 편리하기 때문에 예매할 때마다 콘센트 좌석이 어디인지 궁금했습니다. 그러다 필자와 같은 궁금증을 가진 사람이 많을 것이라는 생각에 콘센트 좌석을 정리해 포스팅했고, 누적 조회 수 205,913 건을 기록했습니다.

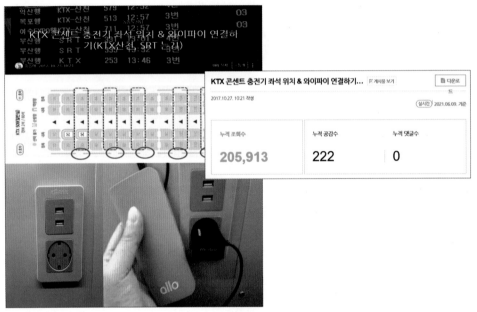

▲ KTX를 탈 때마다 콘센트 자리가 어디인지 궁금해서 직접 작성한 포스트

해당 포스팅은 2017년에 작성한 글이라 이제는 노출 순위가 뒤로 많이 밀렸습니다. 하지만 약 4년이 지난 지금도 하루에 10건 이상 꾸준히 조회되고 있습니다. 하루 10건은 적은 조회 수지만 이런 조회 수가 꾸준히 모여 하루 3,000명, 5,000명의 방문자를 만듭니다.

필자의 블로그 방문자 수의 상당 부분(유입량 1~10위 포스트)은 키워드를 노린 글에서 나옵니다. 하지만 이 사례처럼 1년, 2년이 지나도 조회되는 소소한 콘텐츠가 꾸준히 방문자를 만들고, 조회 수가 모여 블로그를 더욱 성장시킵니다.

해마다 돌아오는 시즌 실검 키워드 공략법

2005년 5월 네이버는 새로운 시도로 '실시간 검색순위' 일명 '실검' 서비스를 도입했습니다. 실검은 일정 시간 동안 네이버에 조회되는 검색어를 분석해 입력 횟수의 증가 비율이 가장 큰 검색어에 순위를 매겨 보여주는 방식으로 운영되었습니다. 네이버가 국내 최대 검색엔진으로 자리 잡으면서 실검 순위는 당시 우리나라 사람들의 관심 키워드, 이슈가 무엇인지 나타내는 지표와 같은 역할을 했습니다.

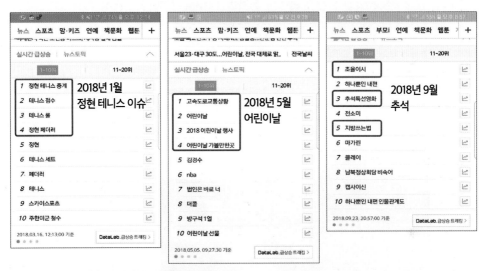

▲ 사회적 이슈나 주기적으로 돌아오는 연례행사에 따른 키워드

실제 실검에 올라오는 이슈성 키워드를 빠르게 포착해 블로그에 올리는 **실검 블로거, 이슈 블로거**는 일 방문자 수 7만~10만 명을 기록했었습니다. 필자 역시 실검을 잘 활용했고 그 효과를 톡톡히 봤습니다. 나중에는 이미 올라온 키워드가 아니라 미리 추측한 키워드를 포스팅해 실검에 대비했습니다. 매년, 매월, 매주 키워드 리스트를 정리하고 업데이트했기 때문에 작년 유사한 기간의 실검 키워드와 올해의 실검 키워드를 비교 분석할 수 있었고 놀랍게도 순위가 비슷하게 일치하는 것을 발견했습니다. 여기서 키워드에 대한 발상의 전환이 시작되었습니다. 바로 **시즌 키워드**에 대한 정리가 필요하다는 것입

니다.

시즌 키워드란 매년 같은 시기에 거의 무조건 돌아오며, 수요량이 폭발하는 키워드를 의미합니다. 필자는 블로그를 운영하며 축적한 실검 데이터를 바탕으로 시즌 키워드를 추출해 활용합니다. 예를 들어 우리나라의 대표 명절인 추석은 작년에도 왔고, 올해도, 내년에도 올 것입니다. 추석이 다가올 때 사람들이 무엇을 궁금해할지 생각해보면 그 안에 답이 있습니다.

▲ '추석특선영화' 키워드와 해당 키워드를 통한 포스팅 결과

추석이 되면 '고속도로 교통상황', '서울에서 부산까지 소요 시간' 등의 검색 키워드가 등장합니다. 하지만 이런 키워드는 클릭 전환율이 떨어집니다. 실시간 뉴스를 통해 현재 상황을 확인할 수 있는 정보이기 때문입니다. 다른 유효한 키워드로는 추석 내내 실검에 오르는 '추석특선영화'와 차례상을 차리는 데 필요한 '조율이시', '지방 쓰는 법', '차례상 차리는 법' 등의 키워드가 있습니다. 이런 키워드는 매년 추석마다 사람들이 궁금해

할 것이고, 이런 키워드를 활용한 포스팅은 많은 방문자를 불러 모을 수 있습니다.

여기까지 읽었다면 이런 시즌 키워드는 추석에만 있는 것이 아니라는 사실이 떠오를 것입니다. 매년 돌아오는 기념일이나 이벤트로는 1월에는 신정, 2월에는 설날, 3월에는 3.1절, 입학, 4월에는 봄꽃 축제, 5월에는 어린이날, 어버이날, 7월에는 초복, 8월에는 바캉스, 휴가, 광복절, 9월에는 추석, 단풍, 태풍, 12월에는 크리스마스, 제야의 종소리 등이 있습니다. 기념일은 올해도, 내년에도, 10년 후에도 똑같이 찾아옵니다. 그리고 관련 키워드의 검색량도 똑같이 폭발적으로 증가합니다. 앞서 설명한 키워드에 대한 이해와 나만의 리스트가 정리되어 있다면 이를 적극 활용해야 합니다.

▲ 2019년 7월 복날 키워드를 바탕으로 2020년 7월에 작성한 복날 포스트 조회 수

이렇게 좋은 키워드 학습 소재인 급상승 검색어를 살펴볼 수 있었던 네이버 데이터랩 (DataLab)은 21년 2월 25일 실시간 검색어 서비스 종료와 함께 중단되었습니다. 따라서 나만의 시즌 키워드에 대한 정리가 더 중요해졌습니다. 이것을 아는 사람과 모르는 사람의 블로그 운영 방법과 방문자 유입에는 많은 차이가 발생할 것입니다.

▲ 지난 실시간 검색 데이터를 확인할 수 있었던 데이터랩(출처 : 네이버 데이터랩, https://datalab.naver.com)

실습 : 시즌 키워드 생각하고 정리하기

잠시 책 읽기를 멈추고 1월부터 12월까지 월별로 어떤 이벤트가 있고 이 시기에 어떤 키워드의 검색량이 증가할지 예측하는 시간을 가져보겠습니다. 다른 사람이 정리한 것을 참고하는 것과 직접 생각해보는 것에는 커다란 차이가 있습니다. 다음 표는 어디까지나 예시일 뿐입니다. 직접 생각해 작성하는 과정이 중요하니 꼭 한번 정리해보기 바랍니다. 부록으로 제공된 템플릿에 시즌 키워드 정리 양식이 있습니다.

구분	키워드	구분	키워드
1월	새해, 새해 인사말, 공휴일, 최저시급	7월	복날, 초복, 중복, 말복, 보양식, 삼계탕 레시피
2월	설날, 설특선영화, 세배 방법	8월	여름휴가, 휴가지(바다/계곡), 휴게소 맛집, 광복절
3월	입학 관련, 3·1절, 국기 다는 법, 화이트데이	9월	단풍 시기, 숨은 명소, 태풍
4월	벚꽃 개화시기, 봄꽃 명소, 축제	10월	추석, 추석특선영화, 조율이시, 지방 쓰는 법, 개천절
5월	어린이날, 가볼 만한 곳, 선물, 어버이날	11월	수능, 축제(가을 축제 등)
6월	장마, 장마기간, 현충일	12월	크리스마스, 스키장, 축제, 새해 인사말

▲ 매년 1~12월 검색량이 증가하는 시즌 키워드

이제 지난 기간의 실시간 검색 급상승 키워드를 확인할 수 있는 방법이 없기 때문에 시즌 키워드 정리가 무엇보다 중요합니다. **내가 궁금해하면 다른 사람도 궁금해한다**는 기본 원리는 여기서도 증명됩니다.

NOTE 네이버 블로그로 돈 버는 직장인 동동이의 실전 노하우 🔍

📋 **시즌 키워드 포스팅은 언제 하는 것이 좋을까**

시즌 키워드로 포스트를 발행할 때 알아두면 좋은 팁이 있습니다. 당일이 아닌 전날 저녁에 미리 글을 작성하고 발행하는 것입니다. 3.1절, 제헌절, 광복절, 개천절 등의 국경일은 나라에서 법률로 지정한 날입니다. 국경일에는 해당 국경일의 키워드와 함께 국기 게양 방법과 시간 등의 키워드 수요가 증가합니다. 그리고 국기 다는 법이나 게양 시간에 대해서는 전날 저녁이나 당일 아침 일찍 검색하는 것이 일반적입니다. 이는 다른 기념일이나 이벤트도 마찬가지입니다. 그러므로 기념일 하루나 이틀 전에 키워드에 해당하는 포스트를 미리 작성해 발행하면 더 많은 조회 수를 올릴 수 있습니다.

블로그 메인 50회 노출 노하우 공개

블로그를 운영하다 보면 아무 이유 없이 슬럼프가 찾아오기도 하고, 더딘 성장 속도 때문에 아무리 열심히 해도 방문자 수가 제자리걸음인 **블태기**가 찾아오기도 합니다. 이때 네이버 메인 노출은 선물과도 같은 자극제가 됩니다.

필자는 네이버 메인의 '맘키즈', '우리동네', '여행+' 등 다양한 카테고리에 50회 이상 포스팅을 노출했습니다. 이렇게 다양한 영역에 여러 번 노출할 수 있었던 가장 큰 비결은 바로 시즌 키워드 공략과 정보성 포스팅입니다.

▲ 필자의 네이버 메인 페이지 노출 사례

다수의 메인 노출 사례 중 여러분도 따라 하기 쉬운 대표적인 두 가지 사례만 소개해보겠습니다. 여기서도 '내가 궁금해하면 다른 사람도 궁금해한다' 법칙과 시즌 키워드를 반영해 트렌드에 맞춘 글쓰기 방법을 적용했습니다.

먼저 '우리동네' 카테고리에 소개된 미세먼지 마스크 재사용에 관한 포스트입니다. 당시는 코로나 초기 단계로 마스크를 구하기 힘들었던 소위 마스크 대란 시기였습니다. 주민등록번호 끝자리에 맞춰 요일별로 마스크를 구매했고 일회용 마스크를 재사용하는 방법에 대한 이야기가 많았습니다. 젖병 소독기와 같은 UV 소독기로 소독하면 재사용이 가능하다거나, 알코올로 소독한 후 사용하면 된다는 등 다양한 소문이 있었습니다. 이와 관련한 정부의 지침을 자세히 정리하고, 동시에 사람들이 궁금해할 우체국 마스크 판매에 관한 키워드도 포함해 포스팅했습니다. 필자가 궁금했던 내용을 공부하면서 많은 사람에게 관련 정보를 전달하며 메인에도 노출될 수 있었습니다.

두 번째 사례는 '여행+' 카테고리에 소개되었던 '드라이브 스루 눈으로 꽃구경' 포스트입니다. 벚꽃 관련 키워드는 매년 4월이 되면 실검에 등장하는 단골손님 중 하나입니다. 여의도 벚꽃축제, 진해 군항제 등 벚꽃이 개화하는 4월 15~20일 무렵이면 실검에 올라가는 효자 키워드 중 하나입니다.

구분	지역		주요 벚꽃 관람지 주소
1	서울	서울 여의도 윤중로	여의도 서로 국회 동문 건너 벚꽃 군락지내 영등포구청 수목관리번호 118~120번 벚나무
2	경기	수원 경기도청앞	경기도 수원시 팔달구 도청앞길 63 경기도청 후문입구 왼쪽 물탱크 아래 벚나무 3그루
3	인천	인천 자유공원	자유공원 화장실(자유공원로)에서 백아더 동상쪽으로 5~7번째 벚나무
4	충청	청주 무심천변	청주공업고등학교 앞 무심천 하상도로 분기점에서 청주대교방면 1~3번째 벚나무
5	전라	전주-군산간 번영로	전주-군산간도로 목천포다리 검문소 부근의 군산대학교안내판 기준으로 4~10번째 벚나무 7그루
6	경상	경주 보문관광단지	경주 보문관광단지 물레방아광장 입구 벚꽃 군락지내 관리번호 5번 벚나무
7		하동 쌍계사	경남 하동군 화개면 화개로 142 화개중학교 진입로 입구에서 쌍계사 방향으로 나무 3그루
8		진해 여좌천	진해시 여좌동 여좌천 로망스다리 상류방향 오른쪽 벚꽃나무 3그루
9	부산	부산 남천동	부산 수영구 남천2동 동사무소 앞 벚나무 5그루
10		강릉 경포호수	강릉시 경포호수 나루터 앞 1~3번째 왕벚나무 3그루
11	강원	춘천 소양강댐	춘천시 신북읍 천전리 산1-2번지 소양강댐길 무료주차장 입구 쪽에서 신북읍 방향으로 8번째 왕벚나무

▲ 실제 포스팅에 사용한 드라이브 스루로 벚꽃을 즐길 수 있는 장소 소개

하지만 1~3월 코로나-19 여파로 전국의 축제들이 줄줄이 취소되며 벚꽃축제 역시 취소될 것이 뻔해 보였습니다. 그렇다고 매년 검색량이 폭발적으로 많은 키워드를 그냥 날리기에는 아쉬움이 가득했습니다. 그래서 생각한 것이 '축제가 취소되더라도 벚꽃을 볼 수 있는 방법은 없을까?'였습니다. 그러다 문득 코로나 검사 드라이브 스루에 대한 기사가 생각났고 드라이브하면서 벚꽃을 즐기는 게 하나의 트렌드가 될 수도 있겠다고 생각했습니다. 그래서 자동차 드라이브가 가능한 전국의 벚꽃 개화 명소를 찾았고 지역별 구분과 구간, 주소 정보를 함께 제공했습니다. 해당 콘텐츠 역시 4월 한 달 내내 높은 유입량을 기록했고 네이버 메인에 소개되었습니다.

이처럼 시즌·트렌드 키워드의 힘은 대단합니다. 나만의 시즌 키워드 리스트업이 필요한 이유입니다. 물론 필자와 비슷한 키워드를 사용해도 되고, 여러분이 자신 있는 키워드로 정리해도 좋습니다. 실검 기능이 없어져 지난 데이터를 확인할 수 없기 때문에 키워드 검색 도구를 활용한 부지런한 검색과 고민을 통한 데이터 축적이 중요합니다.

영상 강의 링크　　**네이버 블로그로 돈 버는 노하우 영상 강의**

제7강 | 나만의 황금 키워드 찾기

나만의 황금 키워드를 찾으려면 '내가 궁금해하면 다른 사람도 궁금해한다'는 원칙을 잘 기억하면 좋습니다. 사람들이 검색하는 이유는 기본적으로 궁금하기 때문입니다. 포스팅을 상위에 노출하기 위해서는 다른 사람들이 무엇을 궁금해하는지 먼저 확인하고 그에 맞는 글을 준비해야 합니다. 이번 강의에서는 이처럼 사람들의 궁금함을 잘 타기팅할 수 있는 키워드, 시즌별로 돌아오는 키워드를 발굴하는 방법에 대해 알아보겠습니다.

http://m.site.naver.com/0PW7S

이미지 준비는 간편하게, 키워드 연결은 전략적으로

어떤 키워드, 어떤 주제로 포스팅해야 하는지 알았으니 이제는 중요한 기록적 요소 중 다른 하나인 이미지를 키워드와 어떻게 연결할 수 있는지 알아보겠습니다.

앞서 우리는 1일 1포스팅이 어려운 이유를 생각해보고, 이미지가 최소 두 장 이상이면 포스팅 작성이 가능하다는 것을 배웠습니다. 하지만 아직도 이미지를 준비하는 과정이 어렵거나 촬영 실력에 자신이 없어서 직접 찍은 사진을 올리기 두려울 수도 있을 거라 생각합니다. 그런데 필자가 8년 넘게 4,000개가 넘는 포스팅을 작성하면서 알게 된 것은 이미지는 퀄리티가 크게 중요하지 않다는 사실입니다. 고가의 디지털카메라로 찍어야 노출에 유리한 것이 아닙니다.

백 번 듣는 것이 한 번 보는 것보다 못하다는 말처럼 블로그에서 이미지의 역할은 한 장을 사용해도 여러 마디 글보다 더 많은 정보를 효과적으로 전달하는 것입니다. 물론 여행이나 사진과 관련된 내용으로 블로그를 운영 중이라면 사진의 퀄리티로 승부를 걸어야겠지만, 그게 아니라면 스마트폰 사진으로 충분합니다. 물론 네이버에서는 동일한 조건이라면 이미지 검색에서는 320×240픽셀의 이미지보다 1024×768픽셀의 이미지가 더 상위에 노출된다고 밝혔습니다. 이렇게 말하면 어떤 사람은 해상도가 중요하다고 생각하겠지만, 이미지 크기에 대한 가중치는 한계가 있으므로 무조건 큰 사이즈의 이미지

라고 해서 노출에 도움이 되는 것은 닙니다.[19]

다시 정리하면 이미지 사이즈가 더 크다고 검색 결과 상위에 노출되는 것이 아니며, 블로그 포스팅의 본질인 명확한 정보 전달에 도움이 되는 것이 더 중요합니다. 또한 사용한 이미지가 주제, 본문(텍스트), 키워드에 적합한 것인지, 얼마나 연관성이 있는지, 얼마나 독창적인지가 중요합니다.

이미지를 확보하고 키워드와 연결해 포스팅 준비하기

이미지 확보하기

올해 6월 큰아이의 어린이집 준비물을 구매하기 위해 퇴근하면서 다이소에 들렀습니다. 6월이라 아직 아침 저녁으로 일교차가 커서 여름이 다가온다는 사실을 실감하긴 어려웠습니다. 하지만 다이소에서는 벌써 여름 상품을 배치하느라 직원들이 분주하게 움직이고 있었습니다.

▲ 6월부터 여름 시즌 상품을 전시하느라 한창인 다이소 코너

19]

"블로그에서 이미지 사용하기", 네이버 Search&Tech, https://blog.naver.com/naver_search/220754140850

당장이라도 바다로 떠나고 싶게 만드는 여름 상품들이 시원하고 아기자기하게 잘 꾸며져 있었습니다. 여기에서 필자는 포스팅에 관한 세 가지 아이디어가 떠올랐습니다.

첫째. 다이소 영업시간에 관한 포스팅

둘째. 다이소 여름 용품, 물놀이 용품에 관한 포스팅

셋째. 내년 다이소 여름 시즌 아이템에 대한 이미지 사전 확보

다양한 주제로 포스팅할 수 있는 이미지를 스마트폰으로 확보하고 기분 좋게 집으로 돌아온 다음 다이소와 관련된 키워드 리스트를 정리했습니다.

이미지와 연결할 키워드 확인하기

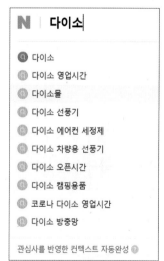 

▲ 다이소 관련 키워드를 위한 준비 단계 : 자동완성 검색어, 연관검색어, 다이소 공식 홈페이지

가장 먼저 포괄적인 개념의 상위 키워드를 검색합니다. 이 경우는 '다이소'가 될 것입니다. 앞서 검색어를 정확히 모를 때 원하는 검색 결과를 더 쉽게 찾을 수 있도록 도와주는 자동완성 검색어와 연관검색어를 배웠으니 이를 적극적으로 활용해보겠습니다. 이

두 서비스가 우리가 포스팅해야 할 소재와 키워드에 대한 힌트를 주고 있는 것입니다. 앞에서 필자가 다이소에 방문했다가 포스팅을 위해 생각했던 세 가지를 다시 확인해봅니다.

> **첫째.** 다이소 영업시간에 관한 포스팅
>
> **둘째.** 다이소 여름 용품, 물놀이 용품에 관한 포스팅
>
> **셋째.** 내년 다이소 여름 시즌 아이템에 대한 이미지 사전 확보

세 번째 용도로 확보한 사진은 내년에 사용할 것이니 별도로 보관합니다. 첫째와 둘째 키워드에 관한 내용을 살펴보겠습니다. 우선 영업시간과 관련된 키워드를 생각했습니다. 특정 서비스나 영업장의 영업시간은 많은 수요층이 있는 효자 키워드입니다. 자동완성 검색어와 연관검색어 기능을 활용해도 다이소 바로 다음에 나타나기 때문에 이 정도는 여러분도 충분히 예상할 수 있을 것입니다. 보다 정확한 데이터를 점검하고 확인하려면 앞에서 알아본 키워드 도구(네이버 검색광고, 블랙키위, 카똑똑)를 활용해 월간 검색량과 문서 발행량, 연관검색어를 통한 검증 과정이 필요합니다.

구분	키워드	PC 검색량	모바일 검색량	Total	비고
20.3월		8,320	131,000	139,320	
20.7월		9,260	122,660	131,920	
20.12월		10,200	157,020	167,220	
21.02월	다이소 영업시간	9,530	126,000	135,530	
21.03월		9,170	113,550	122,720	
21.06월		9,360	128,000	137,360	

▲ 다이소 영업시간 키워드의 월간 검색량을 직접 엑셀로 정리한 데이터

하지만 관련 키워드의 통계는 계속 업데이트되기 때문에 이미 지나간 기간의 데이터를 다시 확인하기 힘들다는 단점이 있습니다. 따라서 메모장이나 엑셀 시트 등에 키워드별

로 정리해 나만의 데이터로 만드는 작업이 중요합니다. 이렇게 데이터와 연관검색어 10개를 함께 정리하면 또 다른 새로운 키워드가 보이고, 블로그 방문자 수를 늘려주는 황금 키워드, 효자 키워드가 되는 것입니다.

NOTE 네이버 블로그로 돈 버는 직장인 동동이의 실전 노하우 🔍

📋 키워드 통계 정리와 수익화 연결 전략

키워드 정리 작업은 포스팅을 위한 강력한 무기가 되기도 하지만 이런 데이터가 꾸준히 모이면 수익화와 연결됩니다. 정보(데이터)가 곧 돈이 되는 세상입니다. 여러분이 비슷한 주제를 다루는 블로거의 핵심 키워드를 궁금해하는 것처럼 다른 사람도 마찬가지로 여러분의 키워드를 궁금해할 것입니다.

이렇게 축적된 데이터를 바탕으로 20~30장 분량의 PDF 책을 만들어 판매할 수도 있습니다. 이렇게 시작한 전자책이 바로 여러분 스스로 만 원을 벌 수 있는 전략이 됩니다. 전자책 수익을 어떻게 확장할지에 대한 본격적인 고민은 CHAPTER 03에서 자세히 알아보겠습니다.

다음은 둘째 키워드에 대해 알아보겠습니다. 2020년 여름에 '다이소 선풍기', '다이소 물놀이용품' 키워드로 방문자 유입을 이끌어냈기 때문에 올해도 관련 키워드와 이미지를 준비하기로 했습니다.

6월부터 다이소에서 '시원한 쿨썸머' 이벤트가 진행 중인 것을 공식 홈페이지를 통해 확인했습니다. 당시에는 많은 사람이 잘 모르는 이벤트였기에 시간이 지나고 본격적인 여름이 오면 분명 '다이소 쿨썸머' 키워드는 '다이소' 키워드의 연관검색어 상위에 올라올 것이라 유추했습니다. 연관검색어를 확인하니 역시 여름 시즌 아이템이 이미 올라와 있었습니다. 정확한 데이터를 점검하고 확인하기 위해 키워드 검색 도구(네이버 검색광고, 블랙키위, 카똑똑)를 활용해 월간 검색량과 문서 발행량을 확인하고 내년에도 활용하기 위해 엑셀로 정리했습니다.

클릭을 유도하는 제목 고민하기

포스트의 제목을 정할 때는 키워드를 바탕에 두고 "다이소 영업시간이 궁금한 사람들은 어떤 것을 더 궁금해할까?"라는 고민에서 출발할 것을 권합니다. 물론 '다이소 영업시간 깔끔 정리'와 같은 제목으로 작성해도 무방합니다. 하지만 클릭률을 더 높일 수 있는 제목을 만들고, 메인 키워드 외에 서브 키워드 한두 개를 포함한다면 하나의 포스트로 더 많은 방문자를 유도할 수 있습니다.

다이소 영업시간을 검색한 사람들은 방문을 결정하고 찾아보는 경우가 대부분이기 때문에 주차 가능 여부도 궁금해할 가능성이 높습니다. 따라서 '다이소 영업시간 및 주차 정보 1분이면 해결'이라는 제목으로 작성하는 것이 좋습니다. 다이소 공식 어플리케이션에서 내가 즐겨 찾는 매장이나 가고자 하는 매장의 주차 관련 정보도 빠르게 얻을 수 있으므로 해당 내용도 추가하면 좋습니다.

'다이소 쿨썸머' 여름 시즌 용품에 관한 포스팅 역시 메인 키워드와 서브 키워드를 함께 배치해 다양한 키워드를 하나의 포스팅으로 확보하고, 동시에 클릭을 유도할 수 있는 구체적인 제목을 정하는 것이 중요합니다.

이처럼 포스팅을 위한 이미지는 일상의 소소한 발견을 통해 준비할 수 있고, 포스팅 소재는 앞서 정리해본 시즌 키워드를 중심으로 1~2주 전에 미리 준비할 수도 있습니다. 물론 가능하다면 주요 소재는 내년 포스팅을 위해 미리 확보해두는 것도 좋습니다.

실습 : 내 스마트폰 사진첩 활용하기

지금 잠시 스마트폰 사진첩을 열어 최근에 어떤 사진들을 찍었는지 확인해봅니다. 누군가는 가족사진을, 누군가는 맛있는 음식, 좋아하는 책이나 자동차, 신발, 옷 등을 찍었을 것입니다. 이런 사진으로 포스팅을 바로 실천해보는 것이 중요합니다. 여러분의 관심사나 블로그를 운영하는 메인 주제는 다양할 것입니다. 사진을 찍었다는 것은 그만큼 관심있는 주제라는 이야기입니다.

▲ 최근 촬영한 사진, 필자의 스마트폰 사진첩

지금까지 배운 자동완성 검색어, 연관검색어, 키워드 추출 도구 세 가지를 활용해 사진에 맞는 포스팅 키워드와 제목을 만들어보겠습니다. 필자는 이마트와 서브웨이 관련 사진으로 포스팅하기로 정했습니다.

▲ 사진첩 이미지를 활용한 키워드 매칭 포스팅과 조회 수

사진첩 이미지를 활용해 포스팅할 키워드를 정리한 후 해당 키워드를 통해 메인 키워드, 서브 키워드로 제목을 결정하고 포스팅했습니다. 제목은 다음과 같이 정했습니다.

- 서브웨이 6월 행사 깔끔 정리!!(feat. 썹 프라이즈 햄 샌드위치, 베이컨 에그마요)
- 6월 이마트 휴무일 정리(feat. 6월 대형마트 코스트코 휴무일 총정리)

앞서 다이소로 예를 들었던 것처럼 제목에 메인 키워드(1개), 서브 키워드(2~3개)를 포함하도록 작성했습니다. 이는 철저히 연관검색어와 자동완성 검색어를 바탕으로 조합한 결과입니다. 이와 유사하게 이마트 관련 내용을 포스팅한 사례가 있습니다.

🔵 유입경로		🔴 상세 유입경로	
네이버 통합검색_모바일	74.8%	6월 이마트 휴무일	32.9%
		이마트 휴무일	12.5%
		6월 대형마트 휴무일	5.8%
		롯데마트 휴무일	3.9%
		대형마트 휴무일	3.6%
		이마트 6월 휴무일	1.6%

🔵 유입경로		🔴 상세 유입경로	
네이버 통합검색_모바일	74.8%	이마트 휴무일	10.3%
네이버 통합검색_PC	16.7%	6월 이마트 휴무일	2.1%
		코스트코 휴무일	1.4%
		대형마트 휴무일	0.8%
		이마트휴무일	0.3%
		6월 대형마트 휴무일	0.2%

▲ 6월 이마트 휴무일에 대한 유입 통계 데이터

이마트 포스팅은 '6월 이마트 휴무일'을 메인 키워드로 하고, 그밖에 '대형마트 휴무일', '코스트코 휴무일', '6월 대형마트 휴무일'을 서브 키워드로 잡았습니다. 그 결과 해당 글이 모바일 VIEW 영역 기준 3~4위에 자리했고 6월 한 달간 45,600여 명이 방문, 일평균 1,100여 명이 클릭했습니다.

이번 SECTION에서 배운 이미지 준비 팁의 핵심은 **시즌 키워드 확보**와 **선제적 준비** 자세가 필요하다는 것입니다. 이마트에서 쇼핑하면서 촬영한 사진, 서브웨이에서 샌드위치를 먹은 사진은 특별할 것이 없는 일상의 순간입니다. 하지만 이런 사진에 키워드와 제목만 잘 정해도 충분히 승부가 가능합니다. 지금 당장 주변을 둘러보고 사진을 촬영한다면 이끌어낼 수 있는 다양한 키워드를 발굴할 수 있을 것입니다.

사진 촬영 외에 이미지를 확보하는 방법

직접 찍은 사진을 포스팅에 활용하면 가장 좋지만 다양한 키워드로 포스팅하다 보면 필요한 사진을 모두 촬영하기 힘든 상황도 찾아 옵니다. 당장 포스팅해야 할 때 필요한 이미지가 없거나, 주제나 내용에 적절한 이미지가 없을 때 이미지를 확보하는 세 가지 방법을 소개합니다.

❶ 직접 제작   ❷ 무료 이미지 사이트 활용   ❸ 스크린 캡처

▲ 세 가지 이미지 확보 방법

❶무료 이미지 제작 사이트를 통한 자체 제작, ❷무료 이미지 다운로드 사이트 활용, ❸스크린 캡처 프로그램과 이미지 무료 편집 도구 사용 방법에 대해 차례로 알아보겠습니다.

무료 이미지 제작 사이트를 통한 자체 제작

먼저 이미지를 직접 제작하는 방법에 대해 알아보겠습니다. 일반적으로 카드뉴스와 같이 정보를 정리한 이미지를 제작하려면 포토샵 같은 전문적인 프로그램을 사용해야 한다고 생각하는 사람이 많습니다. 하지만 이런 프로그램이 없어도 망고보드, 미리캔버스와 같이 블로거들에게 필요한 이미지를 쉽고 간편하게 만들 수 있는 서비스가 있습니다. 망고보드는 무료로 사용할 경우 제작 범위가 한정되지만 미리캔버스는 가입만 하면 모든 자료를 무료로 사용할 수 있습니다.

- **망고보드** | https://www.mangoboard.net/
- **미리캔버스** | https://www.miricanvas.com/

◀ 미리캔버스를 활용해 제작할 수 있는 다양한 이미지의 종류

이미 알고 있을 수도 있지만 미리캔버스를 처음 접하면 사용 가능한 템플릿이 다양해 깜짝 놀랄 것입니다. 우리가 사용하는 거의 모든 SNS 채널에 최적화된 이미지를 제작할 수 있으니 활용을 못 하면 손해 보는 느낌마저 들 것입니다.

▲ 미리캔버스를 활용해 직접 제작한 이미지 콘텐츠

필자 역시 포스트나 인스타그램의 카드뉴스를 만들 때, 온라인 강의를 위한 PPT 슬라이드 자료나 유튜브 섬네일 등을 만들 때 미리캔버스를 활용하고 있습니다. 최근에는 보험 영업을 하는 친구의 명함도 미리캔버스를 통해 만들어줬는데 만족도가 아주 높았습니다.

이 사이트의 최대 장점은 전문가가 작업한 샘플 템플릿이 다양하다는 것입니다. 기존의 템플릿에 나의 포스팅 콘셉트, 주제에 맞는 이모티콘이나 사진을 넣어 전달력을 높일 수 있습니다. 사용법이 아주 간단하다는 것 또한 매력적입니다.

▲ 미리캔버스를 활용해 제작한 '통풍 원인 및 증상' 이미지 자료

만약 건강 정보, 영양제 정보 등을 전달하는 블로거라면 처음에 이런 식으로 양식을 잘 설정한 후 통풍 대신 고지혈증, 당뇨, 고혈압 등 다른 건강 정보와 관련된 내용으로 텍

스트와 일러스트를 바꿔봅니다. 양식이 있으므로 언제든 쉽고 편하게 제작할 수 있습니다. 처음에는 다소 시간이 필요하지만 한 번 제작한 이미지는 두고두고 활용할 수 있어 이미지 확보가 더욱 쉬워집니다. 미리캔버스를 어떻게 활용하고 어떤 기능을 사용해야 할지 모르겠다면 이 SECTION의 마지막에 소개하는 강의 영상을 참고합니다.

NOTE 네이버 블로그로 돈 버는 직장인 동동이의 **실전 노하우**

📄 엑셀로 깔끔한 표 이미지 만들기

▶ 9월 홈플러스 휴무일 정리 (feat. 9/8일 일요일, 22일 일요일 휴무매장)

지 역	점포명	비 고
서울	강서, 가양, 서울남현, 신도림, 금천, 시흥, 중계, 방학, 동대문 월드컵, 합정, 발곡, 잠실, 목동, 영등포, 서울상봉,	
인천	계산, 작전, 구월, 간석, 가좌 인천논현, 인천청라, 인천연수, 인천송도	
경기	부천여월, 부천상동, 부천소사, 분당오리, 미탈, 쿨텍안중, 북수원, 영통, 동수원, 월판, 서수	
대구	남대구, 상인, 성서, 동촌, 대구, 칠곡, 내당, 대구수성,	
경북/울산	경주, 죽도, 포항, 울산동구	
부산	부산정관, 부산감만, 동래, 서부산, 장림, 아시 부산연산, 영도, 가여, 서면, 센텀시티, 부산반여	
경남/제주	거제, 밀양, 진주, 삼천포	

▶ 9월 홈플러스 휴무일 정리 (feat. 9/11일 수요일, 25일 수요일 휴무매장)

지 역	점포명	비 고
경기	오산, 남양주진접, 김포, 풍무	
강원	강릉, 삼척	

▶ 9월 홈플러스 휴무일 정리 (feat. 기타요일 휴무매장)

지 역	점포명	비 고
9일, 23일	양주	
11일, 22일	울산, 울산남구, 울산북구	
18일, 25일	문경, 안동	

▲ 엑셀을 활용한 이미지 제작

그림이 아닌 표를 일목요연하게 정리하고 싶다면 이미지 제작 도구가 아니라 엑셀 시트를 활용하는 방법도 있습니다. 엑셀로 만든 표에 가독성만 높여도 양질의 콘텐츠를 제작하는 데 다양하게 활용할 수 있습니다. 네이버 블로그 에디터에서도 표를 만들 수 있지만 필자는 기본적으로 엑셀을 다루는 것이 익숙하고, 네이버 블로그보다 엑셀 시트에서 작업한 표의 가독성이 높아 표 작업은 주로 엑셀을 활용하고 있습니다. 엑셀에서 작성한 표를 이미지로 캡처해 바로 사용해도 좋고, 그림판에 붙여 넣은 후 JPG 파일로 저장해 활용해도 좋습니다.

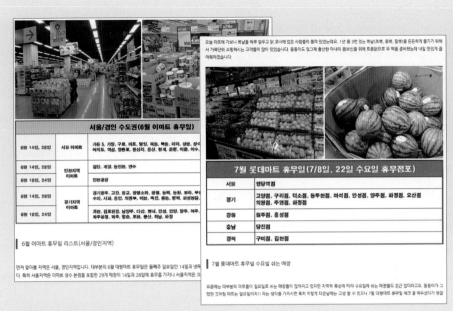

▲ 엑셀 시트에서 제작한 표 이미지를 사용한 포스트 예시

표와 이미지를 함께 배치해 할인 정보, 주차 정보, 영업시간 정보 등을 함께 넣으면 하나의 포스트에 다양한 정보를 보다 깔끔하고 효과적으로 담을 수 있습니다.

무료 이미지 다운로드 사이트 활용

포스팅을 하다 보면 모든 사진을 촬영해 수급하기 어려운 키워드가 있습니다. 그럴 경우에는 무료로 이미지를 제공하는 사이트를 활용하는 것도 좋은 방법입니다. 상업적으로 이용 가능한 이미지를 무료로 제공하는 사이트를 사용하면 저작권 문제를 피할 수 있다는 장점도 있습니다. 무료 이미지 사이트는 정말 다양합니다. 직접 사용해본 사이트 중 사용법이 간단하고 아이콘까지 활용 가능한 사이트 몇 개를 선별해 소개하고, 사이트별 특징을 간단히 알아보겠습니다. 필자가 가장 선호하고 많이 활용하는 순서로 나열했습니다. 각자 선호하는 사이트가 다르기 마련이므로 자신에게 잘 맞는 서비스를 선택합니다.

▲ 무료 이미지 사이트 픽사베이(좌), 언스플래시(우)

1 픽사베이(https://pixabay.com/ko)

2 언스플래시(https://unsplash.com)

3 프리픽(https://kr.freepik.com)

4 모그파일(https://morguefile.com/photos/morguefile/1/pop)

5 플랫아이콘(https://www.flaticon.com)

대표적으로 가장 잘 알려진 상업 이미지 무료 다운로드 사이트는 픽사베이입니다. 160 만 개의 이미지를 보유하고 있으며, 무엇보다 한글로 검색해도 가장 적합한 이미지를 찾아주는 것이 장점입니다.

다음은 언스플래시와 프리픽입니다. 프리픽은 블로그 포스팅을 작성할 때 활용할 수 있는 이미지가 많고 마찬가지로 한글 검색 기능이 지원되어 누구나 쉽게 사용할 수 있습니다. 언스플래시는 좀 더 컬러감이 있는 선명한 이미지, 예술사진과 같은 트렌디한 이미지를 많이 보유하고 있는 것이 특징입니다. 아쉽게도 한글 검색을 지원하지 않아 영어로 검색해야 합니다.

모그파일은 앞의 세 사이트에서 이미지를 찾지 못했을 때 주로 활용합니다. 역시 한글 검색을 지원하지 않고 영어로만 검색이 가능합니다. 플랫아이콘은 이미지보다는 아이콘이나 일러스트와 같은 그림 형태의 이미지를 검색하고 사용할 때 주로 활용합니다.

찾아보면 더 많은 무료 이미지 다운로드 사이트가 있지만 여기서 소개한 다섯 개 사이트만 잘 활용해도 주제와 어울리는 이미지를 찾아내는 시간을 단축하고 양질의 콘텐츠를 만드는 데 충분한 도움이 될 것입니다.

조금 더 쉽고 간단하게 무료 이미지를 얻는 방법도 있습니다. 블로그 글쓰기에 들어가서 에디터 오른쪽 상단의 [글감]을 클릭한 후 찾고자 하는 사진을 검색하고 [라이선스]-[무료]에 체크합니다. 검색 결과에서 원하는 사진을 클릭하면 본문에 사진이 자동으로 첨부됩니다. 이미지 아래에 사진의 출처가 입력된 것을 확인할 수 있습니다. 이처럼 내가 직접 찍은 사진이 아닌 외부 채널에서 가져온 사진에는 명확한 출처를 표기해야 합니다.

▲ 네이버 블로그 에디터의 [글감]에서 첨부할 수 있는 무료 이미지

이미지에 대해 많이 궁금해하는 내용 중 하나가 바로 중복 이미지에 관한 것입니다. 중복 이미지 사용이란 동일한 이미지를 여러 블로그 포스트에 반복해 사용하는 것을 의미합니다. 동일한 이미지를 반복적으로 사용하면 네이버 검색에서 유사 문서 관리 시스템이 각 문서의 비슷한 정도를 수치화한 값, 즉 **유사도**가 높아지기는 합니다. 하지만 이미지 한두 장이 중복된다고 해서 유사 문서로 판단되어 검색에서 제외되거나 블로그에 문

제가 생길 만큼의 영향을 받지는 않습니다.

예를 들어 이미지와 텍스트까지 완벽하게 동일한 문서 A와 B가 있다고 가정해보겠습니다. 이들의 문서 유사도는 100%일 것입니다. 이런 경우에는 가장 먼저 작성한 사람이 소유자가 되고, 이를 가져가 복제본을 만든 사람이 문제가 있는 포스팅을 한 것으로 판단합니다. 누군가의 고유한 콘텐츠가 다른 블로그를 통해 동의 없이 유통되는 경우 네이버는 저작권법 위배로 판단합니다. 따라서 저작권을 위배했다고 판단되는 문서는 의미 없는 글로 처리하여 이미지를 포함한 문서 전체를 검색 결과에 노출되지 않게 처리하기도 합니다.

네이버에서 유사 문서로 기본 검색 결과에서 제외하는 유사도 기준은 80~90% 수준입니다. 그런데 포스팅에 사용된 이미지 한두 장이 중복되었을 때 증가하는 유사도는 10% 정도로, 다른 이미지나 텍스트의 유사성이 없다면 검색 결과에는 거의 영향을 주지 않습니다.[20] 이 수치는 이해를 돕기 위해 제시한 것이고, 수치 자체에 특별한 의미를 둘 필요는 없습니다.

이 책의 초반부에서 정의한 블로그의 의미는 Web(웹)+Log(기록)입니다. 다시 말해 하나의 포스팅이 만들어지려면 Log(기록)가 필요하며, 텍스트, 이미지, 영상 세 가지 기록에 따라 포스트의 지수, 블로그 카테고리의 지수, 블로그 전체의 지수에 영향을 미칩니다. 따라서 이미지 한두 장이 중복되거나 겹친다고 해서 검색 결과에서 유사 문서로 분류되지 않으니 걱정하지 않아도 됩니다.

캡처 프로그램과 이미지 무료 편집 도구 사용

화면 캡처 프로그램 픽픽(PicPick) : 정보성 포스팅에 어울리는 간단한 영상이나 이미지를 쉽고 빠르게 캡처할 수 있는 프로그램입니다. 무료로 다운로드해 컴퓨터에 설치할 수 있습니다. 자체적인 이미지 편집 기능이 있어 이미지 캡처 후 바로 설명 텍스트를 삽

---

20) ......

"블로그에서 이미지 사용하기", 네이버 Search&Tech, https://blog.naver.com/naver_search/220754140850

입하거나 이미지 강조 아이콘, 모자이크(흐림 처리 포함) 등을 삽입하기 좋습니다.

▲ 사진, 영상 캡처 프로그램 픽픽

포스트 섬네일을 만들 때 망고보드나 미리캔버스를 활용해도 되지만 픽픽을 활용하면 섬네일용 이미지를 캡처할 수 있어 유용합니다. 특히 이미지를 캡처하고 편집하는 시간을 획기적으로 줄일 수 있습니다. 프로그램을 설치한 후 키보드에서 PrtSc (프린트스크린)을 누르면 현재 컴퓨터 화면을 자동으로 캡처합니다. 이 기능은 순간적으로 캡처할 장면이 있을 때 유용합니다.

픽픽 다운로드 : https://picpick.app/ko

사진 압축 서비스 타이니 PNG : 네이버 블로그는 자체적으로 이미지를 압축하기 때문에 속도 저하가 크게 느껴지지 않지만 티스토리 블로그의 경우 큰 용량의 사진을 사용하면 페이지 로딩 속도에 영향을 미칩니다.

네이버 블로그는 원본 사진의 용량이 클 때 휴대폰 사양에 따라서 페이지 로딩 속도가 늦어질 수 있습니다. 이때는 타이니 PNG 홈페이지를 활용해 사진을 압축하면 좋습니다. 간혹 이미지 파일의 용량이 너무 커서 메일이나 다른 기기로 전송이 안 되는 경우에도 활용합니다.

▲ 간단하게 사진 압축이 가능한 타이니 PNG 홈페이지

웹 사이트 기반의 서비스라 별도 프로그램을 다운로드해 설치할 필요 없이 이미지 파일을 드래그하면 자동으로 압축이 진행됩니다. 편의성은 물론이고 시간 또한 단축할 수 있습니다. 사진의 용량을 낮춰 페이지 로딩 속도를 높이고 이탈률을 막는 것도 블로그 운영에 도움이 되는 팁입니다.

타이니 PNG 사이트 : https://tinypng.com

움짤(GIF) 캡처 프로그램 스몰캠 : 포스팅을 작성하다 보면 사진 한 장으로는 설명하기 힘든 상황이 있습니다. 이런 경우에는 컴퓨터 화면에 보이는 영상을 녹화해 움짤 형식으로 변환하면 디테일한 설명을 대신할 수 있어 유용합니다.

요즘은 스마트폰에 GIF 만들기 기능이 들어간 경우도 있지만 컴퓨터 화면을 영상으로 만들 수 있다는 점에서 활용도가 높은 프로그램입니다. 사용 방법도 간단해서 조금만 익숙해지면 양질의 포스팅을 하는 데 많은 도움이 됩니다.

스몰캠 다운로드 : https://smallcam.tistory.com

사진 배경 제거 프로그램 removebg : 촬영된 사진의 배경을 지우고 피사체인 촬영 대상물만 남겨야 하는 경우가 종종 있습니다. 주로 PPT나 동영상 콘텐츠에서 특정 포인트를 강조하거나 보는 사람의 이해를 돕기 위해 활용하는 경우가 많고, 최근에는 블로그 이미지에서도 많이 활용합니다. 포토샵이 능숙하다면 직접 작업해도 되지만 포토샵을 처음 다룬다면 프로그램을 어렵게 구해도 작업 시간이 오래 걸립니다.

▲ 이미지 배경 제거 프로그램 removebg

removebg는 웹 사이트 기반의 서비스로 설치가 필요 없고 접속 후 이미지를 드래그해 넣기만 하면 배경 제거 작업이 진행됩니다. 해당 서비스는 JPEG와 PNG 파일 형식을 지원하며 최대 12MB 크기의 이미지를 업로드할 수 있습니다. 만약 이미지 용량이 커서 업로드가 안 된다면 앞서 소개한 타이니 PNG를 활용해 사진을 압축한 후 사용하면 됩니다.

removebg 사이트 : https://www.remove.bg/ko

이미지, 영상 업로드 시 주의해야 하는 저작권 문제

이미지나 영상의 출처만 분명히 밝힌다고 모두 사용할 수 있는 것은 아닙니다. 블로그에서 이미지를 활용할 때 어떤 주의 사항이 필요한지 알아보겠습니다.

저작권 바로 알기

방문자 수를 단기간에 높일 수 있는 키워드 중 하나가 연예 이슈, 연예인 관련 가십 주제입니다. 그렇다 보니 인기 예능이나 드라마 등 방송 프로그램의 일부를 캡처해 블로그에 올리는 경우가 많아지고 있습니다. 블로그를 운영하고 있다면 이런 방식이 괜찮은 것인지 고민해본 적이 있을 것입니다. 다음은 한국 저작권 위원회 공식 홈페이지에서 설명하고 있는 내용입니다.

> **＞ 인기 드라마, 예능 등 방송 프로그램 캡쳐하여 인터넷에 올리기**
>
> 드라마나 영화의 멋진 장면, 예능의 재미있는 장면을 캡쳐하여 올리는 친구들이 많이 있습니다.
> 캡쳐하는 것도 일종의 복제로서 복제권 침해가 될 수 있지만 사적 이용을 위한 복제는 허용이 됩니다.
> 다만 이렇게 캡쳐한 것을 인터넷 상에 올리게 되면 이는 전송권 침해가 될 수 있으므로 주의해야 합니다.
> 그러나 이 경우에도 무조건 저작권 침해가 되는 것은 아닙니다.
> 드라마나 영화 등의 감상평을 적기 위한 경우나 일종의 인증샷을 위한 경우 등은 인용 또는 공정이용 등으로 허용되는 경우도 있습니다.

▲ 인기 드라마, 예능 등 방송 프로그램 캡처에 대한 저작권 내용[21]

저작권(Copyright)은 창작물을 만든 사람이 자신의 창작물, 즉 저작물에 대해 가지는 법적 권리를 뜻합니다. 우리가 익히 알고 있는 음악, 영화, 사진, 글 등이 모두 해당하며, 당연하지만 타인의 저작권을 침해해서는 안 됩니다. 반대로 자신의 고유한 콘텐츠가 다른 블로그를 통해 동의 없이 유통되는 경우에는 '네이버 저작권 보호 센터'에 해당 게시물의 게시 중단을 요청하여 권리를 보호받을 수 있습니다. 네이버는 게시 중단이

21)

한국저작권위원회, https://www.copyright.or.kr/education/educlass/learning/infringement–case/index.do

요청된 문서를 관련 기준과 적법한 절차에 따라 검색 결과에서 제외하고 있습니다.

인기 예능이나 드라마, 스포츠 중계 화면 등의 방송 프로그램을 캡처하여 블로그에 올리는 경우 그 목적이 감상평을 적기 위해서라거나 일종의 인증샷이라면 일반적으로 단순 인용 또는 공정 이용 등으로 허용되는 것이 대부분입니다. 하지만 이런 캡처 이미지를 게시자의 이익 창출을 위한 용도로 사용하는 것은 피해야 합니다. 사실 이 부분에 대해서는 의견이 분분합니다. 드라마나 영화, 예능의 한 장면을 캡처해 올리는 것은 저작권 침해의 소지가 분명히 있습니다. 된다, 안 된다의 문제에 대한 결론을 내기 전에 전달하고자 하는 포스팅의 성격을 먼저 살펴야 합니다.

SBS의 한 예능 프로그램에서 A 연예인이 딸이 흘린 음료수를 청소기로 말끔히 닦아내는 모습이 전파를 타며 해당 물걸레 청소기가 'A 연예인 청소기'로 실검에 오르며 불티나게 팔린 적이 있습니다. 필자 역시 해당 청소기 모델을 보유하고 있었기 때문에 'OO 청소기'로 방송 캡처 이미지와 연예인 이름을 사용해 포스팅하여 많은 방문자가 유입되었습니다. 하지만 얼마 후 해당 연예인은 제품과 연관이 없으니 이름을 제외해달라는 요청을 받았습니다. 요청에는 일정 기간 이후에도 제외되지 않으면 **초상권** 침해로 민·형사상의 법적 책임을 묻겠다는 내용도 포함되어 있었습니다. 해당 게시물에서 연예인의 이름을 제외하고 수정 후 재발행하여 문제 소지를 제거했습니다.

동상이몽청소기 ▓▓▬▬▬ 부모님결혼기념... 🖹 게시물 보기		🖹 다운로드
2019.12.17. 06:06 작성		
	실시간 2021.06.11. 기준	
누적 조회수	누적 공감수	누적 댓글수
137,126	20	0

▲ TV 프로그램에 A연예인이 사용한 청소기를 홍보한 포스팅의 방문 유입 통계

이처럼 연예인의 이름과 얼굴이 나오는 이미지를 사용할 때는 **초상권**에 주의해야 합니다. 초상권은 연예인뿐 아니라 모든 개인에게 있습니다. 동의를 받지 않은 일반인의 모

습이 사진이나 영상에 들어간 경우 판례에서는 이 또한 초상권을 침해한 것으로 해석하고 있습니다. 내 아이가 친구와 같이 노는 사진을 올려도 초상권 위반이 발생할 수 있습니다. 해당 사진이나 동영상을 블로그나 SNS 채널에 올리고 싶다면 동의받지 않은 사람의 얼굴에 모자이크를 하는 등 2차 가공을 한 후 올려야 합니다.

네이버로부터 저작권 침해로 인한 게시 중단 안내 메시지를 직접 받는 경우도 있습니다. 게시 중단 사유를 보면, 게시물에 포함된 저작물(방송 영상 및 방송 영상 캡처 이미지)에 대한 게시 중단 요청이라고 되어 있습니다. 2018 러시아 월드컵 때 음바페 선수의 골 장면을 여러 장 캡처해 움직이는 사진인 GIF 파일로 만들어 올린 적이 있습니다.

핵심 콕콕 TIP · GIF 파일

GIF 파일이란 정지된 여러 장의 이미지를 연속으로 붙여서 애니메이션 효과를 만들거나, 동영상의 이미지를 짧게 압축해서 저장할 때 주로 사용하는 파일 형식입니다. 우리에게는 움짤(움직이는 짤막한 영상)이라는 용어로 더 익숙합니다.

GIF 파일 길이는 7초 정도로 짧았지만, 게시한 지 한 시간쯤 후에 게시 중단 메시지를 받았습니다. 이미지나 영상을 사용할 때 한 가지 주의 사항이 있다면 바로 영상 저작물에 관한 부분입니다. 영상이란 영화, 광고, 드라마, 비디오, 게임 등 소리 유무에 상관없이 연속적인 영상으로 표현되는 모든 저작물을 뜻합니다. 특정 장면은 이미지보다 영상으로 보여주면 명확한 정보 전달이 가능하다고 생각할 수 있습니다. 하지만 TV 화면을 스마트폰으로 촬영해 올리거나 여러 장의 이미지를 GIF 파일로 만들어 올리는 것도 모두 영상 저작권 침해에 해당합니다.

이미지는 화질이나 해상도와 같은 품질 요소보다는 이용자가 원하는 명확한 정보를 전달하는 데 도움을 주기 위한 목적이 더 중요합니다. 따라서 사용된 이미지가 주제, 본문(텍스트), 키워드와 얼마나 연관성이 있는지, 얼마나 독창적인지 잘 확인해야 하며 아울러 저작권 침해 소지가 없는 이미지를 활용해야 합니다.

고객님께서 작성하신 게시물이 게시중단(복제 · 전송의 중단) 되어 안내 말씀 드립니다.

안녕하세요? 네이버 게시중단요청서비스 담당자 입니다.
항상 네이버를 이용해 주시고 많은 관심 가져 주셔서 진심으로 감사 드립니다.

고객님께서 작성하신 게시물이 다음과 같은 사유로 게시중단(복제 · 전송의 중단) 되었음을 안내 드립니다.

대상 게시물   https://blog.naver.com/ehdtjr516/221299874438

게시중단(복제 · 전송의 중단) 요청 SBS 자

게시중단(복제 · 전송의 중단) 사유 저작권침해 (게시물에 포함된 저작물(방송영상 및 방송 영상 캡쳐 이미지)에 대해 방송사의 권한을 위임 받은 인텔리언으로부터 게시중단 요청 접수)

게시중단(복제 · 전송의 중단) 일자 2018년 06월 18일

▲ 네이버로부터 받은 저작권 침해로 인한 게시 중단 안내

내가 촬영한 사진의 저작권 표시하기

이미지와 관련해 많이 궁금해하는 내용 한 가지를 더 짚고 넘어가겠습니다. 포스팅을 작성하면서 공들여 찍은 사진을 다른 사람들이 그대로 가져다 사용하지는 않을지 걱정해본 일이 있을 겁니다. 실제 사례를 봐도 본문 내용과 사진을 그대로 도용하는 경우도 있고, 아이 사진까지 그대로 가져다 자기 아이인 것처럼 캡처해 포스팅에 사용하는 경우도 있었습니다. 하지만 안타깝게도 내가 작성한 포스트의 내용을 다른 사람이 사용하는 것을 완전히 막을 방법은 없습니다. 아무래도 온라인이라는 공간에 공개된 정보는 누구나 볼 수 있는 열린 정보이고 이를 원천 차단하는 것은 물리적으로 불가능하기 때문입니다. 하지만 이 사진의 원작자가 누구인지 표시하고 최소한의 조치를 할 수 있는

장치는 있습니다. 네이버에서 제공하는 공식 CCL 설정을 통해 내 포스팅에 사용된 모든 기록적 요소에 원작자를 표시하고 저작물의 무분별한 공유를 막는 방법입니다.

블로그 관리 페이지에서 [기본 설정] 탭-[사생활 보호]-[콘텐츠 공유 설정]을 클릭하면 다음과 같은 페이지가 나타납니다. 여기서 [CCL 설정]을 [사용]으로 설정하고, 추가로 [자동출처 사용 설정]을 [사용]으로 설정합니다. 필요에 따라 [마우스 오른쪽 버튼 금지 설정]을 [사용]으로 바꿔도 됩니다. 이 세 가지는 내 소중한 저작물을 지킬 수 있는 최소한의 안전장치입니다.

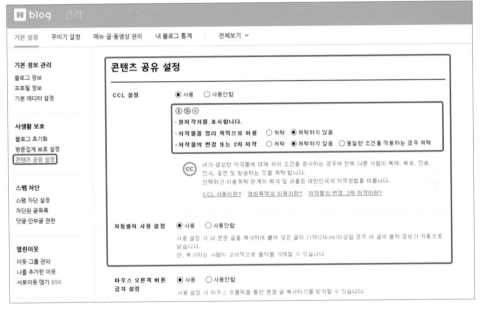

▲ 블로그에 CCL 설정하기

기본적인 설정이 끝났다면 위젯으로 블로그의 CCL 설정을 알릴 수 있습니다. [꾸미기 설정] 탭-[레이아웃 설정]을 클릭한 후 [위젯 사용 설정]의 [CCL]에 체크합니다. 이렇게 설정하면 CCL 위젯이 블로그에 표시됩니다. 내 블로그의 자료(텍스트, 사진, 영상 등)를 무단으로 가져갈 수 없다는 표시를 통해 최소한의 경고를 하는 것입니다.

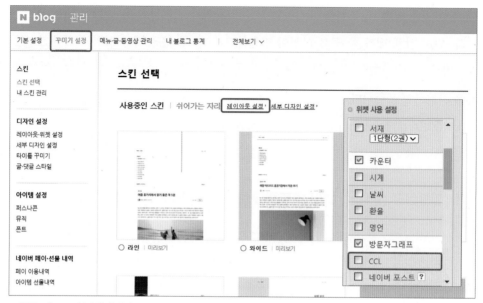

▲ 블로그에 CCL 설정 위젯 달기

이렇게 기본적인 세팅을 끝내면 포스팅할 때마다 [CCL 표시]에 체크되므로 크게 신경 쓸 필요가 없습니다. 오래 걸리는 작업이 아니니 네이버 블로그 CCL 설정을 통해 소중한 콘텐츠의 저작권을 지킬 수 있기를 바랍니다.

▲ 블로그 에디터에서 [발행] 클릭 후 [CCL 표시]에 체크

참고로 CCL은 Creative Commons License의 약자로, 창작물 저작자가 자신의 저작물

에 대한 이용 방법 및 조건을 표기하는 표준 약관이자 저작물 이용 허락에 대한 표기입니다. 다시 말해 내가 쓴 글을 타인이 인용하고자 할 때 사용 가능 범위나 허락 조건을 상대방이 알 수 있도록 표시하는 것입니다. 자세한 사항은 CCL KOREA 홈페이지의 내용을 참고하면 좋습니다.

CCL KOREA 홈페이지 : http://cckorea.org/xe/ccl

 **영상 강의 링크**   **네이버 블로그로 돈 버는 노하우 영상 강의**

제8강 | 포스트 소재를 찾고 이미지 준비하기
좋은 포스트 소재를 찾으려면 다른 사람은 이걸 궁금해하지 않을지 생각하며 소재를 찾는 관찰력, 어떤 것에서 소재를 끌어낼지 먼저 확인하는 호기심이 중요합니다. 이번 강의에서는 일상에서 소재를 찾고 이미지를 준비하는 방법, 스마트폰 사진첩에서 포스팅을 위한 소재를 찾는 방법, 그리고 이미지를 직접 제작할 수 있는 미리캔버스 사용 방법에 대해 알아보겠습니다.

http://m.site.naver.com/0PW7Z

콘텐츠를 탄탄하게 하는
논리의 골격

포스팅이 점점 어려워지는 이유

지금까지 블로그의 주제를 정하고, 이미지를 준비하고, 키워드를 추출하는 방법까지 열심히 배웠습니다. 이제 포스팅과 관련해 조금 더 업그레이드된 내용을 알아보겠습니다. 시험 기간이 되어 공부를 하려고 보니 책상이 지저분해 정리하다가 막상 정리가 끝나면 지쳐서 공부에 집중하지 못한 경험이 있을 것입니다. 포스팅 역시 마찬가지입니다. 포스팅에 쓸 사진을 열심히 찍고 어떤 사진을 올릴지 고르는 작업을 하다 보면 어느덧 30분이 훌쩍 지나갑니다.

여기서 끝이 아닙니다. 글을 쓰기 위해 블로그에 이미지를 업로드하면 사진이 뒤죽박죽 삽입됩니다. 순서를 맞추기 위해 열심히 정렬하다 보면 30분이 또 훌쩍 지나갑니다. 본격적으로 글을 쓰자니 의욕이 한풀 꺾이면서 내 이야기로 즐겁게 블로그를 운영하려던 생각과 달리 어느 순간 포스팅이 업무나 일로 느껴집니다.

블로거들 사이에서 누가 사진만 대신 찍어줬으면 좋겠다는 말이 괜히 나오는 게 아닙니다. 그만큼 블로그를 운영함에 있어 사진 관리가 어렵고 까다롭게 신경 써야 한다는 의미입니다. 이미지를 어떻게 준비하고 전략적으로 관리하느냐에 따라 1일 1포스팅을 넘어 2포스팅, 3포스팅이 가능해질 수 있습니다. 블로그 글을 작성하기도 전에 이미지 정리와 준비로 지쳐버린다면 대부분 **논리 골격의 부재**라는 문제를 안고 있을 가능성이 큽니다.

블로그 포스팅에 논리의 골격 적용하기

앞에서 1일 1포스팅이 어려운 이유로 이미지 준비와 글쓰기에 대한 걱정을 꼽았습니다. 강의 현장에서 만난 초보 블로거들의 포스팅 패턴을 분석해본 결과 이러한 현상이 생기는 가장 큰 이유는 바로 블로그 글쓰기를 위한 **논리 골격**을 갖추지 않았기 때문입니다.

논리 골격이 생소한 단어일 수도 있습니다. 우리가 알고 있는 논리라는 단어는 말이나 글에서 사고나 추리 따위를 이치에 맞게 이끌어가는 과정이나 원리를 뜻합니다. 이를 블로그에 적용하면 포스팅할 때 키워드에 맞게 사진이나 글(제목과 본문)을 준비하며 다듬는 과정, 포스팅을 조금 더 쉽고 빠르게 할 수 있는 원리 정도로 해석할 수 있습니다.

영화를 촬영하려면 먼저 콘티를 짜야 합니다. 콘티에는 의도하는 카메라의 앵글, 사운드, 배우들의 동선과 타이밍, 동작이나 표정 연기 유의 사항 등을 담습니다. 블로그를 운영할 때도 마찬가지입니다. 영화 콘티 정도의 디테일은 아니더라도 포스팅을 작성하기 전에 콘티와 같은 논리 골격을 미리 작성하거나 구상하는 작업이 매우 중요합니다.

마트 휴무일이나 스포츠 경기 일정과 같이 단순한 정보, 좋아하는 드라마나 책의 서평 등을 포스팅할 때는 이런 계획표까지 작성할 필요는 없습니다. 하지만 맛집 리뷰, 펜션이나 호텔과 같은 숙박 시설 리뷰, 아이와 가볼 만한 곳이나 데이트하기 좋은 곳과 같은 여행 리뷰, 직접 사용하거나 시식한 후 작성해야 하는 제품·서비스 리뷰 등에서는 작성 시간 단축과 양질의 콘텐츠 생성이라는 놀라운 결과물을 만들어내는 데 도움이 될 것입니다.

논리 골격을 갖추는 데 특별한 양식이나 대단한 방법이 있는 것은 아닙니다. 오늘 해야 할 일, 이번 주 마감해야 할 리뷰에 대해 정리하면서 오늘 작성할 콘텐츠에 대한 계획을 작성해보는 것입니다. 제품 리뷰의 경우 주로 작성하는 내용은 **제품명, 메인 키워드, 리뷰 일정, 제품 특징과 어필 포인트, 연관검색어와 검색량, 주요 내용, 사진 촬영 순서**입니다. 처음 작성할 때는 20~30분 이상 필요하지만 익숙해지면 15분, 10분 내외로 단축할 수 있습니다. 아래 사진 예시는 필자가 분유 리뷰를 작성하기 위해 구성한 논리의 골격 사례입니다.

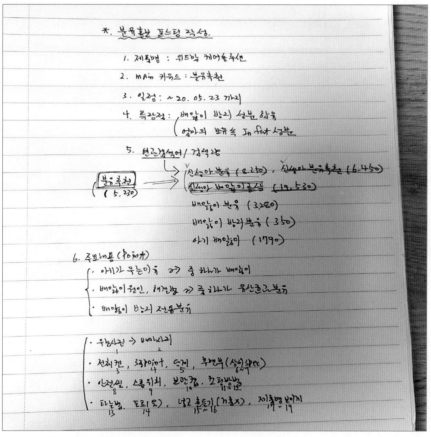

▲ 필자의 포스팅 관련 논리의 골격 만들기 메모

처음부터 무리하게 논리 골격을 완성할 필요는 없습니다. 골격을 잡는 작업이 어렵다면 중요한 포인트인 **사진 촬영 순서**만이라도 정리하는 습관을 들일 것을 추천합니다. 사진의 순서에 따라 그에 맞는 텍스트(본문)가 작성되기 때문입니다. 순서가 정리되면 스토리의 흐름과 구성도 정리됩니다. 무엇보다 이런 논리 골격이 습관화되면 사진을 찍을 때 적어도 '뭘 찍어야 하지?', '이건 아까 찍은 것 같은데?'와 같은 생각으로 시간을 낭비하는 일이 줄어듭니다. 이렇게 순서에 맞게 촬영하고, 잘못 찍거나 흔들린 사진은 그때그때 확인 후 삭제하고 다시 찍습니다. 이렇게 순서에 맞게 촬영한 사진 파일을 PC나 블로그에 따로 업로드하면 대부분 순서 그대로 정렬될 것입니다. 다시 하나하나 클릭하며 사용 여부를 점검할 필요도 없고 업로드한 뒤에 어떤 게 먼저인지 배열 순서를 고민하는 시간도 줄일 수 있습니다. 사진을 정리하는 시간이 단축되면 포스팅 하나에 필요한 에너지의 대부분을 글쓰기에 집중할 수 있게 됩니다.

17강. 논리의 골격 : 글쓰기가 훨씬 빨라지고 퀄리티를 높이는 노하우
오늘도 좋은강의감사합니다!! 논리의 골격!! 아 사진찍으면서 엄청. 이사진들.. 다시 숑고 그랬는데 머리속에 어떤 것들을 쓸지 하아.. 브레인스토밍이 필요한것 같긴해요!! 정말 사진숑고 순서정하고 시간 엄청 걸려서 포스팅하기가 힘들었는데. 알려주신 방법대로 다시 실천해봐야겠어요!!

#미션완료 - 17강. 논리의 골격 : 글쓰기가 훨씬 빨라지고 퀄리티를 높이는 노하우

강의를 듣고 수납장설치를 하게 되었습니다. 오시자마자 사진을 찍고 그전에 설치전에 미리 사진을 찍어놓았고요. 어떻게 글을 써야하고 어떻게 비교를 하면 좋을지가 머리속에 어느정도 그려진후 설치를 하게되니 사진찍는 타이밍을 어느정도 알게된것 같습니다!^^ 한가지.. 아직 어

▲ 온라인 수강생의 '논리의 골격' 실천 후기

실제 온·오프라인 강의를 들은 수강생들은 가장 도움이 되는 내용으로 논리의 골격 부분을 꼽습니다. 그만큼 초보 블로거에게는 포스팅을 위한 전략적 준비가 어렵다는 뜻이기도 합니다. 블로그를 운영하고 있거나 운영할 예정이라면 처음에는 시간이 조금 필요하더라도 논리의 골격을 노트에 적는 습관을 들여볼 만합니다. 어떻게 실행해야 할지 아직 막연하다면 필자가 실제 포스팅에 적용한 사례를 통해 논리의 골격을 세우는 과정을 살펴보고 여러분의 포스팅에 적용해보는 것을 추천합니다.

사례 1 : 제품 리뷰 작성 전 논리 골격 세우기

첫 번째 사례로 제품 리뷰의 논리 골격 세우기를 살펴보겠습니다. 분유 제품 리뷰를 포스팅한 사례입니다. 해당 분유의 특징은 특허받은 유산균과 모유 성분인 인팻(In-Fat) 성분을 함유하여 소화 흡수력이 좋아 배앓이를 하는 아이들에게 도움을 줄 수 있다는 것입니다.

이 분유를 구매하고자 찾아보는 사람들은 누구일지 생각해봤습니다. 신생아가 있는 초보 엄마 · 아빠나 아이의 배앓이에 효과적인 분유를 찾아보고 있는 부모일 것입니다. 이처럼 분유를 구매하려는 사람들은 분유의 영양 성분, 단계별 수유 월령, 위생을 위한 안심캡의 유무, 분유를 타는 물의 온도, 분유가 물에 잘 녹는지 등에 대한 정보를 포스팅을 통해 얻고자 할 것입니다. 이런 특징을 파악하고 논리의 골격을 만들어봤습니다.

- **스토리 구성** | 신생아가 우는 이유는 다양 → 그중 대표적인 원인은 배앓이 → 배앓이의 원인 중 하나가 소화, 흡수를 잘 못하기 때문 → 따라서 분유의 선택이 중요 → 배앓이 방지 성분이 들어 있는 분유 소개
- **필요한 사진(순서)** | 아기가 우는 사진 → 배 마사지 사진 → 캔 외관 → 특장점과 소화 단계 표시 → 후면부(상세 성분) → 안심캡 유무 → 스푼과 보관 방법 → 분유 정량 → 분유 타는 법 → 전기 포트(물 온도) → 분유 넣고 녹는 정도(거품 없이) → 제품과 젖병이 함께 나온 사진

특히 전자기기나 식음료를 포함한 다양한 제품을 리뷰할 때는 상품의 외관이나 포장(상자)을 개봉하는 **언박싱** 과정이 중요합니다. 이런 논리의 골격이 머릿속에 잡혀 있다면 비슷한 분위기가 연출되는 사진을 여러 장 찍을 필요가 없고 혹시나 놓친 사진은 없는지 걱정할 필요도 없어집니다. 무엇보다 사진의 정리도 빠르고 포스팅 시 사진 순서를 재배열할 필요도 없기 때문에 수고를 덜 수 있습니다.

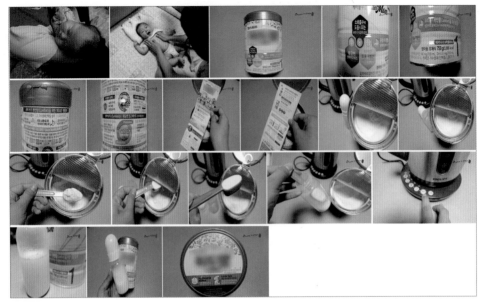

▲ 논리의 골격에 맞춘 사진 찍기 : 신생아 배앓이 방지 분유

사례 2 : 맛집 추천 포스트 작성 전 논리 골격 세우기

두 번째 사례로 맛집 포스팅을 살펴보겠습니다. 아이와 가볼 만한 곳이나 호텔, 펜션 등 여행 포스팅을 할 때는 실제 동선에 따라 촬영 순서를 결정해야 합니다.

앞서 소개한 제품 리뷰의 경우 혹시라도 부족한 사진이 있다면 재촬영이 가능하지만 맛집이나 여행 사진은 집으로 돌아와서 부족한 부분을 발견해도 재촬영하기가 매우 어렵습니다. 따라서 논리의 골격이 더욱 중요합니다. 식당에 밥을 먹으러 갔다고 가정하고 순서를 정렬해보겠습니다.

> • **필요한 사진(순서)** | 도착 후 주차장 사진(가격, 기본 주차 시간 정보) → 입구 또는 상호명이 나온 간판 → 식당 내부 전경 → 화장실 유무(남녀 구분, 매장 내·외부) → 좌식, 테이블, 유아 식탁/의자 유무 → 메뉴판 → 각종 인증, 할인 이벤트 → 전체 상차림 → 반찬(가짓수가 많다면 묶음으로) → 메인 요리 → 맛있게 먹는 법(4~6장) → 후식, 포장, 택배 정보

▲ 논리의 골격에 맞춘 사진 찍기 : 맛집

누군가는 "저렇게까지 해야 해?"라고 반문할 수도 있겠지만 이런 논리 골격을 세울 수 있어야 양질의 포스팅이 가능합니다. 또한 블로그 최적화·수익화의 가장 기초적인 블로그 운영 방법을 익히는 지름길이기도 합니다.

처음에는 상당한 시간이 필요할 수도 있습니다. 하지만 한 달, 두 달이 지나면 따로 메모하지 않아도 제품별, 카테고리별 논리 골격이 머릿속에 자연스럽게 그려집니다. 적어도 100일은 매일 포스팅하며 노력하는 것이 중요합니다. 이러한 노력이 있어야 내가 리뷰하려는 브랜드·제품을 분석하는 관점이 생기고 리뷰할 대상을 바라보는 폭넓은 시야가 만들어집니다.

나중에 이런 연습의 결실이 업체에 보내는 협업 메일, 내가 만든 리뷰 제안서에 담겨 상대를 설득하는 강력한 무기가 될 것입니다. 논리 골격은 블로그에만 적용되는 것이 아닙니다. 50페이지 PDF 전자책을 기획하고 목차를 만들 때, 나중에 여러분이 강사가 되어 150페이지가 넘는 강의 PPT를 만들 때, 200페이지가 넘는 종이책을 만들 때도 도움이 됩니다.

▲ 논리의 골격에 맞춰 촬영하고 리뷰를 기다리는 사진 : 스토리 라인에 맞춰 순서가 정렬되어 있어 그대로 업로드하고 내용만 작성하면 된다.

나만의 논리 골격 만들기

다음 예시를 참고해 나만의 논리 골격을 만들어보는 것도 좋습니다. 영화를 예로 들어보겠습니다. 물론 영화는 한 번 볼 때 집중해서 편안하게 봐야겠지만, 영화 리뷰를 연재하는 블로거라면 기다려지는 리뷰를 작성하기 위해 논리 골격을 마련하고 명대사나 명장면 등을 기억해두는 것이 좋습니다.

객관적 정보에서는 영화의 제목, 개봉일, 배우, 주인공(등장인물)을 포함한 정보를 제공하고, **주관적 정보**에서는 영화의 줄거리와 감상, 그리고 영화의 성격에 따라 치명적이지 않은 약간의 스포일러를 더하면 읽는 사람들로 하여금 끝까지 포스팅에 집중할 수 있게 만들어줍니다. 그리고 마지막은 요약 형식의 **한줄평**으로 정리합니다. 이런 순서로 매끄러운 스토리 라인을 구성한다면 포스트 하나를 쉽게 만들 수 있습니다.

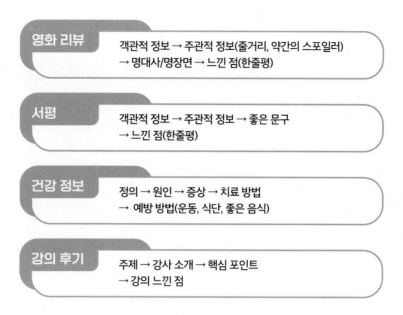

영화 리뷰	객관적 정보 → 주관적 정보(줄거리, 약간의 스포일러) → 명대사/명장면 → 느낀 점(한줄평)
서평	객관적 정보 → 주관적 정보 → 좋은 문구 → 느낀 점(한줄평)
건강 정보	정의 → 원인 → 증상 → 치료 방법 → 예방 방법(운동, 식단, 좋은 음식)
강의 후기	주제 → 강사 소개 → 핵심 포인트 → 강의 느낀 점

▲ 주제별 나만의 논리의 골격 만들기

블로그에 자주 포스팅하는 대상을 카테고리로 나누면 대부분 다섯 개가 넘지 않을 겁니다. 필자의 경우도 제품 리뷰(육아용품), 건강 정보(질병 예방 정보, 영양제), 스포츠(프리뷰), 체험 리뷰(맛집, 여행), 정보 전달(블로그, 마케팅, 1인기업) 등 크게 다섯 개의 틀에서 거의 대부분의 포스팅을 합니다. 이렇게 각 카테고리별로 논리 골격을 만들면 구상과 자료 수집 과정을 보다 효과적으로 처리할 수 있습니다. 이러한 습관은 양질의 포스트와 포스팅 시간 단축으로 이어집니다. 여러분도 주로 포스팅하는 주제를 카테고리로 묶고 그에 맞는 논리의 골격을 만들어 활용하길 바랍니다.

제9강 | 블로그 포스팅이 쉬워지는 논리의 골격

성공적인 블로그 운영을 위해서는 꾸준한 포스팅이 필수입니다. 하지만 가장 많은 사람이 어려워하는 것이 바로 꾸준한 포스팅입니다. 앞서 배운 논리의 골격은 이런 꾸준한 포스팅을 가능하게 만드는 원동력입니다. 이번 강의에서는 여러 주제에 따라 포스팅할 때 쉽고 빠른 포스팅을 도와주는 논리의 골격 활용 방법을 사례와 함께 알아보겠습니다.

http://m.site.naver.com/0PW86

AI와 방문자가 모두 좋아하는 글쓰기

포스트가 완성된 요리라면 논리 골격은 레시피에 해당됩니다. 포스팅할 소재가 재료이며 어떻게 요리를 만들고 플레이팅해야 사람들이 좋아할지 고민하는 것이 핵심입니다. 이번 SECTION에서는 내 블로그의 글을 읽는 두 종류의 독자가 좋아하는 글쓰기 방법에 대해 알아보겠습니다. 여기서 두 종류의 독자란 내 글과 이미지를 가장 먼저 보고 분석하는 네이버 AI 로봇과 내 글을 직접 읽고 소통해주는 방문자입니다.

AI가 좋아하는 글을 써야 빠른 성장이 가능하다

CHAPTER 01의 SECTION 06에서 네이버 AI가 블로그 글을 좋은 문서와 나쁜 문서로 판단하는 기준에 대해 알아보았습니다. 네이버 AI는 작성자가 직접 체험한 경험, 정보가 담긴 콘텐츠를 선호하며, 사용자가 쉽게 읽고 이해할 수 있도록 작성한 문서를 좋은 문서로 분류합니다. 이것이 네이버 AI가 좋아하는 글에 대한 고민이 필요한 이유입니다.

전문성 있는 콘텐츠	경험과 정보가 담긴 콘텐츠
01 신뢰할 수 있는 정보를 담은 문서	신뢰할 수 있는 정보를 담은 문서
02 다른 문서를 베끼지 않고 독자적인 정보를 담은 문서	물품이나 장소에 대한 직접적인 경험을 바탕으로 작성한 문서
03 사용자가 쉽게 읽고 이해할 수 있도록 작성한 문서	해당 주제에 도움이 될 만큼 충분한 분량의 정보를 담은 문서

▲ 네이버 검색이 좋아하는 글쓰기 : 전문성 있고 경험과 정보가 담긴 콘텐츠를 선호

네이버 AI는 이용자의 검색 만족도를 높이는 방향으로 학습하며 검색어 단위로 정교하게 학습하는 AI 기반의 Learning to Rank 모델이 적용되었습니다. 또한 지금도 계속해서 발행된 글을 학습하여 모델을 개선하고 있을 것입니다.

네이버 웹사이트 검색 영역에 나열되는 검색 결과 순서는 이런 AI가 학습한 랭킹 모델에 의해 결정됩니다. 랭킹 모델은 사용자가 입력한 검색어에 대해 웹페이지 검색 결과의 노출 순위를 결정하는 알고리즘입니다.

이때 사용자의 검색어와 웹페이지 사이의 적합도 순서로 검색 결과를 나열하는데, AI는 검색어, 문서, 적합도 형태로 점수를 부여합니다. 이 랭킹 모델의 목적은 실제 사람(검색자)이 검색하듯 사용자의 질의(검색어)와 웹페이지를 비교해 적합도를 산출하는 것입니다. 이러한 데이터가 축적되고 고도화될수록 이용자의 만족도를 높일 수 있는 결과물이 상위에 노출됩니다.

AI 로봇이 **적합, 매우 적합**이라고 판단하여 4~5점을 부여하는 기준은 키워드와 기록의 적합도입니다. 포스팅을 작성할 때는 키워드 · 주제에 맞는 사진을 사용하고, 이미지와 영상에 맞는 설명글을 작성해야 한다는 것을 알 수 있습니다.

검색된 포스트를 보다가 '이 내용에 이 사진이 어울리나?' 하는 생각이 들었던 적이 있을 겁니다. 무료 사이트의 이미지를 글에 억지로 끼워 맞춘 듯한 포스팅도 꽤 많이 보입니다. 사진 개수를 채우기 위해 무료 이미지를 삽입하더라도 내용과 무관한 사진은 사

적합도 점수	대상 문서
5점 (완전히 적합)	사용자가 질의를 넣었을 때 이동하고자 하는 웹사이트. 혹은 사용자 질의에 대한 공식적인 정보를 제공하는 문서. (모든 질의에 5점짜리 문서가 있는 것은 아님)
4점 (매우 적합)	사용자 질의와 관련된 정보를 충분히 제공하는 문서로 사용자의 검색 의도를 충족시킬 수 있는 문서. 혹은 질의에 해당되는 공식 정보를 제공하는 소셜미디어 채널들
3점 (적합)	사용자 검색 의도를 전부, 혹은 일부 만족하는 적당한 품질의 문서
2점 (조금 적합)	문서에 사용자 질의가 포함돼 있지만 사용자의 검색 의도를 만족시키지 못하는 문서. 문서의 내용과 품질이 부실
1점 (부적합)	사용자 질의와 무관한 문서

▲ 네이버 AI 로봇이 사용자의 질의와 웹페이지에 대해 적합도 점수를 부여[22]

용하지 않는 것이 좋습니다. 다시 강조하지만 네이버 로봇은 포스팅에 이미지가 포함되어 있는지 여부만 판단할 뿐 사진의 개수는 중요하게 측정하지 않습니다.

이렇게 고도화된 네이버 AI가 좋아하는 글과 실제 내 글을 읽고 소통해주는 사람이 좋아하는 글에는 분명한 차이가 있습니다. 어떤 포인트에 주안점을 두어서 작성해야 이 둘을 모두 만족시킬 수 있을지 알아보겠습니다.

AI가 좋아하는 글쓰기

포스팅에서 가장 중요한 것은 내가 작성하고자 하는 글에 기록적 요소(글, 이미지, 영상)를 통해 얼마나 높은 적합도를 달성하고 신뢰를 전달할 수 있는가입니다. 한 가지 더 추가하자면, 포스팅에 적합한 카테고리를 선택하는 것이 중요합니다.

CHAPTER 01의 SECTION 04에서 배운 주제 삼총사에 대해 생각해보겠습니다. 여러

---

22)

"더 많은 데이터로 학습하여 더 똑똑해진 웹사이트 검색", 네이버 Search&Tech, https://blog.naver.com/naver_search/221706818163

분이 해당 내용을 잘 따라 했다면 네이버가 제시한 32가지 주제 중에서 메인, 일상, 취미/연재 카테고리를 각각 설정했을 것입니다. 그럼 그에 맞는 글을 쓰고, 글의 내용에 적합한 카테고리를 선택한 후 발행해야 합니다. 예를 들어 손흥민 선수의 경기를 리뷰했다면 '스포츠'를 선택하고, 신생아 배앓이 증상에 대한 정보를 작성했다면 '육아/결혼'을 선택합니다.

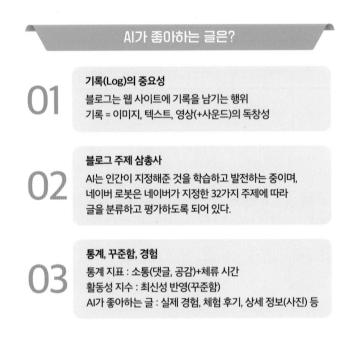

▲ 네이버 AI 기술을 토대로 유추해보는 AI가 좋아하는 글

포스트의 주제를 설정하지 않고 대부분의 포스팅을 일상/생각 주제로 발행하는 사람이 의외로 많습니다. 하지만 네이버 AI 로봇이 문서의 적합도를 판단하는 데 있어 작성한 글의 요소와 카테고리가 일치하면 높은 점수를 얻기 때문에 적합한 카테고리를 설정하는 것은 매우 중요합니다.

아울러 포스트에서 꼭 챙겨야 할 것이 바로 사용자에게 도움이 될 만큼 **충분한 길이의 정보와 분석 내용을 포함**했는지 여부입니다.

간혹 사진 한 장에 글 몇 줄을 적고 1일 1포스팅을 했다는 수강생이 있습니다. 물론 포스팅한 것은 맞지만 과연 네이버 AI가 좋아하는 글쓰기를 했는지는 생각해볼 문제입니다. 30%는 맞고, 70%는 아니라고 할 수 있습니다. 짧은 글이라도 자주 작성하면 포스트 쓰기 빈도, 최근의 포스트 활동성 점수를 획득할 수 있습니다. 하지만 그런 포스팅에도 키워드가 들어갈 것이고 AI는 해당 포스팅이 검색 적합도에 얼마나 충실한 글인지 분석하고 점수를 부여할 것입니다. 사용자가 찾는 키워드는 포함됐지만 충분한 정보를 제공하지 못하면 사용자의 검색 의도를 만족시키지 못하는 문서, 내용과 품질이 부실한 문서로 판단해 조금 적합(2점)을 부여할 가능성이 큽니다.

그렇다고 짧은 포스팅을 하지 말라는 이야기가 아닙니다. 블로그는 개인의 이야기를 담을 수 있는 공간이기 때문에 일기와 같이 짤막한 생각을 작성할 수도 있습니다. 하지만 개인적인 이야기와 더불어 충분한 길이의 정보와 분석 내용을 포함한 문서, 네이버 검색이 좋은 문서라고 판단하는 문서 등 체류 시간을 확보할 수 있는 글도 함께 작성하는 것이 좋습니다.

다시 강조하지만 짧은 글이 무조건 나쁘다는 것이 절대 아닙니다. 제대로 된 정보를 제공할 수 있는 글과 일기와 같은 짧은 형태의 글을 조화롭게 작성해야 블로그가 빠르고 탄탄하게 성장할 수 있다는 것입니다.

어떤 분량이 적당한지에 대한 의견은 분분하고, 네이버에서도 이에 대한 명확한 기준을 제시하지 않습니다. 그렇다고 무조건 긴 글을 쓰라는 무책임한 발언을 할 수도 없는 노릇이어서 네이버가 어느 정도 길이의 글을 좋아하는지 자체적으로 실험해봤습니다.

AI가 좋아하는 포스트 길이

먼저 캡처한 시간대가 다른 다음 두 장의 그림에서 가장 큰 차이점이 무엇인지 확인해보겠습니다.

▲ 글자 수에 따른 애드포스트 부착 유무 비교 사례

어렵지 않게 바로 찾았을 것입니다. 바로 포스트에 부착된 광고의 유무입니다. 오전 8시 39분(좌)에는 없었던 광고가 33분 후인 오전 9시 12분(우)에는 부착되었습니다.

우선 두 포스트에 차이가 발생한 이유는 글자 수에 있습니다. 왼쪽 포스트는 발행 후 24시간이 지나도록 광고가 달리지 않았습니다. 해당 포스트의 글자 수는 공백을 제외하고 995자였는데, 1,047자로 수정해 발행하니 33분 후에 광고가 부착되었습니다. 왜 이런 현상이 발생했는지 알아보겠습니다.

네이버 블로그에 광고를 삽입하고 클릭을 통해 수익을 얻는 애드포스트에 대해 들어봤거나 잘 알고 있을 것입니다. 그런데 애드포스트를 신청한다고 무조건 등록되는 것이 아니라 최소 등록 기준에 부합해야 합니다. 전체 공개 글 수 50개 이상, 방문자(UV) 또는 페이지뷰(PV)가 일 100회 이상이어야 하고, 블로그를 개설한 지 90일이 경과해야 합니다.

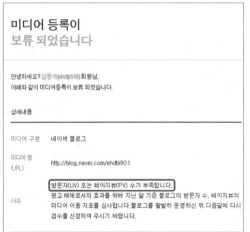
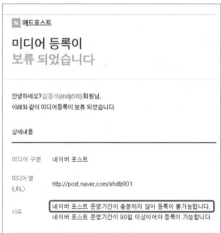

▲ 네이버 애드포스트 보류 유형

위 보류 사례를 살펴보면 "광고 매체로서의 효과를 위해 지난 달 기준 블로그의 방문자 수, 페이지뷰의 미디어 이용 지표를 심사한다."는 내용이 있습니다. 이 기준을 앞의 포스트 광고 부착 사례에 적용해보겠습니다.

네이버는 블로그 포스트에 광고를 부착하는 기준으로 **광고 매체로서의 효과**를 판단하며, 그중 하나로 **글자 수**를 중요한 지표로 삼고 있다는 것을 추측할 수 있습니다. 광고가 부착되지 않은 포스트는 AI 로봇이 광고 효과가 부족하다고 판단한 것이고, 글자 수를 늘려 수정 발행하자 광고 매체로서의 효과를 인정하여 광고를 부착했다는 사실을 알 수 있습니다.

글자 수 기준 1,000자에 대해서도 알아보겠습니다. 블로그 게시글 평균 사용 시간 통계를 보면 서비스 전체 평균은 126초(2.1분)이고, 상위 그룹의 평균은 136초(2.3분)입니다. 그래서 글자 수와 게시글 평균 사용 시간의 상관관계를 분석하기 위해 관련 자료를 찾아봤습니다. 그러던 중 사람이 일정 시간 동안 처리할 수 있는 단어와 관련된 흥미로운 자료를 발견했습니다. 200편의 논문을 분석한 이 자료에 따르면 일반적인 성인 기준으로 1분에 평균 240단어를 처리할 수 있다고 합니다. 물론 글의 난이도, 독해 능력, 필자의 저작 방식에 따라 다소 차이가 있겠지만 200자 원고지 한 장을 읽는 데 20~30초

▲ 네이버 블로그 게시글 평균 사용 시간

가 소요되고, 이를 평균 25초로 계산하면 1,000자를 읽는 데 2.1분, 1,500자에는 3.1분, 2,000자에는 4.2분이 소요된다고 추산할 수 있었습니다.

포스팅에는 사진도 있고 영상도 있으므로 이 수치가 정확하게 일치하려면 AI가 글의 평균 사용 시간을 산출하는 알고리즘을 알아야 하지만 그런 내용까지 네이버에서 공개하지는 않습니다. 그렇지만 적어도 성인이 1분 동안 평균적으로 처리할 수 있는 단어와 글자 수(+사진, 영상)에 대한 산출 근거가 분명히 있을 것이라는 추측은 할 수 있습니다.

이렇게 사람이 읽고 해석하며 처리할 수 있는 글자 수와 네이버 블로그 서비스 전체 평균 시간을 바탕에 두고 광고 매체로서의 효과를 인정하는 글자 수의 최소 마지노선을 1,000자라고 예측할 수 있는 것입니다. 여기에 사진과 영상을 첨부하면 AI가 좋아하는 포스팅 기준을 충족할 수 있습니다.

> **핵심 콕콕 TIP** | **게시글 평균 시간**
>
> 평균 시간은 통계치이므로 주기적으로 변화하는 특성이 있어 정확한 수치를 알 수는 없습니다. 여기서 말하고자 하는 것은 블로그 전체, 즉 서비스 전체 평균 사용 시간이 2분 이상이라는 것과 발행한 포스팅의 평균 사용 시간이 2분 이하가 되지 않도록 양질의 콘텐츠를 쓰기 위해 노력해야 한다는 것입니다.

네이버 AI는 실제 경험을 바탕에 두고 읽을 만한 가치가 있도록 1,000자 이상의 충분한 길이로 작성한 글, 검색어(키워드)·문서(기록)를 통해 적절한 카테고리(주제)에 맞춰 꾸준하게 관리한 블로그의 글을 선호한다는 것을 알 수 있습니다.

방문자가 좋아하는 글쓰기도 중요하다

AI가 좋아하는 글만 포스팅한다고 블로그 최적화, 블로그 수익화를 실현할 수 있는 것은 아닙니다. 1차로 AI가 내 글을 분석해 상위에 노출하거나 광고를 부착한다면, 2차적인 판단은 사람들이 합니다.

여기서 사람이란 네이버 검색을 통해 유입된 검색 이용자, 각종 SNS와 커뮤니티 채널에서 링크를 통해 들어온 사람, 내 블로그의 이웃을 모두 포함하는 개념입니다. 네이버 검색은 자체적인 AI 알고리즘 외에도 사용자들의 과거 검색 결과는 물론, 각 블로그의 반

AI가 좋아하는 글쓰기만 한다면?

구독자, 이웃의 외면을 받는 것을 피할 수 없다

01 네이버 블로그 서비스 운영 정책
네이버 블로그는 이웃과 함께 한다.
이웃 블로거와 교류하며, 친밀하고 건전한 관계를 맺는다.

02 사람들이 궁금해하는 글을 써라
1~12월 시즌 키워드 정리 : 1월 새해 인사말, 4월 봄꽃 등…
내가 궁금해하면 다른 사람도 궁금해한다, 확실한 정보, 연재글 등

03 블로그도 베스트셀러처럼
인기 작가의 책은 모두가 기다린다.
진정성 있는 댓글과 소통 역시 중요하다.
: 블로그 수익화·최적화의 밑거름은 애정이웃이다.

▲ 구독자, 이웃이 좋아하는 글쓰기도 중요하다.

응을 수치화하며 각각의 포스팅과 카테고리, 블로그의 지수를 통해 콘텐츠의 노출을 결정합니다.

이때 주로 활용되는 지표로 체류 시간과 소통, 방문자 수와 페이지뷰, 방문자 수와 방문수(여러 번 방문) 등이 있으며, 이러한 지표를 세부적으로 분석하여 반영합니다. 따라서 방문자가 좀 더 머무르면서 다른 글도 읽고 다시 방문하는 블로그, 활발하게 소통하고 싶은 블로그를 만들어야 합니다.

인기 작가의 도서, 명품 가방, 가수의 앨범, 한정판 운동화, 새롭게 출시되는 스마트폰 등 그 가치를 인정받은 다양한 분야의 아이템은 많은 사람이 줄을 서서라도 먼저 구매하고자 합니다. 우리가 운영하는 블로그도 베스트셀러 아이템처럼 운영되어야 합니다. 검색해 들어온 사람이 다른 글을 궁금해하면서 이웃으로 추가하고, 꾸준히 정보를 얻고 싶어하면서 새 글을 기다리게 해야 합니다.

이것이 바로 블로그를 통한 **브랜딩 전략**의 핵심입니다. 앞에서 얘기한 독창적이고 정확한 정보 제공이 무엇보다 중요하고, 사용자가 보기 좋고 편하게 느낄 수 있는 포스팅을 하는 것이 중요합니다. 이웃 추가와 관리에 관해서는 바로 다음 SECTION에서, 브랜딩 전략에 대해서는 CHAPTER 03에서 자세히 다룹니다. 블로그 수익화의 가장 기본이 되는 밑바탕은 내 블로그를 찾아주는 사람입니다.

글을 깔끔하게 돋보여주는 템플릿 활용 팁

내 블로그에 방문한 사람들을 만족시킬 수 있는 포스팅 방법에 대해 알아보겠습니다. 핵심은 가독성 높은 글쓰기입니다. 포스팅하는 기본 방법은 알지만 가독성을 높이기 어렵다면 네이버에서 기본으로 제공하는 템플릿을 활용한 글쓰기부터 시작할 것을 추천합니다. 템플릿은 파워포인트 슬라이드나 문서 작업 시 사용하는 각종 디자인 서식을 의미합니다. 네이버 블로그의 템플릿 역시 글쓰기에 제공되는 서식 또는 양식으로 생각하면 쉽게 이해할 수 있을 것입니다.

필자는 네이버 블로그 외에도 티스토리, 브런치 등 다양한 글쓰기 플랫폼을 사용해봤는데, 네이버가 블로그 글쓰기에 가장 최적화되어 있다고 봅니다. 무엇보다 콘텐츠를 생산하는 사람을 위한 글쓰기 기능이 가장 많이 탑재되어 있습니다. 이렇게 좋은 기능이 있다면 제대로 활용하는 방법을 아는 것이 중요합니다.

내 글을 조금 더 깔끔하고 전문성 있게 만들어줄 블로그 템플릿 사용법에 대해 알아보겠습니다. 네이버 블로그 스마트에디터 2.0의 글쓰기 화면에서 우측 상단의 [템플릿]을 클릭합니다. [템플릿]은 [추천 템플릿], [부분 템플릿], [내 템플릿] 탭으로 구분할 수 있습니다.

기본으로 제공되는 [추천 템플릿]에는 육아, 서평, 뷰티, 영화, 레시피, 여행 등의 다양한 스타일이 제공됩니다. [부분 템플릿]은 글의 흐름에 따라 부분 강조가 필요할 때 사용합니다. [내 템플릿]에는 직접 작성한 서식을 저장할 수 있습니다.

[추천 템플릿]을 잘 활용하면 잡지에 나올법한 감각적이고 멋진 형태의 포스팅을 작성할 수 있습니다. 다만 한 가지 주의할 사항이 있습니다. 포스트 내용을 먼저 작성한 후

▲ 네이버 블로그에서 제공되는 템플릿

템플릿을 적용하면 기존 글이 모두 삭제됩니다. 물론 기존 글을 삭제할 것인지 확인하는 메시지가 나타나지만, 아차 하는 순간에 [확인]을 클릭하는 경우도 적지 않으니 조심해야 합니다. 템플릿으로 포스팅을 작성하려면 백지 상태의 글쓰기 영역에 템플릿을 불러와서 시작합니다. 이 부분만 주의한다면 템플릿 사용에 큰 어려움은 없습니다.

필자는 자주 사용하는 육아, 스포츠 카테고리의 템플릿을 만들어 [내 템플릿]에 저장하고 활용합니다. 특히 아빠 육아일기, 스포츠 소식, 이유식 레시피의 경우 기본 틀만 잘 만들어놓고 정해진 틀 안에 텍스트와 이미지만 바꿔 넣으면 되므로 글쓰기 시간 단축은 물론, 가독성과 주제 통일성도 확보할 수 있습니다.

하지만 처음부터 멋지고 예쁜 템플릿을 만들기 위해 너무 신경 써서 작업하면 글을 쓰기도 전에 지칠 것입니다. 따라서 처음에는 포스트를 작성하면서 계속 업데이트한다는 생각으로 가볍게 만들어보는 것을 추천합니다.

▲ 나만의 템플릿을 저장해두면 글쓰기가 훨씬 더 쉬워진다.

인용구와 구분선 활용으로 단조로움 피하기

인용구와 **구분선** 기능은 템플릿보다 더 쉽고 간단하게 글의 가독성을 높이고 깔끔한 글쓰기를 도와줍니다. 특히 텍스트에서 필요한 부분을 강조하거나 요약할 때 사용하면 효과적이며, 본문의 단조로움을 해소해 방문자의 이탈을 막는 기능도 합니다.

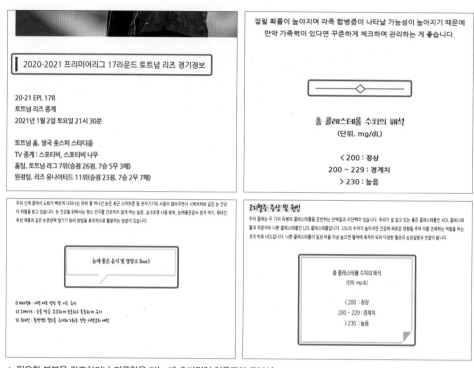

▲ 필요한 부분을 강조하거나 지루함을 더는 데 효과적인 인용구와 구분선

필자 역시 인용구와 구분선을 적극적으로 활용합니다. 특히 강조해야 하는 제목, 수치로 보여줘야 하는 정보, 일정 등을 정리해서 제시하는 경우에 활용하고 있습니다. 아무래도 이런 정보는 본문 텍스트 수준으로 작성하면 눈에 띄기 힘들고, 텍스트만 나열된 포스팅은 딱 봤을 때 단조로워 읽기 싫은 글이 될 가능성이 높기 때문입니다.

단조로운 글이 되는 걸 피하려면 인용구와 구분선을 적절히 활용하여 중요한 부분은 강조하고, 긴 내용은 요약하는 글쓰기를 해야 합니다. 일기처럼 사용하는 블로그라면 상관없지만 블로그를 통해 나를 브랜딩하고 블로그 수익화까지 연결하고자 한다면 사람들이 찾아오게 하는 글, 읽고 싶은 글을 쓰는 블로거가 되어야 합니다. 누군가가 내 글을 읽어 줘야 블로그가 성장한다는 것이 핵심입니다. 따라서 블로그에 방문한 누군가를 위해 글을 써야 하고, 사람들이 읽기 편한, 좋은 글을 쓰기 위해 노력해야 합니다.

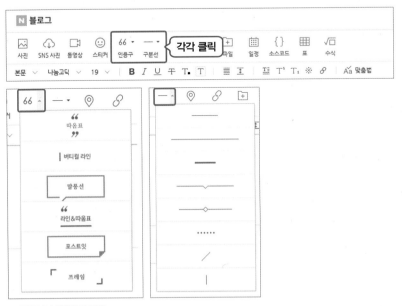

▲ 구분선과 인용구의 종류

글쓰기 도구 메뉴를 보면 [인용구]와 [구분선]이 있습니다. 먼저 **인용구**는 글의 가독성을 높이는 데 활용합니다. 인용구의 종류에는 [따옴표], [버티컬 라인], [말풍선], [라인&따옴표], [포스트잇], [프레임]이 있습니다. 필자는 주로 [버티컬 라인]을 사용하는데, 소제목을 작성할 때 독자의 주의를 환기하기에 좋은 요소입니다. 어떤 경우에 어떤 인용구를 써야 한다는 규칙은 없습니다. 앞서 설명한 것처럼 인용구는 글의 가독성을 높이기 위한 용도로 적절히 활용하면 됩니다.

구분선의 종류는 총 여덟 개입니다. 구분선은 기본적으로 상단 내용과 하단 내용을 구분해 가독성을 높이는 용도로 사용합니다. 인용구에 비해 사용 빈도는 낮지만 글의 흐름을 조절하는 쓰임새가 있습니다.

▲ 동일한 내용에 대한 인용구와 구분선의 느낌 차이

위 그림은 '총 콜레스테롤 수치의 해석'에 관한 내용입니다. 똑같은 내용에 인용구와 구분선을 각각 다르게 활용했을 때의 차이가 느껴질 것입니다. 어떤 사람은 인용구를, 또 어떤 사람은 구분선을 더 깔끔하게 느낄 것입니다. 취향은 다양하므로 모두를 만족시킬 수는 없습니다. 여기서 중요한 것은 인용구와 구분선을 사용하는 목적입니다. 방문자가 원하는 핵심 정보를 전달해 이탈을 막고, 포스팅을 통해 전하고자 하는 핵심 정보를 일목요연하게 정리할 수 있어야 합니다.

읽기 좋은 포스트를 만드는 본문 텍스트 서식 설정하기

다른 사람의 포스트를 읽다가 글자 크기가 너무 작아 화면을 억지로 키우거나 글자 색, 문단 정렬이 엉망이라 읽지 않고 빠져나간 경험이 한두 번은 있을 것입니다. 블로그 글을 스마트폰으로 보는 비중이 높아지면서 가독성이 매우 중요해졌습니다.

보기 좋고 읽기 편한 글을 작성하려면 줄 간격과 글자 색상도 중요한 요소 중 하나입니다. 너무 디테일하다고 느낄 수 있지만 이런 작은 요소가 하나씩 모여 이 블로거가 쓴 글은 읽기도 편하다는 인식 즉, 브랜딩으로 이어지면서 이웃 추가 또는 재방문을 이끌어냅니다.

포스팅할 때마다 매번 서식을 바꾸려면 무척 번거롭습니다. 이때 기본 글자 크기를 설정하면 매우 편리합니다. 스마트에디터 화면에서 우측 상단의 ⋮을 클릭하고 [관리]를 클릭합니다. 블로그 관리 페이지에서 [기본 설정]-[기본 에디터 설정]을 클릭합니다. 그러면 [스마트에디터 ONE]과 [스마트에디터 2.0] 두 버전의 기본 에디터를 선택할 수 있는 화면이 나타납니다. 그 아래 [기본 서체 설정]에서 원하는 서체와 크기, 글 정렬 방식을 선택할 수 있습니다. 설정이 끝나고 [확인]을 클릭하면 해당 서식이 기본으로 설정되기 때문에 포스팅할 때마다 매번 설정을 바꾸지 않아도 됩니다.

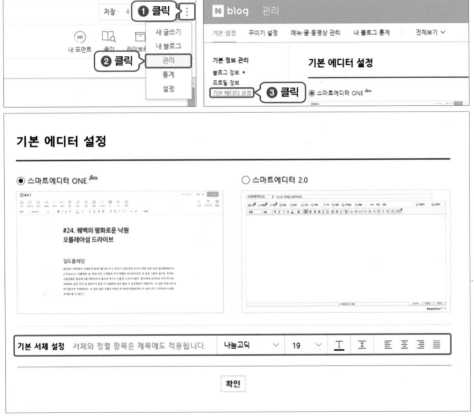

▲ 기본 에디터 설정 및 기본 서체 설정

요즘은 스마트폰을 활용해 리뷰 포스팅을 작성하는 사람이 많아졌습니다만 아직도 대부분의 포스팅 작업은 PC에서 이루어집니다. 하지만 네이버의 검색 비율에서도 살펴본 것처럼 PC보다는 모바일 검색량이 압도적으로 높습니다. 따라서 PC에서 포스팅을 작성하더라도 스마트폰에서 어떻게 보일지 고려하고 점검하면서 작성해야 합니다.

> 선호하는 글자체, 깔끔해 보이는 글자체에는 개인차는 분명히 존재하지만 저자의 경우 대부분 '나눔명조'를 사용하며 때에 따라서는 '나눔스퀘어'를 사용하기도 한다. 하나의 포스팅에 여러 종류의 글자체가 들어가면 전문성이 결여되어 보일 수 있으니 하나의 글자체로 통일을 하고 강조되어야 하는 짧은 문장에 글자체를 바꿔 집중을 시켜주는 것도 좋은 방법이 될 수 있다.

▲ 스마트폰에서 보이는 글자 크기에 따른 가독성의 차이

많은 블로거가 기본 글자 크기를 16포인트로 사용하지만, 필자의 판단에 16포인트는 PC나 스마트폰의 해상도에 따라 작게 느껴져 가독성을 떨어트리는 원인이 될 수 있습니다. 글자 크기를 19포인트로 설정하면 어떤 PC나 스마트폰에서도 적당한 크기로 읽힙니다.

가독성을 높이려면 당연히 서체에 대한 고민도 필요합니다. 선호하는 서체는 각자 다르겠지만 필자는 대부분 '나눔명조'를 사용하고, 때에 따라 '나눔스퀘어'를 사용합니다. 하나의 포스팅에 여러 종류의 서체를 사용하면 지저분해 보일 수 있으니 되도록 하나의 서체로 통일하는 것이 좋습니다. 문단 안에서 강조할 짧은 문장, 인용구로 활용하는 문장 등의 서체를 바꿔 집중하는 정도로 사용할 것을 권합니다.

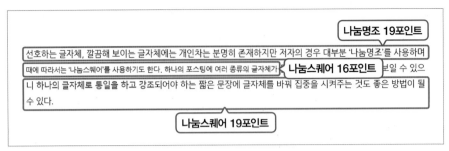

선호하는 글자체, 깔끔해 보이는 글자체에는 개인차는 분명히 존재하지만 저자의 경우 대부분 '나눔명조'를 사용하며 **나눔명조 19포인트** 때에 따라서는 '나눔스퀘어'를 사용하기도 한다. 하나의 포스팅에 여러 종류의 글자체가 **나눔스퀘어 16포인트** 일 수 있으니 하나의 글자체로 통일을 하고 강조되어야 하는 짧은 문장에 글자체를 바꿔 집중을 시켜주는 것도 좋은 방법이 될 수 있다. **나눔스퀘어 19포인트**

▲ 글자 크기 16포인트와 19포인트, 나눔명조와 나눔스퀘어 서체의 가독성 차이

문단 정렬도 신경 써야 합니다. 많은 사람이 선호하는 왼쪽 정렬이나 가운데 정렬은 PC의 넓은 화면에서는 깔끔해 보이지만 발행 후 스마트폰에서 확인하면 문장 끝부분이 울퉁불퉁해 보입니다. 기본 설정을 양끝 정렬로 설정하면 PC, 태블릿, 스마트폰 등 어떤 기기에서 포스팅을 확인하더라도 깔끔하게 정돈되어 보입니다.

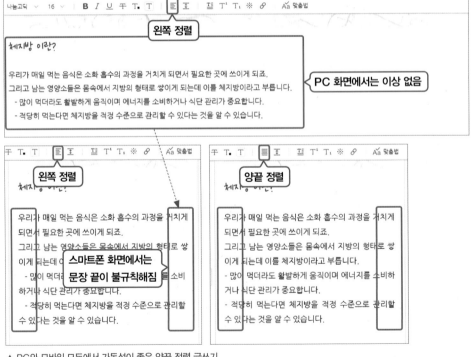

▲ PC와 모바일 모두에서 가독성이 좋은 양끝 정렬 글쓰기

가운데 정렬 글쓰기는 짧은 정보를 전달할 때는 좋지만 텍스트가 많아지면 읽는 사람이 쉽게 피로감을 느끼기 때문에 가급적 피하는 게 좋습니다. 줄 간격은 160~180%가 적절합니다. 마지막으로 양끝 정렬이 어울리는 주제와 가운데 정렬이 어울리는 주제를 정리해보겠습니다.

- **양끝 정렬이 어울리는 주제**
  - 자세한 설명이 필요한 글(이론, 방법, 개념 등)
  - 논리적인 글(영화 평론, 책 서평 등)
  - 3,000자 이상의 긴 글
- **가운데 정렬이 어울리는 주제**
  - 일상적인 글(생각, 맛집, 일기 등)
  - 사진 중심인 글(요리 레시피, 여행, 사진 등)
  - 문장이나 설명이 짧은 글

NOTE **네이버 블로그로 돈 버는 직장인 동동이의 실전 노하우** 🔍

📋 블로그 글쓰기에 복사, 붙여넣기를 써도 될까?

블로그 글쓰기에 복사, 붙여넣기를 쓰지 말라는 막연한 소문이 있어 강의에서도 이와 관련된 질문이 많이 들어옵니다. 결론부터 말하자면 지켜야 할 사항만 잘 지키면 큰 문제는 없습니다. 우선 본인이 작성한 글이라도 기존에 발행된 타인의 블로그 글, 뉴스 기사 등을 복사해 붙여 넣으면 유사 문서 검사에 의해 검색에서 누락될 수 있으니 주의해야 합니다.

블로그 글쓰기를 시작하고 작성하는 데 소요되는 시간을 네이버에서 계산하기 때문에 복사해서 붙여 넣더라도 일정 시간 후 발행하면 괜찮다거나, 다른 곳에 작성한 내용을 붙여 넣을 때는 시간이 조금 지난 뒤에 발행해야 한다는 소문도 있습니다. 하지만 네이버 블로그는 [발행]을 클릭해 해당 포스팅의 링크를 생성한 이후에 평가를 시작하기 때문에 단순히 워드 파일이나 메모장 등 다른 곳에 작성한 내용을 복사해 붙여 넣었다는 이유로 포스팅 작성 시간에 대해 걱정할 필요는 없습니다.

다른 곳의 글을 복사해 붙여 넣어야 할 경우에는 메모장을 활용할 것을 추천합니다. 다른 문서에 있는 글이나 링크를 복사해 블로그에 그대로 붙여 넣으면 숨어 있는 URL이나 스크립트가 함께 복사될 수 있습니다. 이 경우 의도하지 않았어도 AI에 의해 스팸 문서로 간주될 수 있습니다. 때문에 복사한 텍스트나 링크를 사용할 때는 먼저 윈도우 메모장에 복사한 내용을 붙여 넣어 텍스트 이외의 다른 내용(링크나 스크립트)은 없는지 확인한 후 사용하는 것이 좋습니다.

 NOTE 네이버 블로그로 돈 버는 직장인 동동이의 실전 노하우 🔍

📄 포스팅 발행 전 맞춤법 검사

가독성을 높이는 가장 기본적인 원칙은 읽기 편하고 이해하기 쉬운 글을 쓰는 것입니다. 가독성을 위해 우리가 신경 써야 할 부분이 바로 맞춤법과 띄어쓰기입니다. 물론 한두 개 틀렸다고 이탈률이 높아지거나 노출에 걸림돌이 되지는 않습니다. 하지만 심각한 맞춤법 오류가 있거나 오탈자가 반복되면 가독성이 떨어질 뿐만 아니라 글쓴이에 대한 신뢰에도 영향을 미칠 수 있습니다. 읽기 편한 글, 신뢰감을 주는 글을 쓰고 싶다면 발행 전 맞춤법과 띄어쓰기 검사는 기본으로 하는 게 좋습니다.

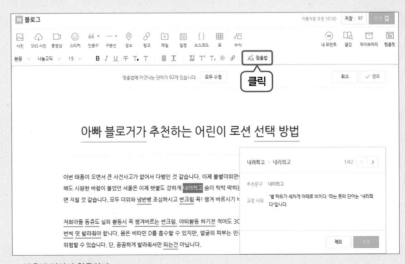

▲ 맞춤법 검사기 활용하기

포스팅 작성 메뉴에서 [맞춤법]을 클릭하면 맞춤법 검사기가 실행됩니다. 이때 주의할 점은 [모두 수정]을 클릭하지 않는 것입니다. 아직 네이버 맞춤법 검사기가 문맥의 흐름까지 파악해 오류를 잡아내지 못하기 때문입니다. 예를 들어 '감튀'나 '복붙'과 같은 줄임말이나 신조어의 경우 사전에 없다고 표시되는데, [제외]를 클릭해 다음 단어로 넘어가면 됩니다. 또 '제주 협재해수욕장에 위치한 검은모래해변'을 '검은모래 해변'으로 수정하라고 제시하는데, 붙여써도 무방한 고유명사라면 역시 [제외]를 클릭합니다. 이 외에도 수정할 내용이 문맥에 맞지 않거나 주술 관계 호응에 문제가 있다면 [제외]를 클릭해 넘어가면서 확인합니다.

블로그 수익화의 핵심,
사람과의 관계

지금까지 블로그 포스팅과 네이버 AI에 관련된 내용을 자세히 알아봤습니다. 하지만 블로그 최적화와 수익화의 밑바탕에는 항상 사람이 있습니다. 이번 SECTION에서는 블로그에서 사람과의 관계가 왜 중요하고, 또 어떻게 관리해야 하는지 알아보겠습니다.

네이버 블로그를 운영하며 사람과 교류할 때는 이론적인 중요성과 현실적인 중요성을 인지해야 합니다. 먼저 이론적인 중요성은 앞서 네이버 블로그 서비스 운영정책과 블로그 지수를 배우면서 살펴봤습니다. 이제 남은 것은 현실적인 중요성입니다. 블로그 수익화와 최적화에 중요한 사람은 둘로 분류할 수 있는데, 바로 애정이웃과 업체 담당자입니다. 이 SECTION의 내용을 읽고 나면 애정이웃과 업체 담당자의 중요성에 대해 분명 공감할 수 있을 것입니다.

핵심 콕콕 TIP   이웃과 함께하는 공간

앞에서도 설명했듯이 네이버 블로그는 이웃과 함께하는 공간으로, 보다 다양한 이웃과 커뮤니케이션하며 친밀하고 건전한 관계를 만들어가야 합니다. 인기도 지수의 방문자 수, 방문 수, 페이지뷰, 스크랩 수, 댓글, 공감을 비롯한 소통, 체류 시간 등 블로그 지수를 결정하는 요인 역시 방문자나 이웃과 같은 사람에 의한 지표입니다.

블로그 이웃과 끈끈한 관계를 유지한다

가장 먼저 블로그 수익화를 책임지는 핵심은 **애정이웃**입니다. 당연히 많은 이웃을 보유할수록 좋습니다. 하지만 초반부터 많은 이웃을 확보하기는 어렵고 또 무조건 늘릴 수도 없습니다. 따라서 서로 같은 주제와 공통의 관심사를 가진 이웃과 꾸준히 소통하고 끈끈한 관계를 유지하면서 애정이웃을 형성하는 것이 중요합니다.

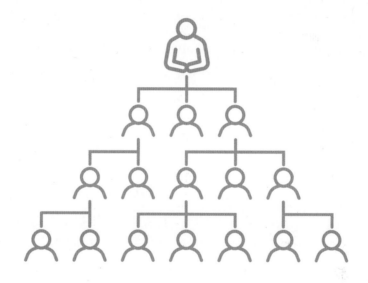

▲ 애정이웃의 엄청난 파급 효과

필자 역시 애정이웃의 효과를 톡톡히 경험했습니다. 블로그 포스팅 상위 노출이 잘 되던 때에 이 사실 하나만 믿고 처음으로 장난감 정리함 공동구매를 열었습니다. 하지만 일주일 동안 성사한 거래는 단 두 건이었습니다. 네이버스토어나 쿠팡에서 판매되고 있는 가격보다 저렴한 단가에 진행했고, 호응하는 댓글도 60개 넘게 달렸습니다. 하지만 실제 판매 결과를 접하자 세상을 너무 호락호락하게 봤다는 생각에 30개는 기본으로 팔 것이라고 장담했던 자신이 부끄럽게 느껴졌습니다.

첫 번째 공동구매가 실패하고 원인을 분석했습니다. 당시에는 아내가 첫째를 임신하고 있었고, 필자는 아빠표 태교일기를 쓰고 있었습니다. 그리고 아내와 함께 맛집에 다녀온 후기와 스포츠 관련 소식을 주로 올렸습니다. 블로그 이웃 역시 이제 막 임신을 한 예비 부모나 스포츠에 관심 많은 젊은 사람들이 대부분이었다는 사실을 알게 되었습니다. 다시 말해 장난감 정리함에는 관심조차 없을 사람들이 대부분이었던 것입니다.

블로그 이웃에 대해 분석한 후 공동구매에 다시 도전했습니다. 임산부 이웃이 많으니 이번에는 신생아 용품으로 진행하는 게 좋겠다고 판단하여 기저귀 정리함을 선택했습니다. 타깃을 분석했으니 성공했을 것 같지만 역시나 실패였습니다.

무엇이 잘못이었는지 다시 원인을 찾았습니다. 이번에는 단순히 아이템 문제가 아니라 단일 채널의 파급력만으로는 공동구매가 어렵다고 판단했습니다. 어떻게 하면 파급력을 확장할 수 있을지에 대한 고민과 학습 끝에 찾은 해답은 **애정이웃**을 만드는 것이었습니다.

> **핵심 콕콕 TIP** 애정이웃
>
> 애정이웃은 서로이웃을 맺은 블로거 중에서도 같은 관심사를 공유하고 진지하게 소통할 수 있는 이웃입니다. 같은 관심사를 공유하기 때문에 서로 블로그 포스팅을 읽고 공감과 댓글을 남기며 소통하는 활동에 더욱 적극적일 수밖에 없습니다. 또한 이러한 애정이웃이 가진 다른 애정이웃과도 교류한다면 이웃의 범위를 더욱 적극적으로 확장할 수 있습니다.

블로그 수익화의 핵심이 왜 애정이웃인지 더 자세히 알아보겠습니다. 내가 판매하는 물품을 구매해주는 사람도, 주변에 알리는 사람도 결국 애정이웃입니다. 이들 사이에는 보이지 않는 신뢰와 끈끈함이 있습니다. 나의 애정이웃 역시 각자의 애정이웃이 있고 이들 역시 신뢰와 끈끈함으로 연결되어 있습니다. 내가 공동구매를 진행하면 애정이웃이 나의 팬이자 영업사원이 되어주고, 스크랩을 통해 홍보도 해줍니다. 이런 흐름이 활발하고 다양해지면 내가 모르는 사람에게까지 나의 영향력이 전파되어 이곳저곳에 전단지를 뿌린 효과를 얻게 됩니다. 이는 비단 공동구매 이벤트에만 국한된 것이 아닙니다.

▲ 수강생들의 열기가 뜨거운 오프라인 강의 현장

직장에 다니면서 주말마다 강남·당산에 있는 강의실을 빌려 수강생 다섯 명 내외의 소규모 블로그 강의를 시작했습니다. 처음 한 달 동안은 강의가 한 건 잡힐까 말까 했지만 금방 자리를 잡아 매주 진행할 만큼 많은 수강생이 찾아주었습니다. 그러던 중 코로나-19로 일상은 물론 강의 전반에도 많은 변화가 있었습니다.

오프라인 강의가 제한되자 많은 강사가 온라인 원격 플랫폼으로 빠르게 자리를 옮겼습니다. 필자는 시간이 좀 지나면 잠잠해질 거라는 생각에 기다리기로 했지만 상황이 장기화될 조짐이 보이기 시작했습니다. 본업이 있어 전업 강사나 블로거와는 달리 경제적인 어려움은 없었지만 10개월을 기다리기만 하니 감도 떨어지고 변화된 시장 트렌드를 반영해 교안도 수정해야 했습니다. 필자 역시 온라인 강의 플랫폼으로 옮길 준비를 하며 강의 교안을 업데이트하고 상세 페이지도 작성하며 바삐 움직였습니다.

하지만 강의를 3일 앞두고 수강생 확정을 위해 온라인 강의 플랫폼에 들어갔더니 신청한 수강생이 단 한 명이었습니다. 혹시 숫자가 잘못 나타난 게 아닌가 해서 여러 번 새로 고침을 클릭했지만 마찬가지였습니다. 이번에는 또 뭐가 문제인지 고민을 시작했습니다.

오프라인에서는 서울/인천/경기 지역의 수강생만 신청을 받았지만 온라인 강의 플랫폼은 전국의 수강생을 대상으로 하니 일단 올리면 다 잘 될 거라고 생각했습니다. 온라인 강의 플랫폼에는 이미 블로그 강의, 블로그 수익화, 직장인 투잡과 관련된 강의 타이틀을 선점한 강사들이 발 빠르게 움직이고 있었습니다. 방법을 고민했습니다.

▲ 애정이웃의 스크랩 참여가 늘어나면 홍보력이 극대화된다.

답은 가까이에 있었습니다. 강의 때마다 애정이웃의 중요성을 강조해놓고 정작 필요할 때 적용하지 못한 것입니다. 블로그에 강의 내용을 정리해 올리고 평소 블로그 수익화·최적화에 관심이 많은 애정이웃에게 스크랩과 홍보 요청을 부탁했습니다. 이후 감사하게도 블로그 강의가 있을 때마다 30명 정도의 애정이웃이 강의를 스크랩하고 블로그에 홍보해주면서 평균 15명, 많게는 30명 정도의 수강생이 참여할 만큼 성장했습니다. 이 사례로 천군만마와 같은 애정이웃의 힘을 다시 실감했습니다.

블로그를 운영하면서 내 글에 가장 먼저 공감과 댓글을 달아주고 소통하는 이웃이 있다는 것은 행복한 일입니다. 상투적인 인사치레나 체류 시간 없이 방문 흔적만 남기면서 내 게시글에 관심이 없는 이웃 늘리기는 수익화에 전혀 도움이 되지 않습니다.

그럼 이렇게 중요한 애정이웃은 어떻게 확보할 수 있을까요? 먼저 이웃에 대한 면밀한 탐색을 해야 합니다. 연애를 시작할 때도 처음 만나자마자 당장 연애하자고 말하는 사람은 거의 없을 것입니다. 공통 관심사나 취미가 있는지, 대화가 잘 통하는지, 배려심이 깊은지, 끌리는 매력이 있는지 서로 충분한 탐색과 어필할 시간을 가져야 합니다. 블로그 이웃과의 관계도 마찬가지입니다.

요즘은 자동 이웃 추가 프로그램이 성행해서 매크로를 사용한 것 같은 이웃 추가 요청을 하루에도 수십 건 받습니다. 블로그 운영에서 이웃이 아무리 중요한 요소 중 하나라고 해도 블로그를 빨리 키우고 싶은 욕심에, 이웃이 많으면 영향력이 있어 보인다는 생각에 사로잡혀 마구잡이로 이웃을 추가하면 나중에 관리하기 어려워진다는 사실을 기억해야 합니다.

애정이웃을 만들려면 먼저 내 블로그와 메인 주제, 관심사가 비슷하거나 같은 카테고리를 운영 중인 블로거를 찾는 게 가장 좋습니다. 또 소통이 원만한 이웃을 찾으려면 블로그에 달린 댓글을 확인해도 좋습니다. 내가 쓴 포스트를 읽고 댓글을 단 사람이 누군지, 핵심만이라도 읽고 댓글에 언급하며 글을 썼는지 확인합니다. 이들은 향후 내가 가진 가치와 서비스를 비롯해 내가 판매할 제품을 구매하고 홍보해줄 잠재적 고객이 됩니다. 애정이웃이라는 옥석을 가려내는 작업인 만큼 시간이 다소 걸리더라도 신중하게 접근해야 그 효과가 극대화될 것입니다.

내 블로그의 애정이웃을 만드는 방법

애정이웃을 만드는 방법은 **검색형 이웃 추가**와 **전략형 이웃 추가** 방법으로 구분할 수 있습니다. 물론 내 글이 단숨에 상위에 노출되어 많은 방문자의 유입을 끌어낸다면 검색 이용자 또는 블로그 이웃이 늘어나며 이웃 방문이 또한 증가할 것입니다. 하지만 이렇게 되려면 상당한 시간과 노력이 필요합니다. 여기서는 우리가 직접 실천하고 빠르게

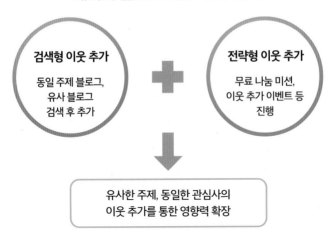

▲ 네이버 블로그 이웃 추가 전략 유형

찾아나갈 수 있는 두 가지 방법에 대해 알아보겠습니다.

검색형 이웃 추가

첫 번째로 검색형 이웃 추가(실제 강의에서는 몸빵형 이웃이라고 부르기도 합니다)는 블로그가 속한 카테고리 또는 원하는 키워드 검색을 통해 이웃을 신청하는 방법입니다. 우선 검색형 이웃의 놀라운 힘을 볼 수 있는 사례를 하나 소개해보겠습니다.

블로그 수익화 강의 수강생 중 임신 8개월의 예비맘이 있었습니다. 블로그를 운영한 기간은 약 2년으로, 결혼 전에 스튜디오, 드레스, 메이크업 정보와 결혼 준비 과정을 소소하게 담고 신혼여행 이야기를 포스팅하며 블로그를 시작했다고 합니다. 하지만 바쁜 일상과 직장생활로 블로그를 방치 상태로 두었다가 임신 후에 태교 일기를 작성하며 다시 시작했습니다. 이 수강생은 육아용품을 준비하다 보니 가격이 만만치 않아 기저귀, 분유, 물티슈와 같은 소모품을 꾸준히 협찬받아 가계에 도움이 되고 싶다는 목표가 있었습니다. 그래서 출산까지 남은 약 2개월간 블로그를 효과적으로 키우고 싶다고 했습니다. 먼저 얼마나 의지가 있는지 확인하고자 일주일 동안 블로그 이웃 50명을 만들어오라고 했습니다. 단, 50명이 모두 임신 중인 예비맘 블로거여야 한다는 단서 조건을 붙였습니다. 조금의 망설임도 없이 제안을 수락한 수강생은 일주일 후에 예상보다 많은 65명의 임산부 블로거를 이웃으로 만들어왔습니다. 여기서부터 본격적인 컨설팅을 시작했습니다.

출산까지 두 달이 남았고 막달에는 정신이 없을 테니 앞으로 한 달간 임산부 블로거 500명을 목표로 이웃을 추가하고 임신, 태교와 관련된 글을 꾸준히 연재하는 계획을 세웠습니다. 여기에 효율적으로 이웃을 추가하는 방법도 설명했습니다.

우선 임산부 블로거를 이웃으로 추가하려면 먼저 **임신 00주**로 검색한 후 **VIEW 영역 → 출처 : 블로그만 → 정렬 : 최신순 → 기간 : 전체 또는 1주, 1개월** 순서로 세팅합니다. VIEW 검색 결과는 출처를 구분하지 않으면 카페 글도 함께 검색되기 때문에 블로그만으로 한정합니다. 또 정렬을 관련도순으로 하면 블로그 지수가 높은 사람의 글이 상위에 노출되어 한 달 전, 3개월 전 글이 먼저 보일 수 있으니 최신순으로 정렬합니다.

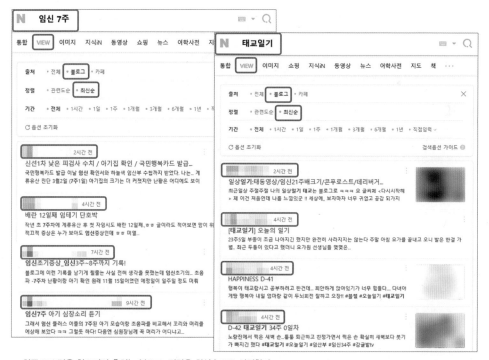

▲ 최근 포스팅을 찾으려면 출처는 블로그, 정렬은 최신순으로 설정한다.

최신순으로 정렬하면 기간은 전체나 1주, 1개월로 설정해도 상관없습니다. 어차피 글은 시간순으로 노출되기 때문에 빠르면 1~2시간 전에 작성되었을 것입니다. 이런 글에 들어가 댓글을 달고 이웃을 신청하면 조금 더 빠른 피드백이 올 것이고 성공 확률도 높아집니다.

이때 단순히 이웃 신청만 하는 게 아니라 성의 있는 댓글을 달고 서로이웃을 신청해 끈끈하고 활발한 소통을 하자는 멘트를 추가하면 성공 확률이 더욱 높아집니다. 이렇게 같은 주제·카테고리의 이웃은 향후 나의 애정이웃이 될 가능성이 큽니다. 해당 수강생은 임신 초기인 5주부터 임신 막달 37주, 38주까지 키워드 검색을 통해 500명의 임산부 블로거와 이웃으로 연결되었습니다.

이렇게 1단계가 완성되면 2단계로 들어갈 차례입니다. 바로 수강생이 원했던 기저귀를 꾸준히 협찬받기 위한 업체를 찾는 것입니다. 여기서는 일단 성공 사례만 알아보겠습니다. 협찬 업체 소싱과 관련한 자세한 내용은 CHAPTER 03에서 본격적으로 알아보겠습니다.

우선 10개의 기저귀 브랜드를 찾아 다음과 같은 내용으로 메일을 보냈습니다. 그리고

⭐ OOO 기저귀의 예비고객 OO입니다. ✐

안녕하세요.
뱃속의 아이와 함께 엄마표 태교일기를 쓰며 다양한 예비맘, 육아맘들과 소통하고 있는 블로그 OO 입니다.

바쁘시더라도 잠시만 읽어봐 주세요.

저는 현재 임신 8개월의 출산을 앞둔 예비맘입니다.
다양한 육아용품들을 준비 하면서 아이의 피부에 직접 닿는 기저귀의 중요성을 느끼고 있습니다.
그래서 정말 다양한 후기들도 찾아보며 열심히 공부를 했습니다.

기저귀 선택시 중요한 기준은 크게 세가지로
1. 빠른 흡수력
2. 샘 방지 기능
3. 착용했을 때 편안해 하는지

이러한 기준으로 제가 다양한 제품들을 비교하고 내린 결론은 OOO 기저귀가 정말 좋다는 것 이었습니다.
특히 제가 OOO 기저귀에서 가장 마음에 들었던 부분은 4단계 흡수시스템입니다.
1. 숨쉬는 타공커버, 2. 수분확산층, 3. 안심커버라인, 4. 수분 저장채널의 4단계 시스템으로
빠른 흡수력으로 아이들의 피부를 보호 해 줄 수 있고 방기저귀와 일반기저귀를 구분해서 준비할 필요도 없겠더라고요.

그래서 저는 출산 후 OOO 기저귀를 사용 할 예정이며 아직 OOO 브랜드를 모르는 예비맘, 육아맘들에게 조금 더 널리 알리고 싶습니다.
물론 출산 후 조리원 동기들에게도 적극 홍보해 보겠습니다.

▲ 업체에 보낸 메일 예시

한 곳에서 긍정적인 회신이 왔고 출산 후 아이가 기저귀를 뗄 때까지 1년 6개월 넘게 협찬을 받을 수 있었습니다.

이것은 하나의 사례에 불과합니다. 관심 있는 업체나 브랜드에 맞는 이웃을 타기팅하고 브랜드를 분석한 후 애정이웃에게 했던 것처럼 업체 담당자의 마음을 움직이는 메일을 보내면 됩니다. 관련된 업체는 많고 다양하기 때문에 내가 노력한 만큼의 결과를 얻을 수 있습니다.

이러한 사례가 하나둘 모이면 훌륭한 레퍼런스가 됩니다. 처음은 어렵지만 하나만 성공하면 다음 두 번째, 세 번째에 소모되는 노력과 에너지는 점차 줄어듭니다. 복권에 당첨될 확률을 높이려면 복권을 여러 장 사야 하는 것처럼 여러 번 도전하고 여러 업체에 메일을 보내면 그만큼 성공 확률도 높아집니다.

이처럼 블로그 애정이웃의 힘은 엄청납니다. 내 포스팅을 홍보해주고, 구매해줄 뿐 아니라 내 블로그의 스펙이 되기도 합니다. 그 가치와 역할, 그리고 활용 범위는 여기서 제시하는 것, 우리가 생각하는 것 이상으로 무궁무진합니다.

전략형 이웃 추가

전략형 이웃 추가는 초기 세팅에 시간이 소요되지만 한 번 만들면 오랫동안 지속할 수 있는 방법입니다. 바로 내가 관심 있는 분야의 PDF 전자책을 제작하는 것입니다. PDF 전자책 제작과 타기팅에 대한 자세한 내용은 CHAPTER 03에서 자세히 알아보겠습니다. 수강생에게 앞으로는 지식 창업 시장이 더욱 확대될 것이기 때문에 PDF 전자책 만들기에 도전해보라고 하면 거의 모두 '그걸 어떻게 해?'라는 표정이 됩니다. 하지만 지식 상품 중 가장 제작하기 수월하고 다른 지식 상품의 기초가 되는 것이 바로 PDF 전자책입니다. 초기 투자 자본이 거의 들지 않고, 한 번 제작하면 자동화 수익(Passive Income, 패시브 인컴)으로 이어지기 쉽다는 장점도 있습니다. 블로그를 운영하면서 자신의 전문 분야, 자신 있는 분야에 대해 많이 쓰고 읽어봤다면 어떤 내용을 쓸지만 정하면 됩니다. 나머지는 평소 블로그 글쓰기처럼 익숙한 작업이니 큰 어려움은 없습니다.

PDF 전자책은 영상 촬영의 소스와 대본으로 활용할 수 있으므로 나중에 유튜브 채널을 만드는 데도 유용할 것입니다. 물론 강의 기초 자료로도 사용할 수 있습니다. 종이 책에 비해 작성할 분량도 많지 않습니다. 그만큼 활용 가치가 크다는 것입니다.

크몽이나 탈잉에 등록하려면 A4 용지 기준 20페이지 이상 기준만 충족하면 됩니다. 그래도 PDF 전자책이 어렵다면 앞의 키워드 내용에서 설명한 것처럼 여러분의 황금 키워드 100개를 잘 정리해 출간하는 것도 좋은 방법입니다. 발행 문서에는 조회 수, 수요가 많은 효율성이 높은 키워드, 월간 조회 수가 높은 대형 키워드들을 잘 정리해둡니다. 그리고 어떻게 이것들을 검색해야 하고(키워드 추출 도구 사용 방법), 추가로 어떻게 찾아야 하는지(자동완성 검색어, 연관검색어)에 대해 정리한 후 무료 나눔을 통해 이웃을 확보할 수 있습니다.

전략형 이웃 추가 방법

▲ 전략형 이웃 추가 방법의 대표적인 세 가지 사례

전자책을 만들어 포스팅으로 공유하고, 나눔을 받고 싶다면 **이웃 추가와 해당 포스팅을 본인의 블로그에 공유**하는 두 가지 미션을 제시합니다. 공유된 포스팅 링크와 이 전자책을 받고 싶은 간단한 이유, 메일 주소를 댓글로 남겨달라고 하면 됩니다.

내 글을 스크랩한 새로운 사람들로 인해 더 다양한 이웃을 만나게 되고, 이 만남은 또 다른 기회의 밑거름이 될 것입니다. 당장 전자책을 쓸 여력이 없다면 무리 없는 선에서 1~2만 원 내외의 기프티콘을 경품으로 걸고 이웃 추가 이벤트를 여는 것도 방법이 될 수 있습니다. 이와 관련해 검색하면 이벤트를 진행하고 있는 다양한 블로거를 볼 수 있습니다. 블로그 수익화의 첫걸음은 이웃을 확보하고 소통하는 것입니다. 시간은 누구에게나 소중한 자산입니다. 시간과 노력을 투자하는 만큼 끈끈해지고 함께 성장하게 될 것입니다.

이웃 신청의 성공을 좌우하는 첫인사

블로그를 시작한 초기에 서로이웃 신청 메시지가 오면 낯설어서 깜짝 놀란 경험이 있을 것입니다. 하지만 상투적인 멘트로 가득한 메시지를 보면 아직 이웃이 많지 않으니 이런 신청이라도 감지덕지 수락해야 하나 고민하게 됩니다. 사실 시간이 흐른 뒤에 이런 광고성·스팸성 이웃을 정리하려면 이루 말할 수 없는 수고를 들여야 한다는 것을 기억하기 바랍니다. 지금 당장 서로이웃을 반짝 늘리기 위해 무리하게 이웃을 받지 않아야 한다는 뜻입니다.

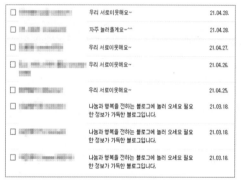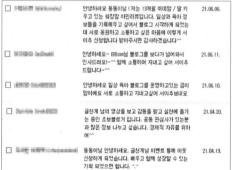

▲ 블로그 이웃 신청의 나쁜 예(좌), 좋은 예(우)

왼쪽과 오른쪽 두 개의 서로이웃 추가 신청 문구가 있습니다. 왼쪽 화면은 흔히 말하는 광고성, 스팸성 멘트로 가득한 이웃 추가 신청입니다. 오른쪽 화면은 누가 봐도 내 블로그에 대해서 잘 알고 있고, 적어도 한 번은 포스팅을 읽어보고 이웃을 신청했다는 느낌이 듭니다.

우리가 이웃 추가를 신청할 때도 마찬가지입니다. 이웃 추가 신청 문구는 블로그의 첫 인상과도 같습니다. 우리가 첫인상을 보고 어떤 사람을 판단하는 데 걸리는 시간은 단 7초에 불과하다고 합니다. 이웃 신청도 첫인상과 같아서 짧은 시간에 눈에 들어오는 신청 문구에 따라 이웃 추가 성공률을 높일 수도 있고, 낮출 수도 있습니다. 오른쪽 화면에 보이는 문구들이 좋은 예시입니다. "○○ 블로그의 애정이웃을 타고 온 블로거 ○○", "○개월 아기를 키우고 있는 육아맘"과 같이 이웃을 신청할 블로거의 공통 관심사를 앞쪽에서 언급하면 성공 확률을 조금 더 높일 수 있습니다.

공통의 관심사를 가진 그룹에서 애정이웃을 만들어나가면 나의 콘텐츠와 상품을 함께 홍보하거나 구매해줄 가능성을 높일 수 있기 때문에 노력이 필요한 것입니다. 그렇다고 해서 나와 서로이웃이 되는 수백, 수천 명의 블로거 모두를 애정이웃으로 만들려고 노력할 필요는 없습니다. 단 열 명을 만들더라도 끈끈하게 소통할 수 있는 진짜 이웃을 찾는 것이 중요합니다.

실습 : 더 이상 이웃 추가가 안 되는 상황 해결하기

어느 정도 블로그를 운영한 사람들을 대상으로 하는 강의를 나가면 "나의 이웃수가 5,000이 초과되어 더 이상 이웃을 추가할 수 없습니다."라는 메시지가 나타날 땐 어떻게 해결해야 하냐는 질문이 종종 들어옵니다.

이 질문에 대한 해결 방법을 찾으려면 먼저 네이버 블로그 이웃 시스템을 이해해야 합니다. 이웃의 종류에는 **이웃**과 **서로이웃**이 있습니다. 하루 최대 100명에게 이웃을 신청할 수 있고 내가 추가할 수 있는 이웃은 최대 5,000명까지입니다. 그 이상을 초과하여 이웃을 추가할 수 없는 시스템입니다.

나의 이웃수가 5,000명이 초과되어 더
이상 이웃을 추가할 수 없습니다.

닫기

◀ 블로그 이웃 5,000명 초과 시 메시지

블로그를 운영하다가 이웃이 5,000명에 가까워지면 이웃 정리를 해야 할 시기입니다.
이웃 5,000명을 넘기면 새 이웃을 신청할 수 없습니다. 더 이상의 이웃 추가가 안 될 때
해결 방법 두 가지를 알아보겠습니다.

활동이 없는 블로그 이웃 정리하기

이웃을 관리하려면 블로그 관리 페이지에 접속한 후 [기본 설정] 탭의 [열린이웃]-[이웃
·그룹 관리]를 클릭합니다.

기본 설정	꾸미기 설정	메뉴·글·동영상 관리	내 블로그 통계	전체보기 ∨

기본 정보 관리
블로그 정보
프로필 정보
기본 에디터 설정

사생활 보호
블로그 초기화
방문집계 보호 설정
콘텐츠 공유 설정

스팸 차단
스팸 차단 설정
차단된 글목록
댓글·안부글 권한

열린이웃
이웃·그룹 관리
나를 추가한 이웃
서로이웃 맺기 897

블로그 정보

블로그 주소   https://blog.naver.com/ehdtjr516

블로그명   동동이와 동쥬의 행복가득 육아일기   한글, 영문, 숫자 혼용가능 (한글 기준 25자 이내)

별명   동동이   한글, 영문, 숫자 혼용가능 (한글 기준 10자 이내)

소개글   쉽고 재미있는 건강정보를 전달 드리는 9년차 건강생활 컨텐츠를 만들어 나가는 아빠블로거 [문의] ehdtjr516@naver.com
블로그 프로필 영역의
프로필 이미지 아래에 반영됩니다.
(한글 기준 200자 이내)

내 블로그 주제   육아·결혼   내 블로그에서 다루는 주제를 선택하세요.
프로필 영역에 노출됩니다.

❶ [열린이웃] 탭에서 나와 추가된 이웃 목록을 확인할 수 있습니다. 이때 화면 오른쪽에 각 이웃 블로그의 [최근글], [이웃추가일]이 나타납니다. [이웃추가일]은 나와 이웃을 맺은 날이고, [최근글]은 해당 블로거의 최근 포스팅 일자를 나타냅니다. ❷ [최근글]이 2020년인 블로그는 2년 가까이 활동이 없는 방치된 블로그라는 것을 알 수 있습니다. 이러한 블로그는 정상적인 소통이 어려울 수밖에 없으므로 이웃에서 정리하는 것이 좋습니다. ❸ 정리할 블로그에 체크한 후 ❹ [삭제]를 클릭합니다.

[이웃 삭제] 메시지가 나타납니다. [이웃과 서로이웃을 모두 삭제합니다]에 체크한 후 [확인]을 클릭하면 정리가 완료됩니다.

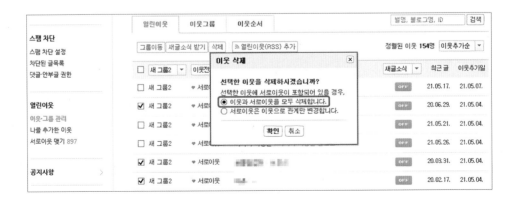

응답 없는 이웃 신청 취소하기

초과된 5,000명에는 서로이웃 맺기를 신청 중인 이웃도 포함됩니다. 따라서 이웃 신청을 보냈지만 응답이 없다면 신청을 취소해야 합니다. ❶ [열린이웃]–[서로이웃 맺기]를 클릭하면 [서로이웃 맺기] 화면이 나타납니다. ❷ [보낸신청] 탭에서 ❸ 삭제할 메시지에 체크한 후 ❹ [신청취소]를 클릭합니다.

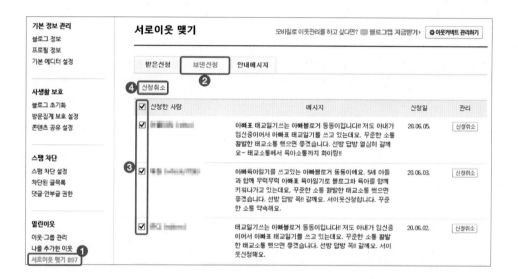

업체 담당자와의 인연을 소중히 하자

앞서 일 방문자가 1,000명도 안 되던 예비맘 블로거가 1년 6개월여간 기저귀 협찬을 받았던 사례에서 블로그 이웃의 중요성에 대해 확인했습니다.

다음으로 중요한 사람은 업체 담당자입니다. 마케팅을 전공한 것도 아니고 관련 일에 종사하고 있지도 않은 평범한 육아 블로거가 30개가 넘는 업체의 블로그 마케팅과 컨설팅을 유치할 수 있었던 가장 큰 이유는 그들의 가려운 부분, 갈증이 어디에서 오는지 알고 있었기 때문입니다.

업체의 홍보 담당자나 대표를 만나서 이야기를 나눠보면 가장 어려워하는 것이 바로 **홍보의 효과**입니다. 블로거라면 익히 잘 알고 있는 체험단 진행 대행사를 보면 대부분 6개월이나 1년 단위로 계약을 진행합니다. 그렇다 보니 업체에서는 한 번에 수백만 원에서 수천만 원의 광고비를 지출하게 됩니다. 그런데 계약 후 한두 달은 그럭저럭 서비스 만족도가 높지만 시간이 지나면서 블로거 선정이나 중간 피드백에서 아쉬운 부분이 많다는 것입니다. 이외에도 여러 이유로 불편함과 불만이 상당히 쌓여있는 경우가 꽤 있었습니다.

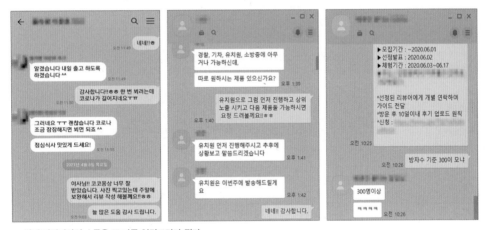

▲ 업체 담당자와의 소통은 또 다른 연결고리가 된다.

이런 부분에 대한 불안함을 해소시켜주고 긍정적인 효과에 대한 확신을 전할 수 있다면 개인 블로거도 충분히 도전할 수 있다고 생각해 체험단 대행에 뛰어들었습니다. 그리고 차근차근 분야를 확장하여 업체를 늘려갔고 지금은 함께하는 업체가 30곳 정도 됩니다. 평소 업체 대표나 담당자와 안부인사를 주고받으며 친근한 관계를 이어나가면 그 인연으로 다른 업체를 소개받아 연결고리가 만들어집니다. 30개 업체 중 22개는 직접 연락했지만 8개 업체는 기존 업체를 통해 소개를 받았습니다.

업체 담당자들과 친해질 수 있는 여러 방법이 있겠지만, 우선 내가 체험 리뷰를 작성한 모든 업체는 항상 가능성이 열려 있다고 생각하면 됩니다. 무엇보다 진실한 내용이 담긴 메일이 중요하다고 생각합니다. 이미 해당 업체의 제품을 직접 사용해 리뷰를 해봤고 해당 업체 제품의 특장점을 인지하고 있으므로 이를 바탕으로 체험단 운영과 공동구매 진행을 통해 수익화로 연결할 수 있는 것입니다. 메일을 보낼 때 중요한 것은 나(혹은 블로그)의 장점을 매력적으로 전달하고 내 블로그의 이웃 특성을 고려한 포트폴리오를 만들어 어필하는 것입니다.

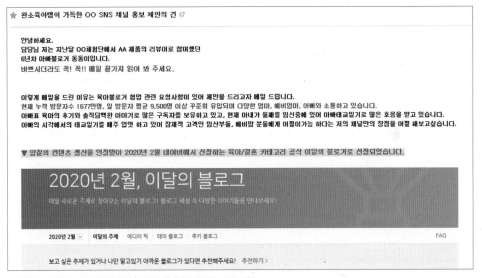

▲ 체험단 리뷰로 A사 제품 후기를 작성한 후 협업 메일을 보낸 샘플

위 그림은 어린이 장난감 업체에 보냈던 제안 메일입니다. 연락하려는 업체의 제품 사용 경험이 없는 것보다 직접 사용한 리뷰를 첨부해 메일을 보내면 성공할 가능성이 훨씬 커집니다. 나에 대한 소개와 해당 제품의 장점, 그 부분을 강조해 홍보하려는 전략을 정리해서 보내면 됩니다.

이력서를 작성할 때처럼 블로그의 정보, 장점, 해당 업체와 하고자 하는 일을 정리합니다. 해당 업체나 제품과 관련된 포스팅의 통계 자료를 첨부하면 더욱 좋습니다. 해당 제품의 월간 통계, 유입 키워드에 대한 자료를 첨부하면 더욱 신뢰감을 줄 수 있습니다.

주차	주제	유입량	유입키워드(모바일)	유입키워드(pc)	상위노출 이력
1주차	핑크퐁 마이크	3,133	유입키워드(모바일) – 77.2% 1위. 핑크퐁 마이크 (33%) 2위. 핑크퐁 상어가족 마이크 (8.8%) 3위. 핑크퐁 장난감 (6.7%)	유입키워드(pc) – 15.5% 1위. 핑크퐁 마이크 (9.5%) 2위. 유아 선물 (3.3%) 3위. 핑크퐁 마이크 (1.2%)	핑크퐁 마이크 1위 핑크퐁 신간 1위 핑크퐁 동요스피커 1위 유아선물 1위 핑크퐁 신간 1위 위메프 할인 2위
2주차	한글 12주	697	유입키워드(모바일) – 70.0% 1위. 한글12주 (36.4%) 2위. 한글12주 (14.5%) 3위. 4세아이한글 (7.7%)	유입키워드(pc) – 15.7% 1위. 한글 (4.9%) 2위. 한글12주 (3.7%) 3위. 4세 아이 말 (2.9%)	
3주차	핑크퐁 신간	777	유입키워드(모바일) – 60.6% 1위. 핑크퐁 동요스피커 (27.1%) 2위. 핑크퐁 마이크 영어동요50 (7.9%) 3위. 동요마이크 (7.5%)	유입키워드(pc) – 25.6% 1위. 핑크퐁상거가족펜 (12.8%) 2위. 핑크퐁 동요스피커 (6.8%) 3위. 교보문고 핫딜 (3.3%)	
4주차	잉글리시 타이거	576	유입키워드(모바일) – 77.4% 1위. 잉글리시타이거 (53.8%) 2위. 잉글리시 타이거 (8.8%) 3위. 잉글리시타이거 위메프 (5.7%)	유입키워드(pc) –12.7% 1위. 잉글리시타이거 (7.1%) 2위. 위메프 (3.3%) 3위. 잉글리시타이거연말행사 (1.9%)	

▲ 신제품 홍보 리뷰의 통계 자료 첨부

▲ 업체 담당자가 보내온 협업 수락 메일

리뷰와 공동구매의 수익화에 관한 방법은 CHAPTER 03에서 자세히 배울 것입니다. 하지만 이런 방법을 실현하기 위한 기본 바탕은 바로 **사람**입니다. 초반에는 체험단 활동을 통해 제품을 체험한 후 담당자에게 별도로 연락했지만 일 방문자가 700~1,000명이 넘어가면서 업체에서 먼저 섭외 메일이 오기도 했습니다.

이렇게 업체와 직접 연결될 경우 체험단을 대리로 진행해 수수료를 받을 수 있고, 공동구매 진행과 해당 업체의 신제품 출시 체험 이벤트 등 여러분의 블로그에서 직접 진행하는 이벤트의 경품을 지원받을 수 있습니다.

NOTE 네이버 블로그로 돈 버는 직장인 동동이의 실전 노하우

📋 블로그 운영 이웃 추가 및 관리 노하우

앞서 얘기했듯 블로그 수익화의 지름길은 결국 사람과의 관계를 어떻게 유지하고 관리하는가에 달려 있습니다. 블로그 운영에 있어 가장 중요한 사람은 **애정이웃**이고, 수익화의 첫걸음이 될 제품 공동구매, 체험단 운영 등을 진행할 때도 결국 애정이웃을 기반으로 운영됩니다.

블로그 운영 초반에 이웃을 효과적으로 관리하기 위해서 선방문 등을 통해 이웃과 소통하고, 이웃이 내 포스팅에 들어와 공감을 누르고 답글을 달았다면 답방문을 통해 지속해 교류하는 노력이 필요합니다. 육아맘의 이웃 추가 사례에서도 보았듯 내 관심 분야, 블로그 핵심 주제와 연관된 키워드를 통해 검색하고 꾸준히 이웃을 늘려야 합니다. 이웃 추가는 스스로 기준을 정하고 언제까지 몇 명을 늘릴지 기준을 정한다면 하루하루 꾸준하게 이웃을 추가하는 원동력이 됩니다.

서로이웃을 신청할 때는 적절한 멘트는 물론 먼저 상대방 포스팅에 공감을 누르고 답글을 다는 활동이 필요합니다. 이런 활동을 통해 상대방이 내 블로그에 들어와 어떤 블로그인지 답방하게 만들기 때문입니다. 일단 블로그 주제에 맞게 지속해서 포스팅하고 운영했다면 비슷한 분야를 열심히 운영하는 블로거에게 호감을 주어 이웃을 수락할 확률도 높아집니다. 초반에는 직접 서로이웃을 신청하면서 꾸준하게 발품을 팔아야 하지만 나중에는 자연스레 이웃 신청이 들어올 것입니다.

물론 블로그의 규모가 어느 정도 커진 뒤에도 이웃과의 교류는 중요합니다. 특히 꾸준히 블로그에 들어와 선방해주고 댓글을 남겨주는 이웃들은 계속 눈에 띌 것입니다. 이런 이웃에게 답방을 가고 교류하면서 이웃의 관심사는 무엇인지 살펴보아야 합니다. 도전하는 이웃이라면 응원하고, 리뷰나 정보 글을 올렸다면 좋은 정보 공유에 감사를 표하는 활동을 지속합니다.

상위 0.1% 블로거가 알려주는
블로그 확장 팁

작은 성취 경험을 쌓는 챌린지 프로그램

블로그 권태기 일명 '블태기'는 언제든 올 수 있고 개인적인 일로 슬럼프를 겪을 수도 있습니다. 이를 극복하려면 강력한 동기부여가 필요합니다. 꼭 블태기를 극복하기 위한

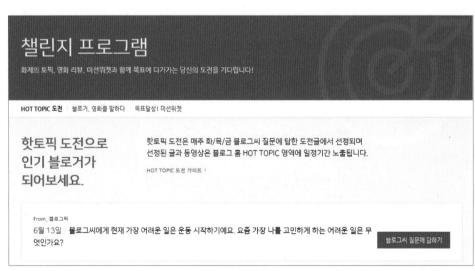

▲ 네이버 블로그 챌린지 프로그램 'HOT TOPIC 도전' 메인 화면

목적이 아니더라도 방문자 상승을 원하거나 블로그 운영을 위해 어떤 목표가 필요하다면 네이버에서 제공하는 챌린지 프로그램 참여를 통해 스스로를 다잡는 계기를 마련하는 것이 좋습니다. 챌린지 프로그램에는 'HOT TOPIC 도전', '블로그, 영화를 말하다', '목표달성! 미션위젯' 세 가지가 있습니다.

네이버 블로그 챌린지 프로그램

▲ 네이버 블로그에서 제공하는 세 가지 챌린지 프로그램

HOT TOPIC 도전은 매주 화, 목, 금요일 블로그씨 질문에 답변한 도전글을 선정해 노출하는 이벤트입니다. 블로그 지수가 높지 않아도 언제든 도전할 수 있으며, 선정된 글과 동영상은 네이버 블로그 홈페이지의 핫토픽 영역에 일정 기간 노출되므로 방문자 상승과 검색 노출 가능성도 커집니다.

두 번째는 **블로거, 영화를 말하다**입니다. 챌린지 프로그램에서 영화 리뷰 연재 신청을 완료한 후 영화 리뷰를 월 3회 이상 꾸준하게 작성하면 선정된 글을 챌린지 프로그램 영역에 노출해주기 때문에 방문자 상승 효과를 기대할 수 있습니다. 현재는 영화 리뷰로 한정되었지만 블로그 연재 주제로도 전문성 있는 콘텐츠를 쌓기에 좋습니다. 단, 연재 참여는 스마트에디터 이전 버전인 2.0으로만 참여할 수 있습니다.

세 번째는 **목표달성! 미션위젯**입니다. 기간과 상관없이 연재할 카테고리에 글 100개를 연재하는 **마스터 위젯**과 100일 동안 연재할 카테고리에 하루도 빠짐없이 글 100개를 연재하는 **100일 위젯**이 있습니다.

마스터 위젯은 해외생활, 공부, 좋은 부모, 업무/커리어, 나만의 테마로 구성된 주제를

▲ 챌린지 프로그램 '블로거, 영화를 말하다'

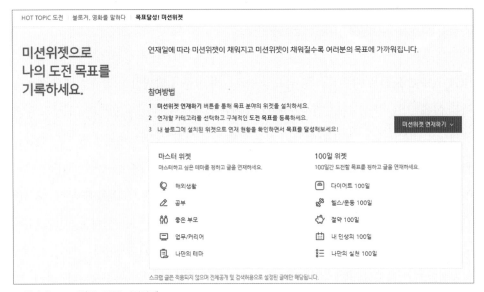

▲ 챌린지 프로그램 '목표달성! 미션위젯'

연재할 때 유리하고 **100일 위젯**은 100일간 꾸준한 도전이 필요한 다이어트, 헬스, 운동, 절약, 내 인생의 100일, 나만의 실천 100일 등 도전 의식을 자극하는 글을 연재할 때 유리합니다.

100일 위젯은 매일 글을 써야 하는 부담감이 있고, 글을 안 쓰는 날에는 X로 체크되기 때문에 포스팅 여부를 확인하기 쉽습니다. 개인적인 목표달성을 위해서는 100일 위젯을 적극 추천합니다. 1일 1포스팅, 운동, 재태크 공부 등 꾸준히 해야 할 일들에 대한 동기부여는 물론, 도전에 성공했을 때의 성취감이 짜릿하기 때문입니다. 참고로 위젯을 삭제하면 연재도 자동으로 중단됩니다. 연재글은 반드시 전체 공개, 검색 허용으로 설정해야 미션 참여와 위젯에 체크됩니다. 각 미션위젯에 어떤 주제가 있는지 직접 들어가 확인하고 여러분이 적용하고 실천할 수 있는 도전 주제를 찾아보기 바랍니다.

많은 블로거가 단기간에 빠르게 성장하고 싶어하지만 블로그 운영은 단거리 경주가 아니라 마라톤과 같은 장거리 레이스입니다. 블로그를 1~2년 반짝 운영하려고 이 책을 읽거나 블로그를 시작한 것은 아닐 겁니다. 따라서 처음부터 무리한 계획을 세우고 달리면 금방 지치고 포기하게 될지도 모릅니다. 꾸준함을 위한 페이스 조절은 매우 중요합니다. 이런 챌린지 프로그램을 통한 지속적이고 작은 성취의 경험이 모여 큰 성취를 만들어내면 언젠가 블로그의 성장도 자연스레 따라온다는 사실을 기억하기 바랍니다.

짧은 영상이 대세 : 네이버 블로그 모먼트

최근 영상 분야에서 15~60초 수준의 짧은 영상을 제작하고 공유하는 것이 트렌드로 떠올랐습니다. 전문적인 영상 편집 도구 없이 앱에서 무료로 제공하는 다양한 편집 기능과 배경 음악, 필터, 자막을 사용해 쉽고 간편하게 활용할 수 있도록 진입장벽을 낮춘 **틱톡**은 2016년 출시 이후 10억 명 가까운 이용자를 확보했습니다.

뒤이어 인스타그램의 짧은 영상 콘텐츠 제작 · 유통 도구인 **릴스** 역시 빠르게 출시되었고 카카오, 유튜브 역시 짧은 영상 제작 · 배포를 지원하며 기존 플랫폼 간의 경쟁이 시작되었습니다. 이런 국내외 콘텐츠 시장의 트렌드에 맞춰 네이버에서도 블로그에 짧은 영상을 편집해 올릴 수 있는 **블로그 모먼트**를 선보였습니다. 기존의 **블로그＝장문의 텍스트 콘텐츠**라는 인식의 틀을 깨고 사진과 글을 넘어 동영상 영역까지 블로그의 카테고리를 확장했다는 평가를 받고 있습니다.

일반적으로 영상을 편집하려면 전문적인 편집 도구를 사용하기 때문에 어렵다고 생각할 수 있지만 네이버 블로그 모먼트는 스마트폰의 사진과 영상을 활용해 쉽게 편집하고 배포할 수 있는 기능을 갖추고 있어 큰 부담 없이 제작이 가능합니다.

실습 : 블로그 모먼트로 짧은 영상 만들기

스마트폰에 블로그 앱을 설치한 후 실행하면 메인 화면의 [모먼트]-[모먼트 만들기]가 나타납니다. ❶ [모먼트 만들기]를 터치하면 ❷ 미리 촬영한 사진 혹은 영상을 선택할 수 있고, 여러 사진을 선택하면 슬라이드 형태의 영상을 제작할 수 있습니다. [다음]을 터치하면 영상을 꾸미기 위한 ❸ 스타일과 ❹ 배경음악을 선택할 수 있습니다.

▲ 네이버 블로그 모먼트 사진(동영상) 선택, 스타일과 배경음악 선택 화면

배경음악과 스타일을 선택한 후 [다음]을 터치하면 영상 편집 화면이 나타납니다. 편집 화면 오른쪽 사이드 바에서 ❶ [첨부]를 터치합니다. 다양한 정보(블로그 포스팅, 지도,

네이버 쇼핑, 링크, 뉴스 등)와 스티커 첨부가 가능합니다. 영상에 관련 정보, 블로그 포스팅을 첨부해 방문자 유입에 도움이 될 수 있습니다. ❷ 나머지 사이드 바에는 이미지 편집(자르기), 색, 그리기, 글씨 삽입, 소리, 저작권 표시 등의 작업을 할 수 있는 기능이 모여 있습니다. 페이지별로 내가 넣고 싶은 문구나 정보를 쉽고 빠르게 넣을 수 있습니다.

❸ 편집이 끝나면 블로그 포스팅 발행에 필요한 것과 마찬가지로 [주제 선택], [영상에 대한 설명], [태그] 등을 입력 및 선택한 후 [등록]을 터치합니다. 영상 인코딩 과정을 거쳐 내가 만든 모먼트가 내 블로그 홈, 내 모먼트 목록, 이웃 새 글에 노출됩니다.

▲ 네이버 블로그 모먼트 영상 편집, 첨부, 발행 화면

네이버 스포츠 영역의 야구 카테고리에도 15~30초 내외의 주요 장면과 재미있는 에피소드를 담은 KBO 모먼트가 신설되었습니다. 앞으로도 네이버는 모먼트 영역을 더욱 다양한 분야로 확장할 것이며, 유튜브의 유사한 서비스인 **숏츠**가 그랬던 것처럼 블로그에서도 이런 짧은 영상 서비스가 방문자 유입의 중요한 포인트가 되리라고 예상할 수 있습니다.

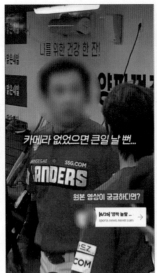

▲ 2021년 6월 네이버에서는 모먼트를 스포츠 영역으로 확장했다.

모먼트는 아직 모바일 버전에서만 사용할 수 있습니다. 하지만 빠른 정보 전달을 위해 필요한 내용만 확실히 보여주는 짧은 영상이 트렌드로 자리 잡은 만큼 모먼트 서비스의 적용 영역은 더욱 확대될 것입니다. 일상에서 기록하고 싶은 순간, 중요한 정보를 사진과 영상으로 꾸준히 공유하면서 사용 방법을 익혀두면 분명 도움이 될 것입니다.

내 블로그에 적합한 레이아웃 설정하기

우리는 일상에서 잡지, 전단지, 카탈로그, 포스터와 같은 인쇄물을 많이 접합니다. 어떤 인쇄물은 눈에 쏙쏙 들어오는 반면 어떤 인쇄물은 산만하여 정보가 제대로 읽히지 않았던 경험이 있을 것입니다. 이는 인쇄물의 레이아웃이 제대로 정돈되지 않았기 때문에 발생한 문제일 가능성이 높습니다.

인쇄물에 들어가는 요소 하나하나의 디자인이나 내용이 좋다고 해도 각 요소를 시선의 흐름에 따라 적절하게 배치하지 못하거나 서체를 중구난방으로 사용하면 완성도 높은 결과물이라고 보기 어렵습니다. 블로그 레이아웃도 이러한 요소의 가독성과 균형을 고려해 작업합니다.

블로그는 나만의 이야기를 담아내는 공간이자 다른 사람과 소통하기 위한 공간이기도 합니다. 지금까지 블로그 최적화, 성장, 수익화에 있어 가장 중요한 요소는 꾸준함, 키워드, 사람이라고 배웠습니다. 하지만 이러한 노력이 빛을 내려면 블로그의 외관, 즉 잘 정리된 레이아웃을 통해 이용자들이 원하는 콘텐츠를 찾기 쉽도록 설정해야 합니다.

블로그의 외관에 치중하는 것보다 콘텐츠의 퀄리티를 높여야 사람들이 더 자연스럽게 찾게 된다고 하는 사람도 있습니다. 물론 틀린 말은 아닙니다. 하지만 아무리 좋은 콘텐츠가 많아도 방문자가 포스팅을 읽기 불편하다거나 다른 정보를 찾기 어렵다면 분명 블로그 성장에 걸림돌이 될 것입니다.

예를 들어 선명한 사진을 크게 보여주어야 하는 맛집, 여행, 제품 리뷰 블로거라면 포스팅 영역의 좌우 폭을 가능한 넓게 사용하는 1단 레이아웃을 적용하는 것이 좋습니다. 반면 텍스트 중심으로 포스팅하는 서평 블로그라면 텍스트가 좌우로 넓게 퍼지지 않는 2단 레이아웃이 좋습니다. 이처럼 블로그가 어떤 주제를 다루는지, 이미지나 텍스트 중 강조하고 싶은 콘텐츠가 무엇인지에 따라 더 적합한 레이아웃을 선택해야 합니다.

네이버 블로그에서 주어지는 기본적인 레이아웃(1단, 2단, 3단)의 특징과 설정 방법에 대해 알아보겠습니다.

블로그 레이아웃의 기본 구조

블로그 레이아웃을 설정하려면 관리 페이지로 들어가야 합니다. 관리 페이지 상단에서 ❶ [꾸미기 설정] 탭을 클릭하고 ❷ [레이아웃·위젯 설정]을 클릭합니다.

▲ 블로그 관리 페이지

이렇게 [레이아웃·위젯 설정]으로 들어가면 다양한 레이아웃과 미리 보기 화면을 확인할 수 있습니다. 여기서 블로그 본문 영역의 크기를 설정하고 메뉴나 위젯의 구성을 가독성 있게 배치할 수 있습니다.

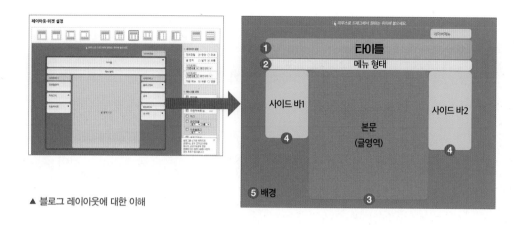

▲ 블로그 레이아웃에 대한 이해

❶ **타이틀 :** 블로그의 정체성을 드러내는 메인 제목이 표시되는 영역

❷ **메뉴 형태 :** 블로그 메뉴, 포스팅 카테고리가 표시되는 영역

❸ **본문(글 영역) :** 블로그의 모든 포스트 및 콘텐츠가 표시되는 영역

❹ **사이드 바 :** 메뉴, 위젯 등 다양한 블로그 요소를 배치하는 영역으로, 사이드 바의 개
  수에 따라 1단, 2단, 3단으로 분류

❺ **배경 :** 블로그 스킨 디자인, 배경 그림(패턴)이 들어가는 영역

1단 레이아웃의 특징

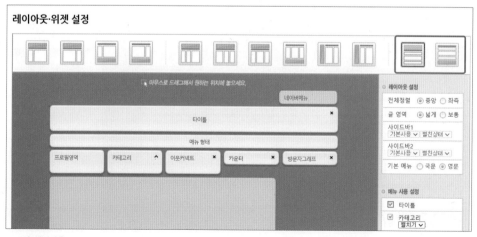

▲ 1단 레이아웃

1단 레이아웃으로 설정하면 사이드 바를 상단이나 하단에 배치해 글 영역을 최대한 넓게 사용할 수 있습니다. 화면이 최대한 넓게 보이고 사이드 바의 영향을 받지 않기 때문에 스킨을 만들기도 용이합니다. 이미지나 디자인을 강조하는 블로그에서 자주 활용합니다. 하지만 방문자의 입장에서 보면 메뉴와 프로필, 위젯 등이 상/하단에 배치되어 있어 글을 읽다가 다른 카테고리로 넘어가고자 할 때 다소 불편함을 느낄 수 있습니다. 1단 레이아웃을 사용한다면 사이드 바 요소는 최대한 한쪽으로 배치하는 것이 좋습니다.

- 이미지 강조형 블로그에 추천
- 상단에 이미지 배너를 활용해 자신만의 개성 표현이 가능
- 상단 또는 하단에 사이드 바 배치
- 화면이 넓어 보이는 장점이 있지만 카테고리나 위젯 배치가 불편하다는 단점이 있다. 카테고리 수가 많을 경우 상단에 두면 한쪽으로 쏠려 균형이 맞지 않는다는 느낌을 준다.

2단 레이아웃의 특징

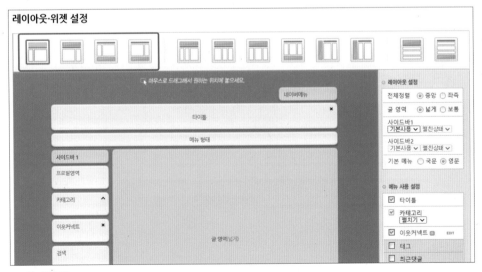

▲ 2단 레이아웃

2단 레이아웃은 네이버 블로그의 기본 레이아웃으로 가장 익숙한 구성이기도 합니다. 본문 영역의 폭이 다소 좁아 보이는 단점이 있지만 좌/우측에 프로필과 메뉴, 위젯이 배치되어 있어 스크롤하지 않아도 다른 카테고리로 이동하기 편하고 전체 카테고리를 쉽게 확인할 수 있는 장점이 있습니다.

- 텍스트 강조형 블로그에 추천
- 네이버 블로그의 기본 레이아웃 형태
- 한번에 카테고리 및 위젯 확인이 가능함
- 대중적인 구성으로 방문자가 카테고리를 찾기 편함
- 좌측 또는 우측에 사이드바를 길게 배치

3단 레이아웃의 특징

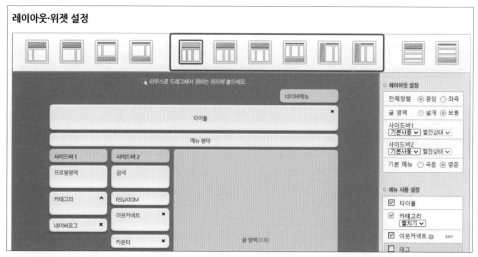

▲ 3단 레이아웃

3단 레이아웃에서는 프로필과 메뉴, 위젯이 글 영역의 양쪽(혹은 한쪽에 2단)에 배치됩니다. 본문 영역이 좁아 답답해 보이는 단점이 있습니다. 글을 조금만 길게 쓰면 스크롤이 늘어져 사용자의 편의성도 떨어질 수 있습니다. 하지만 프로필과 메뉴, 위젯 등 사이드 바가 길어질 경우에 선택하면 유리한 레이아웃으로, 위젯을 강조하기 좋은 장점이 있습니다. 위젯 달기가 유행이던 시절에는 양쪽 사이드 바를 배치하는 3단 형태를 선택하는 블로거가 많았습니다.

- 위젯 강조형 블로그에 추천
- 좌측, 우측 양쪽에 사이드 바 배치 가능
- 글 영역이 레이아웃 중 가장 좁기 때문에 포스팅 공간이 좁다는 단점이 있지만 위젯이 상단에 위치하여 강조하기 좋은 장점이 있다.

지금까지 네이버 블로그의 1단, 2단, 3단 레이아웃의 특징을 살펴봤습니다. 블로그 디자인은 레이아웃 선택에서 출발합니다. 이외에도 12가지의 기본 구성을 어떻게 변경하고 메뉴와 위젯들을 배치하는가에 따라 같은 레이아웃도 다른 느낌으로 연출할 수 있습니다.

올바른 해시태그 활용법

블로그 글을 작성하고 발행하기 전 어떤 해시태그(HashTag)를 달지, 몇 개까지 다는 것이 좋을지 고민한 경험이 있을 것입니다. 실제 강의 현장에서도 많이 궁금해하는 내용 중 하나가 해시태그입니다. 해시태그 사용 방법에 대한 문의가 많아 네이버 블로그나 유튜브에 **블로그 해시태그**라고 검색하면 엄청난 분량의 후기와 분석 콘텐츠를 확인할 수 있습니다.

해시태그란 포스팅에 달 수 있는 일종의 꼬리표로, 특정 키워드 앞에 # 기호를 붙여 게시물을 구분하는 역할을 합니다. 같은 해시태그가 달린 게시물을 묶어서 보여주는 기능도 합니다. 다시 말해 작성자가 포스팅의 주제 단어, 축약된 메시지를 통해 글의 주제를 표현할 때 중요하게 활용할 수 있는 기능입니다. 하지만 해시태그를 몇 개를 다는 것이

▲ 해시태그가 가장 잘 사용되는 인스타그램 : 원하는 단어를 검색하면 유사 해시태그까지 검색된다.

유리한지, 검색 노출에 어떤 영향을 미치는지에 대한 의견은 분분합니다. 누구는 세 개 이하가 적정하다고 하고, 어디서는 다섯 개, 또 어디서는 일곱 개가 적당하다고 합니다. 해시태그를 어떻게 사용하는지 알아보기 전에 몇 개의 해시태그가 적당한지 생각해보 겠습니다.

기존 스마트에디터 2.0의 경우 최대 10개의 태그를 삽입할 수 있었지만 업데이트된 스 마트에디터 ONE에서는 최대 30개까지 삽입할 수 있습니다. 여기서 한 가지 사실을 유 추해볼 수 있습니다. 만약 네이버에서 적정한 해시태그 개수에 제한을 두었다면 기존 에 10개만 사용 가능했던 해시태그를 30개까지 늘릴 이유가 없을 것입니다. 따라서 세 개 이하, 또는 다섯 개나 일곱 개가 적당하다는 등의 적정선이 없다고 유추해볼 수 있습 니다.

블로그 지수의 중요한 포인트였던 에티켓처럼 블로그 해시태그 역시 지켜야 할 사항만 지키면서 삽입한다면 30개 안에서 충분히 폭넓게 활용할 수 있습니다. 블로그 해시태그 사용 시 어떤 주의 사항이 있는지 살펴보겠습니다.

우선 주제와 관련된 '키워드+단어' 혹은 '키워드+접미사' 형태로 해시태그를 바꿔서 나열하거나, 관계없는 태그를 무의식적으로 삽입하지는 않았는지 점검해야 합니다. 네이버는 이용자에게 더욱 믿을 수 있는 양질의 검색 결과를 제공하기 위해 검색 결과에 영향을 미치는 랭킹 알고리즘을 지속해서 개발하며 개선하고 있습니다. 해시태그도 마찬가지로, 콘텐츠의 내용과 관련이 떨어질 경우 어뷰징(부정행위)에 속할 확률이 높다고 밝히고 있습니다. 따라서 제목 · 내용과 연관된 해시태그를 사용하는 것이 무엇보다 중요합니다.

맛집

합정 맛집 눈도입도호강하는 나만의 아지트

 동동이   2018. 7. 20. 0:47   URL 복사 ㎡통계 ⋮

오랜만에 #홍대 근처에서 친구아들의 돌잔치가 있어 외출에 나섰습니다. 사실 결혼 전 연애를 할때는 주로 홍대, 합정에서 자주 만나고 놀았는데 결혼하고 아이가 태어나고 참 많은게 변했지만 오랜만에 찾은 이 거리는 한결같습니다. 돌잔치가 끝나고 다들 결혼을 하고 가정이 있다보니 간단히 커피를 마시고 다들 헤어졌는데~ 아내 유미양이 얼마전 요 근처에서 친구들과 함께 #합정맛집 으로 유명해 들렀는데 맥주한잔 하기에 #분위기좋은레스토랑 에 직원분들도 친절 하시고 무엇보다 맛있는 요리가 다양한 곳이 있다고 해서 동큐군도 유모차에서 낮잠을 자줘서 #서울맛집 에서 간만에 둘만의 #홍대데이트 를 즐겨 보기로 했습니다.

▲ 본문 내용에 해시태그를 과도하게 넣으면 이탈률이 높아진다.

간혹 해시태그를 본문에 키워드 형태로 입력하는 경우도 있습니다. 위 그림은 예전에 필자가 본문 중간중간 해시태그를 삽입해 작성한 포스트입니다. 이런 형태의 글쓰기는 피해야 합니다. 읽는 사람의 시선을 분산시킨다는 가독성 측면의 단점도 있지만 가장 큰 문제는 이탈률입니다. 해시태그가 궁금해서든 실수든 일단 클릭하면 바로 이탈률로 집계됩니다. 위 그림에서 '#서울맛집'을 클릭했을 때 PC와 모바일에서 보이는 화면과 콘텐츠에 어떤 차이가 있는지 확인해보겠습니다.

▲ 본문 내 해시태그를 클릭할 경우 PC(좌)와 모바일(우)에서 보여지는 화면이 다르다.

PC에서 포스트를 읽다가 본문의 '#서울맛집' 해시태그를 클릭하면 내 블로그에서 동일한 태그를 가진 포스트가 나타나므로 큰 문제가 없습니다. 하지만 모바일에서는 이야기가 달라집니다. 그림을 보면 알 수 있지만 '#서울맛집' 해시태그를 사용한 다른 블로그의 포스트가 나타납니다. 사용자가 내 블로그에서 이탈하는 것입니다. 이렇게 본문에 해시태그를 삽입해 작성하면 소중한 방문자를 다른 곳으로 보내는 일이 발생하는 것입니다. 이러한 유입과 유출이 반복되면 블로그 지수를 체크하는 네이버 AI는 이용자가 실수로 클릭했다고 판단하는 것이 아니라 이 글은 읽을 가치가 없다고 판단하기 시작합니다.

내가 쓴 글에 해시태그를 표시해 같은 주제를 다루는 게시물끼리 묶어 효율적으로 정보를 전달할 수 있는 해시태그 사용이 무조건 잘못된 것은 아닙니다. 하지만 방문자의 체류 시간을 늘리고 소통까지 해도 모자란 상황에서 방문자가 해시태그를 눌러 이탈하는 것은 블로그 지수 상승에 도움이 되지 않습니다. 따라서 본문 내용과 관련된 해시태그를 30개 이내에서 부담 없이 사용하되, 본문 내부에는 가급적 사용을 지양한다면 방문자를 끌어모으고 이탈률을 낮추는 형태로 운영이 가능합니다.

📄 글을 수정하지 않고 해시태그 변경, 삭제, 추가하기

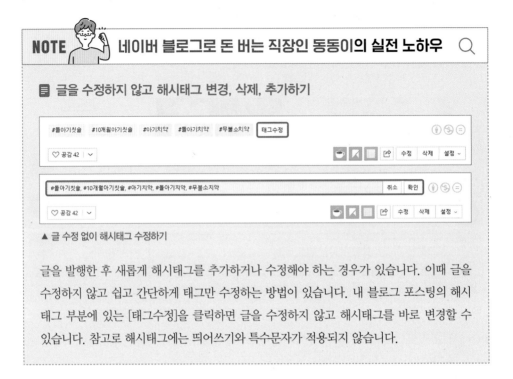

▲ 글 수정 없이 해시태그 수정하기

글을 발행한 후 새롭게 해시태그를 추가하거나 수정해야 하는 경우가 있습니다. 이때 글을 수정하지 않고 쉽고 간단하게 태그만 수정하는 방법이 있습니다. 내 블로그 포스팅의 해시 태그 부분에 있는 [태그수정]을 클릭하면 글을 수정하지 않고 해시태그를 바로 변경할 수 있습니다. 참고로 해시태그에는 띄어쓰기와 특수문자가 적용되지 않습니다.

다음, 구글, 줌(ZUM) 검색등록하기

다양한 검색 사이트에 블로그를 등록하는 것도 블로그를 확장하고 방문자를 늘리는 데 도움이 됩니다. 네이버 블로그라도 다음, 구글, 줌 등 다양한 채널에 등록해 검색에 노출할 수 있습니다. 등록 방법은 아주 간단하고 별도의 비용이 들지 않으며, 한 번만 세팅하면 지속적인 방문자 유입에 도움이 됩니다.

다음 검색등록

인터넷 검색 사이트에서 **다음 검색등록**으로 검색해 접속합니다. [신규 등록하기]를 클릭 해도 되고 바로 아래 [블로그 등록]에 블로그 주소 URL을 직접 입력해도 됩니다. 이후 개인정보 제공에 동의하고, 블로그에 관한 정보를 간단히 입력하면 신청이 완료됩니다.

▲ 다음 검색등록 사이트

검토 결과는 내부 검토를 거친 후 등록한 메일로 발송됩니다. 등록 절차가 완료되면 다음 검색에서도 내 블로그의 글이 노출되어 방문자 유입을 확보할 수 있습니다.

다음 검색등록 : https://register.search.daum.net/index.daum

줌 검색등록

▲ 줌 검색등록 사이트

다음 검색등록과 마찬가지로 검색 사이트에서 **줌 검색등록**으로 검색해 접속합니다. [신규등록] 클릭 후 개인정보 제공 동의 및 블로그에 관한 정보를 입력하는 간단한 절차를 거쳐 신청할 수 있습니다. 등록 신청 후 업무일 기준 5일 이내에 검토 결과를 메일로 받을 수 있고 메일 수령 후 1일 이내에 검색 결과에 반영됩니다.

줌 검색등록 : https://help.zum.com/submit

구글 검색등록(키자드)

2021년 1월 구글에서는 네이버의 도메인 정책 변경으로 기존 구글 서치 콘솔을 통한 네이버 블로그 사이트 등록 서비스를 중단했습니다. 이후에 나온 대안이 키자드 사이트입니다. 키자드에서는 블로그가 아니라 포스트 단위로 검색을 등록합니다.

▲ 구글 검색등록은 키자드 사이트에서 게시물 단위로 등록한다.

검색 사이트에서 **키자드**로 검색해 접속한 후 회원으로 가입하고 로그인합니다. [네이버 블로그 구글 검색등록]에서 검색될 포스트의 주소를 복사해 붙여 넣은 후 [검색 등록]을 클릭합니다. 이렇게 회원가입 후 내 블로그 포스트를 등록하면 포인트가 쌓이고, 포인트를 사용하면 대량으로 포스트 URL을 등록할 수 있습니다. 키자드에서 네이버 블로그를 등록하는 방법 세 가지는 다음과 같습니다.

1 네이버 블로그 포스트 주소 입력

2 RSS 등록

3 전체 등록

네이버 블로그 포스트 주소 입력은 네이버 ID 연동 이후 포스트 주소를 개별적으로 입력하여 등록하는 방식으로, 하루에 한 개씩 무료로 이용할 수 있습니다. **RSS 등록**은 1일 1회 무료 이용이 가능하며 최근 50개의 포스팅 URL을 한 번에 등록할 수 있습니다.

전체 등록은 공개된 모든 포스트를 한 번에 등록할 수 있지만 일정 포인트가 필요합니다. 포인트를 획득하는 방법으로는 1일 1로그인 출석, 키자드 사이트에 글쓰기, 댓글 쓰기, 게시글 추천 등이 있습니다. 매일 조금씩 포인트를 모아 일괄 등록하는 것도 좋은 방법입니다.

키자드 구글 검색등록 : https://keyzard.org/nb

블로그 N잡과 퍼스널 브랜딩 실전 노하우

이번에는 최적화한 블로그를 통해 진정한 부업, N잡을 실현하는 방법에 대해 알아보겠습니다. 블로그 수익화에는 다양한 길이 있습니다. 원하는 수익화 방향에 따라 블로그 체험단, 애드포스트, 인플루언서 활동에 참여해 직접 수익을 창출하는 방법은 물론, 공동구매와 자체 체험단을 기획하고 운영하는 방법, 브랜드 컨설팅과 티스토리 블로그, PDF 전자책 출간, 강연까지 고려해볼 수 있습니다. 수익화 방법에는 정답이 없습니다. 블로그 운영 목표, 방향에 따라 얼마든지 유연하게 적용할 수 있습니다. 이번 기회를 통해 수익 실현의 꿈에 더욱 가까워지기 바랍니다.

블로그를 통한
퍼스널 브랜딩

블로그, 유튜브, 틱톡, 인스타그램 등 다양한 플랫폼에서 쏟아내는 콘텐츠 중에서도 내 콘텐츠를 살아남는 콘텐츠, 클릭을 부르고 사랑받는 콘텐츠로 만들기 위해서는 잠시 자신을 둘러볼 필요가 있습니다. 블로그 투잡, 수익화 방법에 대해 본격적으로 알아보기에 앞서 블로그를 통해 전하고 싶은 메시지가 무엇인지 고민해야 합니다. 그래야만 향후에 여러분의 가치를 인정하고 서비스 · 제품을 구매해줄 잠재적 고객을 확보할 수 있습니다.

만약 음식점을 오픈했을 때, 맛집으로 유명해지기 전까지 친구, 가족, 전 직장동료, 지인 등 아주 가까운 주변 사람들이 내 가게를 홍보해주고, 맛있다고 소문을 내줄 것입니다. 이처럼 블로그를 운영할 때는 블로그 이웃, 그중에서도 애정이웃이 내 서비스 · 상품에 대해 소문을 내줄 것입니다.

네이버에서 **아빠블로거 동동이**를 검색하면 필자의 강의를 들었던 수강생들이 강의를 소개하고 장점을 어필해주고 있습니다. 다시 말해 나의 애정이웃, 내 강의를 듣고 나를 팔로우하거나 팬이 된 사람들이 남겨준 후기를 통해 자연스레 홍보가 되는 것입니다. 따라서 본격적인 '블로그 수익화'에 앞서 블로그를 통해 세상에 전달하고 싶은 메시지가 무엇인지 깊게 고민해봐야 합니다.

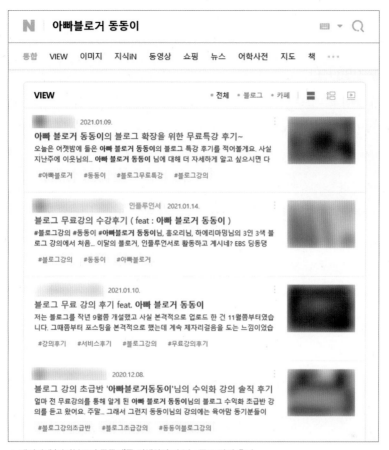

▲ 네이버에 '아빠블로거 동동이'를 검색하면 나오는 무료 강의 후기

필자가 블로그 수익화 강의에서 전달하고 싶은 메시지는 '사람'이며, 사람과 네트워크를 구축하는 것이 강의의 핵심입니다. 사람과의 연결을 통해 일거리가 주어지고 생각의 방향이 맞는 사람들과 함께 소통할 수 있으며, 그 관계에서 홍보·구매가 발생합니다.

세계적인 물리학자 앨버트 라슬로 바라바시(Albert-La'szlo' Baraba'si)는 빅데이터를 기반으로 성공에 대한 공식을 연구했습니다. 그는 저서 《성공의 공식 포뮬러》[1]에서 "성과가 성공의 원동력이지만, 성과를 측정할 수 없을 때는 연결망이 성공의 원동력이 된

1]
《성공의 공식 포뮬러》(라슬로 바라바시 지음/홍진수 역, 한국경제신문, 2019년 6월)

다."고 밝히고 있습니다. 스포츠와 같이 기록이나 성과가 명확히 드러나는 경우와 달리 예술과 같이 성과를 명확히 판단하기 어려운 경우에는 주변의 인맥이 성패에 더 중요한 요소가 될 수 있다는 것입니다.

이는 아무리 실력이 좋아도 네트워크가 약하면 경쟁력에서 떨어진다는 이야기입니다. 여기서 말하는 연결망(네트워크)은 미디어의 중요성을 뜻하기도 합니다. 나만의 탄탄한 연결망을 만들기 위해 동호회 활동을 하거나, 스터디와 다양한 모임에 참여할 수도 있습니다. 이런 활동에는 많은 시간과 노력, 때로는 금전적인 투자까지 필요합니다. 하지만 우리는 가장 쉽고 빠르면서도 강력한 연결망인 블로그를 통해 퍼스널 브랜딩을 실행하면 됩니다.

장기적 관점의
구체적인 목표를 설정하자

'나무가 아닌 숲을 보라'는 말이 무슨 의미인지 알아도 막상 이를 실천하기란 쉬운 일이 아닙니다. 다람쥐가 쳇바퀴 돌듯 일상을 살아도 먹고사는 데 아무런 지장이 없다면 숲을 봐야 할 필요성을 느끼지 못합니다. 하지만 블로그를 통해 퍼스널 브랜딩과 수익화를 달성하려면 단순한 체험단·기자단 형태의 블로그 운영에서 벗어나 장기적인 관점에서 블로그를 바라보는 노력이 필요합니다.

필자는 매년 1월이면 계획만 잘 짜는 사람이 되지 않도록 조금 특별한 방법으로 1년 계획표를 작성합니다. 어느덧 3년차로, 첫해의 계획과 비교해보면 세부 계획이 구체적으로 발전한 것을 느낍니다.

우리가 새해 또는 월초에 세운 계획이 오래가지 못하는 이유는 목표가 너무 광범위하거나 추상적이기 때문입니다. 계획은 규모가 작은 것부터 구체적으로 잡아야 합니다. 그래야 성취된 목표가 누적되었을 때 큰 성과를 이뤄낼 힘이 생기고 다음 목표로 향하는 넓은 시야를 확보할 수 있습니다.

블로그 수익화를 예로 들어보겠습니다. 대부분은 '블로그 투잡 수익 만들기'라는 목표를 세웁니다. 구체적인 일정과 방법으로 '3개월 안에 블로그·인스타그램을 통해서 체험단·기자단으로 수익화 만들기'라는 설정을 추가해 목표를 정합니다. 이것이 바로 우리 주변에서 쉽게 찾아볼 수 있는 **목표 설정의 오류**입니다. 계획에는 구체성이 더해져야 합니다. 블로그 투잡·수익화라는 커다란 목표를 달성하기 위해서는 실천할 수 있는 목표를 더 세분화해야 한다는 뜻입니다. 다음 내용을 보겠습니다.

- **목표** | 블로그 투잡, 수익화
- **세부 실천 계획**

  1년에 900만 원 수익 | 1~6월(초기 세팅) 300만 원, 7~12월(도약기) 600만 원

  1~6월은 월 50만 원 수익 | 체험단 제품 수익(30만 원)+PDF 전자책(10만 원)+애드포스트(10만 원)

  7~12월은 월 100만 원 수익 | 체험단 제품 수익(30만 원)+PDF 전자책(15만 원)+애드포스트(15만 원)+업체 컨설팅(20만 원)+기자단 활동(20만 원)

이를 본격적으로 실천하려면 다음과 같은 세부적이고 구체적인 계획을 매일·매주 단위로 설정해야 합니다.

- 매일 퇴근 후 업체 세 곳에 포트폴리오와 메일 보내기
- 주말에 포트폴리오 업데이트하기
- 매일 새벽 30분 동안 PDF 전자책 자료 수집 및 전자책 한 장 이상 쓰기(50페이지 분량 2개월 내에 완성)
- 블로그를 통한 퍼스널 브랜딩을 하기 위해 마케팅과 심리학 공부하기(전문가 추천 마케팅 관련 분야 추천 도서 다섯 권 읽기, ○○문고 심리학 분야 추천 도서 세 권 읽기)
- 매일 아침 출근길 한 시간 독서하기
- 마케팅·심리학 관련 유튜브 영상 퇴근길에 한 시간 시청하기
- 기억에 남는 중요한 내용이나 문장은 워드 파일로 정리하기
- 주말에 관련 책과 정보에 관해 포스팅하기

블로그로 수익화를 이루겠다는 것은 막연한 목표입니다. 하지만 그 목표를 달성하기 위해 매일 조금씩이라도 어떤 노력을 할지 계획을 세분화하면 구체적인 목표가 됩니다. 목표를 구체화해야 당장 실천할 것이 보입니다. 이렇게 작은 목표부터 달성할 수 있어야 최종 목표 달성 확률이 높아집니다.

메이저리그 100년 역사에 한 번 나올까 말까 한 선수라고 평가받는 오타니 쇼헤이는 투수와 타자 양쪽 포지션을 섭렵했습니다. 그는 자신의 성공 비결로 **만다라트 계획표**를 꼽았습니다. 필자가 연초마다 꾸준히 작성한 계획표도 이 만다라트 계획표입니다. 만다라트 계획표는 하나의 큰 목표를 달성하기 위한 여덟 가지 목표를 세우고 또 각 목표를 실천하기 위한 세부 목표 여덟 가지를 세우는 방식입니다. 처음에는 이 방법이 괜찮을지 의구심도 들었지만 이제는 그 효과를 믿고 있습니다. 이 계획표를 통해 많은 목표를 이루고 그 효과를 경험했기 때문입니다. 만다라트 계획표를 활용하는 방법에 대해 자세히 알아보겠습니다.

▲ 2021년 1월 필자의 만다라트 계획표

만다라트 계획표는 아홉 칸으로 이루어진 정사각형 표 아홉 개를 붙인 형태입니다. 아이디어 발상 기법인 마인드맵으로 생각을 확장하듯, 목표를 구체적으로 확장하며 세울 수 있도록 도와줍니다. 계획표 정중앙에 최우선 핵심 목표를 적은 후 주변 여덟 개의 칸에 그 목표를 달성하기 위한 세부목표를 적습니다.

필자는 2021년 목표를 **N잡러 완성**으로 세웠고 이를 이루기 위해 온라인 Class 개설, 재테크(1억 모으기), 업무 영역 확장하기, 자기 계발, PDF 전자책 출간, 규칙적인 생활습관, 종이책 출판, 유튜브 시작, 이렇게 여덟 개의 세부 목표를 정했습니다. 주변 사각형의 중앙(노란색)에 앞의 세부 목표 여덟 가지를 한 번 더 적습니다. 마지막으로 각 세부 계획을 달성하기 위한 구체적인 계획을 적습니다.

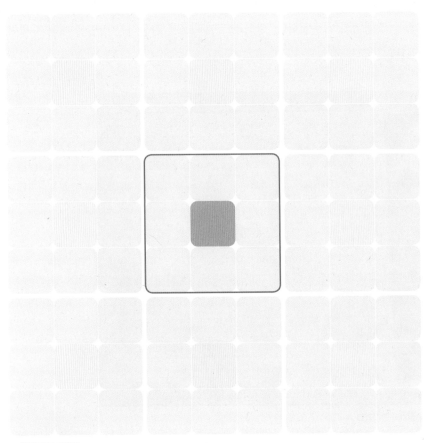

▲ 만다라트 계획표

처음에 81칸을 모두 채우는 것이 버겁게 느껴질 수 있습니다. 하지만 한 칸씩 작성하다 보면 내가 진정으로 하고 싶은 게 무엇인지, 이루고 싶은 건 무엇인지, 모자란 것은 무엇인지 알아갈 수 있습니다. 도저히 넣을 게 없다면 비워두었다가 생각날 때 채우면 됩니다. 한 번에 모든 칸을 채워야 하는 것이 아니므로 부담을 가질 필요는 없습니다.

1년의 계획을 제대로 세우면 월간 계획, 주간 계획을 더욱 구체적으로 수립할 수 있고, 효율적인 시간 관리도 가능해집니다. 전문가들은 큰 목표를 이루고자 한다면 목표를 구체적으로 세분화하라고 조언합니다. 만다라트 계획표는 여덟 개의 구체적인 계획을 실천하기 위한 세부 계획을 64개까지 확장해 핵심적인 목표를 달성하도록 도와주는 최적의 계획표입니다.

만다라트 계획표를 활용하면 블로그로 이루고 싶은 목표를 비롯해 자기 계발, 규칙적인 생활과 같이 좋은 습관을 만들기에도 좋습니다. 블로그 수익화 달성을 위한 실천 방법을 배우기 전에 세부 목표를 작성해보고, 이 책을 다 읽고 난 후 다시 목표를 작성해봅니다. 여덟 개의 큰 목표와 64개의 세부 계획이 어떻게 달라졌는지 확인한다면 놀라운 변화를 경험하게 될 것입니다.

N잡러에게 퇴사는 가장 마지막 선택이 되어야 한다

퇴사를 고민하고 있다면 고려할 사항

요즘은 퇴사 후 블로그와 유튜브로 월 500만 원, 1,000만 원을 벌었다는 수익 인증을 자주 접할 수 있습니다 그러다 보니 노트북 한 대만 있으면 돈을 벌 수 있는 디지털 노마드에 대한 주제가 단연 큰 화제입니다. 이런 분위기에서 퇴사를 고민하면서 1인 기업 창업에 대해 생각하는 사람도 많을 것입니다. 하지만 단순히 시간을 투자하거나 노력한다고 해서 성공할 수 있다는 것은 아님을 명심해야 합니다.

물론 지금 당장 나만의 비즈니스로 수익을 창출할 수 있다면 충분히 도전해볼 만합니다. 하지만 평범한 일상을 사는 직장인, 학생, 주부 중에 이러한 아이템이나 기술을 가지고 있는 사람이 그리 많지는 않습니다. 퇴사 후 창업도 좋은 선택이 될 수 있지만 현실적으로 나를 돌아볼 필요가 있습니다.

필자는 전업 블로거가 아닙니다. 마케팅 전공자는 더욱 아닙니다. 지극히 평범하게 회사를 다니며 블로그 기반의 퍼스널 브랜딩을 통해 강의와 공동구매, 블로그 체험단 운영, 컨설팅을 하며 직장인 N잡을 실천하고 있을 뿐입니다. 이 말은 여러분도 직장에 다니면서 충분히 블로그 수익화를 이룰 수 있다는 뜻입니다.

블로그는 글, 이미지, 영상 등 다양한 기록적 요소를 모두 활용할 수 있기 때문에 적극적으로 소통하고 퍼스널 브랜딩을 구축하면서 나의 전문성을 알리기에 최적화된 도구입니다. 처음에는 초라해 보이겠지만 블로그에 축적된 경험과 이야기, 그리고 소통하며 만난 애정이웃 한 사람 한 사람이 모이고 확대되면 자연스럽게 전문성을 확보할 수 있습니다. 이런 과정을 통해 우리의 최종 목표인 브랜딩, 수익화를 향한 성장을 이뤄낼 수 있는 것입니다.

▲ 우연히 찾아온 첫 블로그 강의로 삶이 180도 바뀌었다.

기회는 아주 우연한 곳에서 찾아옵니다. 필자는 2017년 봄 코엑스 유아교육전의 서포터즈 100명을 대상으로 하는 블로그 강의를 의뢰받았습니다. 강의까지 일주일의 시간이 주어져 강의 교안 30장을 정말 열심히 만들었습니다. 사람들이 이 강의 내용을 듣고 만족할지, 뻔한 이야기라고 생각할지 별별 생각이 다 들었습니다.

강의 내용으로는 그간 블로그를 운영하며 터득한 소소한 수익 창출 방법과 육아 블로거로 육아용품을 협찬받았던 팁 등 그때까지 경험한 내용을 압축해서 담았습니다. 약 45분의 짤막한 강의가 끝나자 수강생들은 블로그에 대해 궁금했던 것과 추가적인 오프라인 강의는 어디에서 들을 수 있는지 물어보기도 하였습니다.

집으로 돌아오는 길에 정말 많은 생각이 스쳐 지나갔습니다. 무엇보다 나도 할 수 있다는 자신감이 생겼습니다. 우연히 찾아온 강의 의뢰가 나의 경력을 만들어주면서 인생의 커다란 변환점이 되었습니다. 준비된 자에게 기회가 찾아온다는 말처럼 여러분도 그 기회를 잡으려면 블로그를 기반으로 한 퍼스널 브랜딩을 충분히 갖춰야 합니다. 퍼스널 브랜딩을 탄탄하게 구축한 후 퇴사에 대해 고민해도 늦지 않을 것입니다.

퍼스널 브랜드를 구축하는 네임드 전략

얼마 전 필자의 전자책을 본 후배에게 연락이 왔습니다. 특출난 재능도 없고 그렇다고 디자인이나 프로그래밍과 같은 특별한 기술이 있는 것도 아니어서 어떤 주제로 블로그를 운영할지 감이 잡히지 않는다고 고민했습니다. 하지만 후배는 상대의 말을 잘 들어주고 차분하게 조언해주는 장점이 있었고, 회사에서도 기업문화, 인사관리 담당이었기 때문에 이 적성을 살려 취준생에게 도움을 줄 수 있는 블로그를 떠올렸습니다. 그래서 취준생들이 자주 찾는 카페, 온라인 취업 상담 플랫폼 등에서 먼저 활동해보고 경험을 쌓으라고 조언했습니다.

게임 내에서 유명한 플레이어를 일컫는 **네임드**(Named)라는 용어는 최근 특정 분야의 전통적인 강자를 뜻하는 마케팅 용어로도 활용됩니다. 취준생들이 궁금해하는 질문에 꾸준히 답변하여 신뢰를 쌓고, 운영 중인 채널로 유입한다면 이것이 바로 브랜드 컨설팅에서의 네임드 전략입니다. 정성스러운 조언 한마디, 현업의 다양한 경험을 들려주는 정성 어린 게시글 하나로 수십, 수백 명의 신뢰를 얻게 되는 것입니다.

이처럼 블로그 주제를 찾기 어렵거나 브랜딩에 대해 감이 잡히지 않는다면 일단 나만이 가지고 있는 지식을 나누길 추천합니다. 당장 수익이 발생하지 않고, 무료 봉사라는 생각이 들더라도 말입니다. 우선 미래의 고객이 어떤 것을 궁금해하고 무엇을 원하는지 알아야 합니다. 내가 가진 것을 나누면서 주제가 만들어집니다. 그렇게 만들어진 주제를 콘텐츠, 브랜딩으로 연결하면 됩니다.

나눔 활동을 통해 얻은 정보를 많은 사람이 접할 수 있도록 블로그에 올려 공유합니다. 쌓인 콘텐츠를 묶어 전자책으로 만들어도 좋고, 영상으로 제작해도 좋습니다. 이런 정보가 모여 나에 대한 신뢰, 내가 잘 할 수 있는 주제가 만들어집니다. 이 과정에서 나를 믿어주는 팬, 이웃이 생기면 그들의 입소문을 통해 더 많은 사람이 찾는 전문가로 한 걸음 성장할 것입니다.

블로그를 통한 수익화 모델 : 직접 수익과 확장형 수익

인터넷에서 '블로그 투잡', '블로그 수익화'로 검색하면 '퇴근 후 월 100만 원을 버는 부업', '블로그로 월 200만 원 버는 방법'과 같은 내용을 많이 찾을 수 있습니다. 하지만 막상 읽어보면 실제로 적용하기에는 막연하고 어려운 느낌이라 어딘가 아쉬움이 남습니다. 이처럼 현실과 괴리감이 큰 이유는 대부분 전업 블로거, 마케팅 전공자, 현업 종사자 등 기초 지식이 풍부하고 충분한 시간을 투자할 수 있는 사람들의 노하우를 소개하고 있기 때문입니다.

보통 이렇게 제시되는 수익화 방법에는 애드포스트 광고, 체험단 수익, 기자단 수익이 대부분이고, 최근에는 PDF 전자책, 블로그 강의 수익이 더해졌습니다. 하지만 이런 정보를 접하는 우리는 직장인, 주부, 취준생, 학생 등 지극히 평범한 사람들입니다. 앞서 블로그 수익화를 이룬 주인공처럼 충분한 시간을 투자하기도 어렵고, 마케팅의 '마'도 모르는 초보자가 대부분입니다.

필자는 평범한 사람이 단기간에 블로그 수익화를 실현할 수 있는 방법에 대해 많이 고민했습니다. 물론 지금도 그 방법을 찾아 공부하고, 경험한 것을 기록하며 공유하고 있습니다. 그럼 먼저 필자의 수익을 공개하겠습니다.

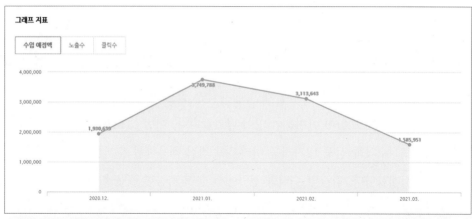

▲ 필자의 블로그 수익 인증

위 그림은 필자가 1년간 벌어들인 수익의 일부입니다. 크게 **현금성 수익**과 협찬을 통한 **물품+서비스 수익**으로 구분할 수 있습니다. 이 두 가지를 합쳐 월급 외에 월 700~1,000만 원의 수익을 만들고 있습니다.

현재 시중에 출간된 블로그 투잡 관련 도서의 목차를 보면 협찬, 기자단 원고료, 애드 포스트, CPA/CPS 제휴 마케팅(쿠팡파트너스 등)에 관련한 내용을 주로 다루고 있습니다. 그런데 전체 200페이지 내외의 분량에서 블로그 수익화 방법을 다루는 부분은 평균 20~30페이지였고, 해당 주제에 대한 실제적인 접근보다는 전체적인 개념을 잡는 수준에서 끝나는 것도 있어 아쉬움이 많이 남았습니다. 이번 CHAPTER에서는 필자가 실천한 블로그 수익화 전략 12가지를 여러분이 직접 적용해볼 수 있도록 구체적인 사례와 함께 소개합니다. 각각의 수익화 전략에서 실현 가능한 것을 하나씩 적용하길 바랍니다.

블로그 수익화 전략 12가지

블로그 수익화 방법을 크게 분류하면 남이 좋아할 일을 대신해주고 돈을 벌 것인지, 내가 좋아하는 일을 하며 벌 것인지로 구분됩니다. 전자는 블로그 기자단이나 대행사의 수주를 받아 리뷰해주는 방식으로, 다른 사람의 물건이나 서비스를 대신 홍보하고 판매해 얻은 수익입니다. 후자는 내가 대행사의 역할을 대신해 돈을 벌고 이를 발판 삼아 나의 물건, 서비스를 직접 판매하는 방식입니다.

단순히 남의 물건이나 서비스를 대신 판매하는 방법만으로는 절대 오래 갈 수 없습니다. 그렇다고 이 방법이 필요 없고 가치가 낮다는 뜻은 절대 아닙니다. 대행사를 통한 체험단 경험을 통해 운영 방식, 가이드 기준을 배우면 나중에 체험단을 직접 모집하고 진행할 때 많은 도움이 됩니다.

체험단도 블로그 수익화를 만드는 과정의 중요한 단계이자 경험입니다. 다만 일단 블로그를 시작했다면 체험단 참여에서 만족하거나 그쳐서는 안 된다는 것을 강조하고 싶습니다. 1인 기업을 창업하고 나를 브랜딩한다는 생각과 마인드를 가져야 성공 확률을 높일 수 있습니다.

1인 기업을 창업하는 마인드를 가지려면 프리랜서와 1인 기업의 차이를 알아야 합니다.

홍순성 작가는 저서 《나는 1인 기업가다》[2]에서 "프리랜서와 1인 기업가의 차이는 누군가의 요청으로 일하는지, 스스로 일을 창출하는지에 있다."고 말합니다. 개인의 전문성을 중심으로 네트워크를 형성하며 시장과 가치를 창출하는 직업이 **1인 기업**입니다. 다시 강조하지만 블로그 수익화의 첫걸음은 단순한 블로거가 아닌 1인 기업이라는 마인드(퍼스널 브랜딩), 실천을 위한 구체적인 계획에 있습니다.

남의 물건을 팔고 소소한 행복을 느낄 것인지, 내 물건과 서비스를 팔아 큰 행복을 느낄 것인지에 대한 선택은 각자의 몫입니다. 그리고 후자를 선택했다면 이를 실현하기 위해 리뷰어를 넘어 1인 기업을 창업한다는 각오와 간절함으로 뛰어들어야 합니다. 그렇다고 처음부터 너무 비장할 필요는 없습니다. 필자 역시 꾸준히 리뷰어로 활동하면서 준비하던 도중 우연한 계기로 강의 의뢰를 받았고, 그렇게 시작된 강의와 리뷰어 활동을 살린 컨설팅으로 수익화 범위를 확장해 지금에 이른 것입니다. 적어도 이 책을 읽는 여러분은 8년 넘게 돌다리를 두드려보고, 때론 빠져보기도 하며 빙빙 돌아 얻은 필자의 경험을 통해 시행착오를 줄여 원하는 목표에 보다 빨리 도달할 수 있을 것입니다.

앞으로는 지금보다도 더 다양한 형태의 1인 기업이 나올 것입니다. 블로그, 유튜브를 기반에 둔 1인 미디어 시장은 갈수록 확대되고 있으며, 그들을 활용해 제품, 브랜드를 홍보하려는 회사 역시 늘고 있습니다. 현재의 퍼스널 브랜딩 사업은 유명인, 인플루언서만의 고유 영역이 아닙니다. 누구나 자신을 브랜딩할 수 있습니다.

여러분의 노력, 의지, 실천에 따라 성공할 수도, 실패할 수도 있습니다. 기간은 3년이 될 수도, 1년이 될 수도 있습니다. 누군가는 6개월 만에 소소한 수익화의 기쁨을 맛볼 수도 있습니다. 속도가 느리든 빠르든 여러분이 작성하는 블로그 글 하나, 체험형 리뷰 하나가 쌓여 브랜딩이 이루어지면서 평생 직업이 만들어진다는 것은 확신합니다.

그럼 네이버 블로그를 통해 수익을 만들 수 있는 방법에 대해 본격적으로 알아보겠습니다. 우선 필자가 직접 경험하고 실천하고 있는 네이버 블로그를 통한 수익화 전략은 다음 페이지 그림과 같이 크게 **직접 수익**과 **확장형 수익**으로 나눌 수 있습니다.

---

[2] ··

《나는 1인 기업가다》(홍순성 지음, 세종서적, 2017년 3월)

제2의 월급통장 만들기 전략	
직접 수익 창출	**확장형 수익 창출**
01 블로그 체험단(제품, 서비스)	01 공동구매 기획 및 판매 대행
02 포스팅 대행 배포형 체험단(원고료)	02 체험단 기획 및 운영
03 원고료 적립금 체험단	03 브랜드 컨설팅과 마케팅 대행
04 네이버 애드포스트	04 티스토리 블로그+구글 애드센스
05 네이버 인플루언서	05 PDF 전자책 출간
	06 온/오프라인 강의+영상 콘텐츠 제작
	07 종이책 출간

▲ 필자의 블로그 수익화 전략 12가지(직접 수익 5가지, 확장형 수익 7가지)

직접 수익을 창출하는 다섯 가지 전략에 대해서는 SECTION 05에서, 확장형 수익을 창출하는 일곱 가지 전략에 대해서는 SECTION 06에서 하나씩 자세히 알아보겠습니다.

블로그로 돈 버는
실천 노하우 :
직접 수익 창출

이번 SECTION에서는 블로그로 직접 수익을 창출하는 방법을 필자의 사례를 통해 살펴보겠습니다.

① 블로그 체험단(제품, 서비스)

8년 동안 블로그를 운영하면서 맛집, 제품, 서비스 등 정말 다양한 경험을 할 수 있었습니다. 유명인이 아니더라도 블로그 하나만 있으면 관련된 다양한 제품을 협찬받을 수 있습니다. 물론 블로그의 영향력에 따라 제품의 가격, 서비스의 수준이 다르긴 하지만 중요한 것은 우리도 할 수 있다는 사실입니다.

체험단은 제품을 협찬받고 리뷰를 작성하는 활동으로, 블로그를 운영하면서 가장 쉽게 수익을 얻는 방법입니다. 체험단 참여는 대표적으로 이메일·쪽지로 섭외 의뢰를 받아 진행하는 방법, 체험단 사이트에 가입해 원하는 체험단에 지원하는 방법, 브랜드의 공식 블로그에서 체험단·서포터즈를 신청하는 방법이 있습니다.

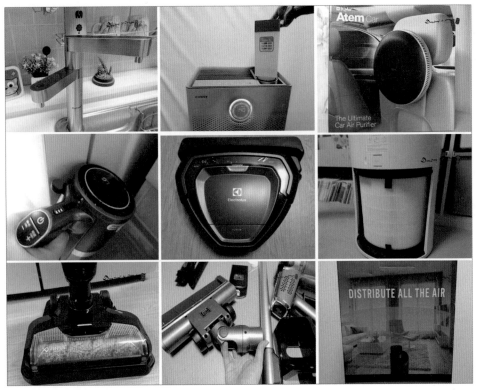

▲ 최근 1년간 블로그를 통해 협찬 받은 다양한 제품

여름이 되어 새 선풍기가 필요할 때 체험단을 통해 선풍기를 협찬받아 3~5만 원을 절약하고, 아이가 태어나면 매일 사용하는 기저귀를 협찬받아 매월 7만 원을 아낍니다. 낡은 청소기를 바꿔야 할 때 체험단에 신청해 20~30만 원의 지출을 줄이는 것만으로도 가계에 소소한 보탬이 됩니다.

물론 블로그 협찬은 육아용품, 전자기기, 생활용품, 맛집에 국한되지 않습니다. 화장품, 의류, 영양제, 식품, 도서와 같이 다양한 유형의 제품 협찬, 호텔, 펜션과 같은 숙박 협찬, 연극, 뮤지컬, 전시회와 같은 문화상품 협찬, 쇼핑몰, 웹서비스, 교육, 온라인 강의와 같은 무형의 서비스 협찬 등 시중에 판매되고 있는 모든 제품·서비스가 대상입니다. 최근에는 코로나-19로 인해 배달, 테이크아웃 형태의 체험단도 눈에 띄게 증가했습니다. 블로그 하나만 잘 운영해도 다양한 체험단에 참여할 수 있고 무료 증정을 통해 생각보다 많은 돈을 절약할 수 있습니다.

체험단 참여는 단순히 돈을 절약하는 것에 그치지 않고 내 블로그에 콘텐츠를 쌓는 기회가 됩니다. 필자 역시 아내의 출산 이후에는 기저귀, 분유 등의 체험단 의뢰가 많이 들어왔고, 아이가 성장하면서 이유식 리뷰를 작성하니 또 아이의 성장에 맞춰 휴대용 유모차, 아기 장난감, 유아 전집 관련 체험단 섭외가 들어왔습니다. 이렇게 블로그 주제와 연관된 콘텐츠를 일관되게 쌓으면 관련 카테고리의 업체 섭외가 더욱 많아집니다.

처음 블로그를 시작하는 수강생 대부분이 어떤 내용을 써야 할지 모르겠다는 고민을 토로합니다. 이때 체험단 활동이 생각보다 큰 힘이 됩니다. 실제 나의 경험을 바탕으로 체험형 후기를 작성하면 네이버 AI가 좋아하는 정보 가치가 높아 블로그 성장에 도움이 되고, 앞으로 소개할 브랜드 컨설팅 및 공동구매를 진행하는 확장형 수익 창출의 밑바탕이 됩니다.

또 다양한 브랜드의 제품 리뷰를 쓰는 동안 분석력과 글쓰기 능력도 향상될 것입니다. 다양한 체험단 경험은 또 다른 '기회'가 됩니다. 더 많은 담당자와 연락하고 만나 시장의 흐름과 트렌드를 배우다 보면 업체에 적절한 제안을 할 수도 있습니다. 무엇보다 이런 경험을 통해 체험단 업체와 직접 경쟁할 수 있는 경쟁력도 갖출 수 있습니다.

우리나라에는 상상 이상으로 많은 체험단 업체가 있습니다. 블로그 방문자가 적은 상황이라면 여러 업체를 확인해 경쟁률이 낮은 이벤트를 찾는 것만으로도 선정 확률을 대폭 올릴 수 있습니다. 체험단의 유형은 크게 세 가지로 구분할 수 있습니다.

- 네이버 카페를 기반으로 하는 **체험단 카페**
- 자체적인 전용 웹사이트를 구축한 **체험단 사이트**
- 네이버 블로그를 기반으로 홈페이지형 블로그를 만들어 운영 중인 **체험단 블로그**

그중 대표적인 체험단 사이트 25개를 공유합니다.

체험단 사이트 목록

체험단 카페	체험단 사이트	체험단 블로그
01 미즈넷	01 리얼리뷰	01 나무체험단
02 레몬테라스	02 서울오빠	02 드루와 체험단
03 일등맘	03 놀러와 체험단	03 꿀맛체험단
04 맘모닷컴(유아, 아동 전집)	04 리뷰플레이스	04 블로그 원정대
05 똑똑체험단	05 원스타 체험단	05 웨이워즈 체험단
06 앤서스	06 앤서스	06 다뉴 체험단
	07 모두의 블로그	07 핑퐁언니
	08 에코블로그	08 엄마품
	09 리뷰어스	
	10 구구다스	
	11 헤이블로그	

▲ 주요 체험단 목록

체험단 사이트를 통해 리뷰를 쌓다보면 더 많은 기회가 찾아옵니다. 그러므로 조바심내지 않고 나를 뽑아줄 사이트를 찾고 응모하는 노력이 필요합니다. 복권 당첨 확률을 높이기 위해 여러 장의 복권을 사는 것처럼 꾸준히 체험단에 지원하고 도전하면 체험단 당첨 확률이 높아질 것입니다.

> ### 핵심 콕콕 TIP 다양한 체험단 리스트와 사이트 주소 확인
>
> 국내에는 앞서 소개한 25개 체험단뿐만 아니라 다양한 체험단 카페, 사이트, 블로그가 있습니다. 각 체험단의 특징과 더 많은 체험단 정보는 별도로 자료를 정리하여 포스팅했습니다. 다양한 체험단 중 여러분이 원하는 체험단을 확인하고 선택할 때 도움이 되었으면 합니다.
>
> http://m.site.naver.com/0Q1yj

체험단 리뷰 활동을 진행하며 포스트를 쌓고 일 방문자가 500명이 넘기 시작하면 소소하지만 쪽지나 메일로 직접 의뢰가 들어오기 시작합니다. 대량으로 모집 쪽지나 메일을 보내는 대행사도 있지만, 제조사나 일반 기업의 경우에는 홍보 담당자가 자사 제품과 관련된 포스팅을 하는 블로거를 찾아 직접 제안하는 경우가 많습니다. 홍보 담당자도 당연히 제안을 수락할 블로그에 먼저 연락할 것입니다. 따라서 블로그 소개에 제품 협찬 및 리뷰에 대한 문의는 메일로 해달라는 문구 하나만 추가해도 섭외 가능성이 높아집니다. 어떤 제품·카테고리를 주로 리뷰하고 다루는지 추가로 적어놓으면 더욱 좋습니다. 소소하지만 작고 세심한 노력이 모여 블로그를 성장시키고 더 많은 체험의 기회로 이끌 것입니다.

▲ 프로필 영역에 협찬, 리뷰 제안을 받는다는 문구 넣기

② 포스팅 대행 업체 배포형 체험단(원고료)

원고료를 받고 대행 포스팅을 작성하는 체험단에 대해 알아보겠습니다. 포스팅 대행은 말 그대로 업체에서 제공하는 원고를 블로그에 올려주고 원고료를 받는 활동을 뜻합니다. 방문자 수에 따라 단가와 제품이 달라집니다.

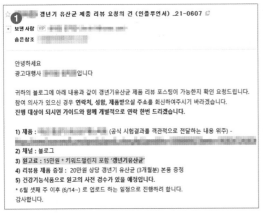
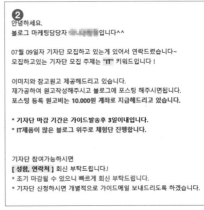
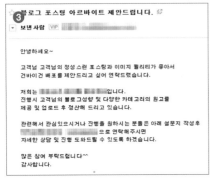
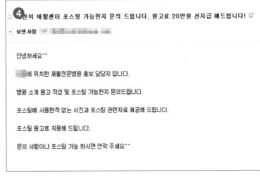

▲ 블로그 섭외 메일

실제 필자가 받은 섭외 메일을 살펴보겠습니다. 위 네 개의 메일 중 하나는 나머지 메일의 섭외 내용과 큰 차이점이 있습니다. 눈썰미가 빠르다면 금방 찾았을 겁니다. ❶ 메일을 제외하고 ❷, ❸, ❹ 메일은 사진과 원고를 같이 제공하는 배포형 체험단입니다.

포스팅 대행 체험단도 세분화하면 두 가지로 나눌 수 있습니다. 하나는 **업체에서 제공하는 사진과 글을 그대로 올리는 배포형**이고, 다른 하나는 **업체가 제공하는 가이드에 따라 블로거가 직접 글을 작성하는 체험형**입니다. 대행사에서는 대부분 빠른 리뷰 확보 및 살포 수준으로 대량의 포스트를 생산하기 위해 전자의 방식을 선호합니다. 섭외가 들어온 메일 내용만 봐도 어떤 내용인지 바로 짐작할 수 있을 겁니다.

다시 본론으로 돌아와 ❶ 메일은 업체에서 원고료와 제품을 제공하고 블로거가 직접 체험한 후 사진을 찍어 리뷰를 작성하는 포스팅 방식입니다. 앞서 우리는 블로그 최적화에 있어 기록적 요소, 즉 이미지와 텍스트가 가지는 독창성의 중요성에 대해 알아보았습니다. 그런 면에서 ❷, ❸, ❹와 같은 방식의 섭외 메일을 받았다면 일단 생각해볼 문제가 있습니다.

포스팅에 들어갈 이미지를 제공해주니 편할 것 같지만 배포형 체험단 활동을 할 때 가장 유의해야 하는 부분이 바로 이미지 사용입니다. 업체에서 제공한 이미지라도 포스팅에 사용하기 전에 검증이 필요합니다. 제시된 키워드와 제품명을 네이버에서 검색해 [이미지] 탭에서 내가 받은 사진과 유사한 이미지가 있는지 찾아보는 정도의 노력은 해야 합니다.

텍스트도 이미지만큼 중요합니다. 대행 업체의 규모에 따라 다르지만 대개 2~5명 정도의 작가가 원고를 작성합니다. 배포형 기자단의 목적은 저렴한 단가에 블로거를 섭외해서 대량 살포하듯 리뷰를 찍어내는 것입니다. 그래서 한 명의 작가가 동일한 키워드로 비슷한 원고를 여러 개 만드는 것이 일반적입니다.

안녕하세요.
담당님 똥둥이입니다.

네네!! 원고 주신대로 최대한 맞춰 작성 진행토록 하겠습니다.

최대한 허위과대과장광고나 위배되는 내용은 검수 해 주셧으리라 믿습니다.
그런데 효능 부분에서 예를들어 이걸 먹고 병이 낳았다. 개선되었다 등의 내용이나 조금 무리가 있는 내용에 대해서는 제 스타일에 맞게 언어 순화정도 가능 할까요?!

최대한 원고의 원 취지를 건드리지 않는 선에서 그대로 올리도록 노력은 하겠습니다.
그리고 평소 제가 작성하던 말투(경험적, 전달적)로 종결어미를 마무리 해도 될까요.

대부분 저는 영양제나 음식 같은 경우에는 다. 요.로 마침을 확실히 하는 편이에요.
예를들면 아래와 같습니다.

먹으니 확실히 아침에 몸이 가볍더라고요.
달콤한 맛이 더해져 아이들이 먼저 찾게 되는 것 같아요.
아내가 임신중에 있는데 남편이 센스있게 챙겨주는게 좋을 것 같습니다.

이부분만 감안을 해 주시면 매월 꾸준히 함께 진행 하고 싶습니다.
배송 정보는 아래와 같습니다.

안녕하세요~

블로그 확인 후 포스팅 문의 드립니다 :)

키워드는 영양제관련이며 선택가능하세요.
- 임산부비타민D
- 어린이영양제
- 어린이비타민D
- 임산부철분제
- 임산부엽산

원고는 저희 측에서 작성한 다음 전달드리며 발행조건은 1건당 10만원입니다.

리뷰 포스팅 가능하시면 회신 부탁드립니다.
감사합니다^^

▲ 업체에서 원고 제공 시 내용 수정 가능 여부를 확인 후 진행

아무리 창의적이고 필력이 좋아도 비슷한 제품을 동일한 키워드로 작성한다면 내용이 얼마나 다를 수 있을까요? 이런 문제가 누적되면 문서의 유사도가 높아질 수밖에 없습

니다. 또한 평소 블로그에 사용하던 문체와 달라 이질감이 드는 문제도 발생합니다. 따라서 포스팅 대행 업체에서 원고와 이미지를 받을 때는 반드시 읽고 내 스타일, 내 생각을 더해 작성해야 합니다. 필자의 경우 원고를 제공하는 배포형 포스팅 섭외는 무조건 수락하지 않고 원고 수정이 가능한지, 특히 과장된 부분이 있으면 순화해 포스팅할 수 있는지 문의합니다. 그리고 업체에서 이 부분을 수용하면 진행하고, 바꿀 수 없다고 하면 진행하지 않았습니다.

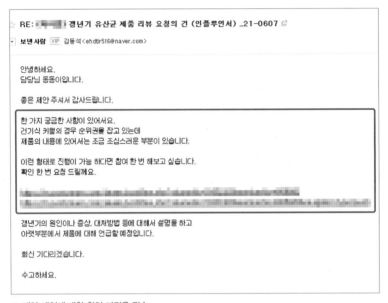

▲ 제안 메일에 대한 확인 과정은 필수

내용의 일부를 수정하는 것은 무리한 요구가 아니며 오히려 이런 수고를 통해 포스트가 더 노출될 수도 있습니다. 하지만 이런 과정을 이해하지 못하는 대행 업체라면 블로그에 대해서 전혀 모르거나, 블로거를 함께 일하는 파트너가 아닌 소모품으로 생각하고 있을 가능성이 큽니다.

많은 사람이 당장의 수익을 좇아 배포형 포스트를 그대로 올렸다가 결국 스팸성 포스트로 처리되는 것을 자주 봤습니다. 블로그를 통해 10~20만 원 벌고 끝낼 것이 아니라 장기적으로 자기를 브랜딩하고 수익화할 계획이 있다면 눈앞의 수익에 집착하면 안 됩니다. 당장 단기적인 수익과 내 블로그의 미래 가치를 맞바꿀 필요는 없습니다. 앞으로 더 큰 가치를 만들고자 한다면 사소한 이익에 흔들리지 말고 내 기준과 맞지 않는 대행 업체의 제안은 단호하게 끊어야 합니다.

③ 원고료 적립금 체험단

앞서 소개한 블로그 체험단 사이트에 들어가면 **원고료 적립금 체험단**을 찾아볼 수 있습니다. 체험 기자단, 기자 체험단이라고도 부릅니다. 이 방식은 직접 섭외가 오기도 하지만 대부분은 체험단 사이트에서 직접 신청해 선정됩니다.

▲ 주요 체험단 사이트에서 기자단을 지원할 수 있다.

이런 체험단은 대부분 사진을 제공하지 않으며, 홈페이지, 영상, 어플리케이션, SNS 채널에 공개된 자료를 스크린샷으로 캡처한 후 가공하여 이미지를 확보하거나, 서비스를 직접 이용하면서 찍은 사진을 활용합니다. 원고 역시 직접 작성해야 합니다. 이때 여러 사람이 똑같이 홈페이지 화면을 캡처하면 유사 이미지 사용 문제가 발생할 수 있습니다. 한 가지 팁은 노트북이나 PC, 스마트폰에 해당 페이지를 띄워놓고 사진을 찍어 올리는 방법입니다. 이렇게 하면 유사 이미지 사용에 대한 걱정에서 벗어날 수 있습니다.

단가는 5천 원부터 5만 원까지 다양합니다. 작은 수익처럼 보여도 모이면 무시하지 못할 수익을 만들어냅니다. 이렇게 찔끔 모아서 언제 큰돈을 만드냐고 반문할 수도 있습니다. 하지만 필자가 소개하는 수익화 모델 모두를 똑같이, 동시에 실천할 필요는 없습니다. 나에게 잘 맞는 것부터 하나씩 시작하고 확장하면 됩니다.

우리의 최종 목적은 블로그를 통해 나를 브랜딩하는 것이고, 1인 창업을 할 수 있을 만큼의 스킬을 익히는 것입니다. 따라서 마음에 들지 않거나 블로그의 방향에 맞지 않는 방법이라면 넘어가도 좋습니다.

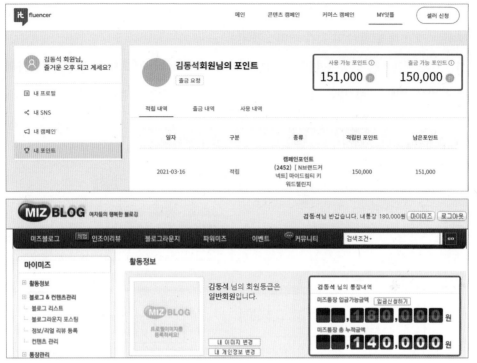

▲ 티끌 모아 태산이라는 말을 실감하게 하는 기자단 수익 인증

하지만 이 과정에서 분명 배울 것이 있습니다. 필자도 소소하게나마 기자단 활동을 꾸준히 실행하고 있습니다. 일주일 애드포스트 수익이 아직 1~2만 원 수준이라면 충분한 수익 모델을 구축하기 전까지 체험단 사이트의 기자단 활동을 수익화 보조 활동으로 활용할 것을 권합니다.

④ 네이버 애드포스트

티스토리 블로그에는 구글 애드센스, 쿠팡에는 파트너스가 있다면 네이버에는 애드포스트가 있습니다. 네이버 애드포스트가 정말 돈이 될지, 애드포스트 수익이 잘 나오려면 어떻게 해야 하는지 많은 질문을 받았습니다. 애드포스트는 네이버에서 운영 중인 미디어에 광고를 게재하고 그 광고에서 발생한 수익을 블로그나 포스트 발행자에게 배분하는 광고 매칭 및 수익 공유 서비스입니다.

블로거가 콘텐츠를 작성하면 포스팅 하단에 애드포스트에서 광고가 게재되고 방문자의 후속 반응(구매, 클릭, 방문 등)이 발생하면 단가에 따라 수익을 얻게 됩니다.

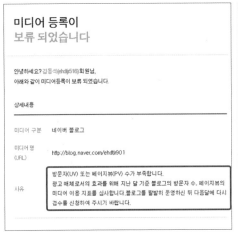
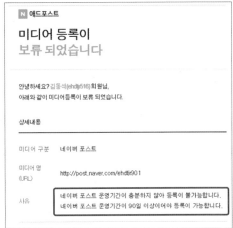

▲ 네이버 애드포스트 보류로 알아보는 등록 기준

블로그를 만들었다고 애드포스트를 바로 사용할 수는 없습니다. 블로그를 어느 정도 운영한 후 직접 신청해야 합니다. 그러면 네이버에서 해당 블로그가 광고 매체로 적당한지 심사한 후 2~3일 내외로 승인 또는 보류 안내 메시지를 전달합니다. 애드포스트의 승인 최소 기준은 다음과 같습니다.

네이버 애드포스트 승인 기준
- 블로그 개설 후 최소 90일 이상 경과
- 전체 공개 포스팅 50개 이상
- 일 방문자 수 100명 이상

따라서 블로그 개설 후 90일 동안 이웃과 교류하며 이틀에 한 번 이상 포스팅했다면 누구나 애드포스트를 신청하고 승인을 얻을 수 있습니다. 애드포스트는 블로그뿐만 아니라 네이버 포스트, 밴드도 등록할 수 있습니다.

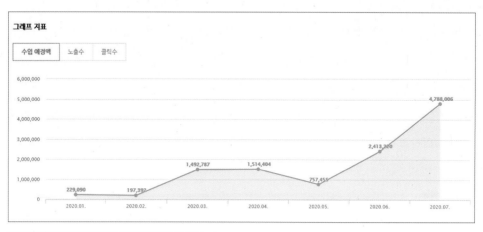

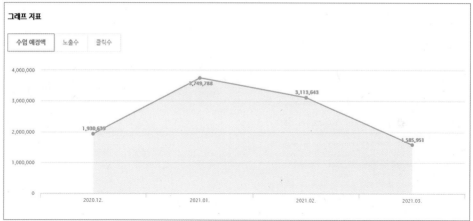

▲ 2020년 1월부터 2021년 3월까지 모은 애드포스트 수익 2,200만 원 인증

위 그림은 필자의 애드포스트 수익 통계입니다. 2020년 3월부터 수익이 급격히 증가한 것을 확인할 수 있습니다. 방문자의 급상승 요인도 있었지만 2020년 2월에 서비스를 시작한 **네이버 인플루언서**의 영향이 큽니다(네이버 인플루언서에 대한 내용은 바로 뒤에서 자세히 알아보겠습니다).

또 애드포스트 수익을 얻을 수 있는 매체는 블로그, 포스트, 밴드 각각 하나씩만 등록할 수 있는 것이 아니라 블로그는 두 개, 포스트도 두 개까지 등록이 가능합니다. 인플루언서로 선정되면 총 다섯 개까지 가능하고, 밴드를 운영 중이라면 더 추가할 수 있습니다.

물론 메인 블로그와 서브 블로그를 동시에 운영하는 것은 쉬운 일이 아닙니다. 하지만 메인 블로그가 어느 정도 성장한 뒤에는 서브 블로그를 운영할 시간을 확보할 수 있습니다. 두 개 이상의 블로그를 서로 다른 콘셉트로 동시에 운영하는 블로거도 많습니다. 애드포스트로는 수익이 잘 발생하지 않는다고 생각할 수 있지만 등록 미디어를 추가해 수익을 확장할 수도 있습니다.

미디어 설정

· 등록한 미디어의 정보 및 미디어 검수 현황을 관리할 수 있습니다.
· 미디어 명을 클릭하면 해당 미디어의 정보를 수정, 삭제할 수 있으며, 각 미디어의 광고 URL 차단과 같은 각종 설정을 할 수 있습니다.
· 보류된 미디어는 검수 요청을 통해 재 검수를 진행할 수 있습니다.
· 게재 제한된 미디어의 게재 제한 해지 요청은 [내 정보 > 이용 제한 이력]에서 할 수 있습니다.
· 상태를 클릭하시면 해당 미디어의 상태와 그에 대한 사유를 조회할 수 있습니다.
· 밴드페이지의 설정 변경은 밴드페이지 내 애드포스트 설정에서 진행해 주세요.

종류	미디어명	상태 ⓘ	검수요청
Blog	동동이와 동쥬의 행복가득 육아일기 (http://blog.naver.com/ehdtjr516)	정상	
Influencer	ehdtjr516의 인플루언스홈 (https://in.naver.com/ehdtjr516)	정상	
Post	ehdtjr516의 네이버 포스트 (http://post.naver.com/ehdtjr516)	정상	
Blog	▓▓▓▓▓▓▓▓▓▓▓▓▓▓▓▓	정상	
Post	▓▓▓▓▓▓▓▓▓▓▓▓▓▓▓▓	정상	

▲ 현재 필자가 운영 중인 다섯 개의 애드포스트 채널

⑤ 네이버 인플루언서

네이버에서 2020년 2월 12일 서비스를 시작한 **네이버 인플루언서**(https://in.naver. com)는 분야별 전문 창작자의 포스팅이 네이버 검색 결과에 직접 노출되도록 만든 새로운 검색 시스템입니다. 네이버에서는 카테고리별로 주요한 키워드를 선정해 인플루언서의 키워드 챌린지로 확대하고 있습니다. 분야별 전문 창작자를 우대해 주요 키워드에 대해 보다 전문성 있는 콘텐츠를 공급하고 검색 이용자의 만족도를 높이려는 노력의 일환입니다. 또한 네이버 블로그 사용자가 유튜브나 티스토리 블로그로 이탈하는 것을 방지하고 통합 플랫폼을 구축하려는 야심 찬 도전 의지도 담겨 있습니다.

인플루언서 활동은 블로그, 포스트, 네이버TV, 인스타그램, 유튜브 채널 동영상 등 기존에 작성된 콘텐츠를 지정된 키워드에 맞게 끌어오는 방식으로 운영됩니다. 2020년 2월 기준으로 약 2만 개에 불과했던 인플루언서 키워드 챌린지는 2020년 12월 기준으로 약 10만 개로 확대되었고 이후 계속해서 확장되고 있습니다.

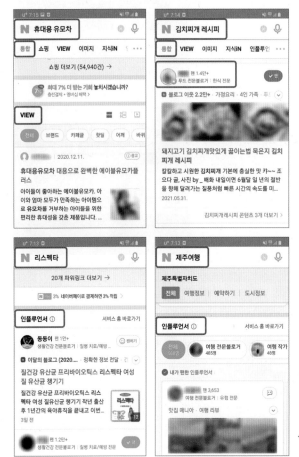

◀ 특정 키워드는 VIEW 영역보다 인플루언서 영역이 상단에 노출된다.

이로 인해 블로그 방문자가 많이 줄었다고 하는 사람도 있습니다. 어찌 보면 당연한 결과일 수 있습니다. 예를 들어 기존에는 '제주여행' 키워드로 검색하면 가장 먼저 VIEW 영역의 블로그 후기가 먼저 보였습니다. 하지만 네이버 인플루언서가 도입된 후 해당 키워드로 검색하면 인플루언서 영역이 우선 노출됩니다. 즉, 인플루언서용 키워드의 경우 아무리 좋은 콘텐츠를 작성해도 내가 인플루언서가 아니라면 인플루언서 영역 아래에 노출된다는 뜻입니다. 따라서 10만 개의 키워드에 한해서는 인플루언서가 아닌 블로거의 포스트는 상단 노출이 불가능해졌고, 이는 자연스럽게 방문자 수 감소로 이어지는 것입니다. 따라서 블로그 규모가 어느 정도 커지면 인플루언서에 지원하는 것은 선택이 아니라 필수입니다.

네이버 인플루언서는 인플루언서 검색(https://in.naver.com/intro/creator)에 접속하여 자신의 블로그를 지원할 수 있습니다. 지원 주제를 선택하고 자신의 블로그, 포스트, 인스타그램, 유튜브 등의 채널을 등록합니다. 블로그가 여러 주제를 다룬다면 가장 대표적인 주제(메인 주제)로 지원할 것을 권장합니다. 지원 후에는 심사 기간을 거쳐 인플루언서로 선정됩니다.

▲ 네이버 인플루언서 광고 대상 안내 메시지

앞으로 네이버는 전문 창작자 중심의 인플루언서 영역을 더욱 확대해나갈 것입니다. 기업이나 광고 업체 역시 인플루언서 확보와 관련한 마케팅 상품을 쏟아내고 있습니다. 따라서 특화된 키워드를 발굴하면서 발 빠르게 블로그를 키워나가고 동시에 네이버 인플루언서에 참여해 키워드 챌린지에 선정되는 것이 블로그 수익화의 중요한 요소가 되고 있습니다.

제휴 마케팅 활용 주의 사항 : 저품질 블로그 탈출하기

제휴 마케팅, 체험단 활동이 블로그 운영 초기에 기초 수익을 보장하는 것은 부인할 수 없습니다. 하지만 네이버에서 포스트에 삽입된 외부 링크로 인해 방문자가 외부로 빠져 나가는 것을 반길 것인지 생각해보고, 무엇보다 이용자들이 사용 후기를 보기 위해 들어왔다가 외부 링크로 연결을 유도하는 제휴 마케팅이라는 사실을 알았을 때 어떤 기분을 느낄지 등을 고려하여 제휴 마케팅, 체험단 활동을 잘 진행해야 합니다.

계속 강조하지만 CHAPTER 03은 필자의 실제 블로그 운영 경험을 토대로 수익화 실현에 대한 내용을 다루고 있습니다. 제휴 마케팅을 어디까지 진행할지에 대한 결정은 각자의 블로그 운영 방향에 따라 달라질 수 있습니다. 다만 필자의 사례를 통해 제휴 마케팅 활용 시 주의 사항을 고민해볼 수 있었으면 합니다.

필자도 맛집 체험이나 제품 체험단과 같은 포스팅으로 블로그 수익화를 시작했습니다. 블로그 운영 경험이 적을 때는 다른 수익화 방법에 대해 전혀 생각하지 못했습니다. 외부 링크는 블로그 지수에 좋지 않다는 소문이 많아 망설여지기도 했지만 조심하면 문제 없을 것이라 생각했고, 실제로 초반에 쏠쏠한 수익을 얻을 수 있었습니다.

원고료나 기자단 수익은 포스팅 한 건에 10~20만 원이 지급되는 일회성 수익이었지만, 제휴 마케팅은 수익이 꾸준히 발생하고 어떤 제품 하나가 대박이 나면 한 번에 큰 수익을 벌 수도 있었습니다.

그러나 어느 정도 시간이 흘렀을 때 블로그에서 이상한 기운이 감지되기 시작했습니다. 상위에 잘 노출되던 키워드 포스트가 하나둘 사라지고, 시간이 지날수록 방문자도 조금씩 감소했습니다. 이상이 감지된 지 2주가 지나자 방문자는 평소 대비 1/10 수준으로 감소했고 기존에 키워드 순위권을 차지하던 포스트마저 모두 노출에서 사라졌습니다. 블로거들이 말하는 공포의 저품질 시기가 온 것입니다.

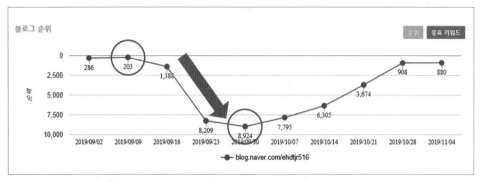

▲ 네이버 블로그 순위 하락(출처 : 블로그 차트, https://www.blogchart.co.kr), 블로그 순위는 참고치

203위였던 순위가 8,000위 아래로 떨어지니 애드포스트 수익도 급감하고, 그간 협찬을 진행했던 업체에서 잠시 광고를 멈추자는 연락을 받았습니다. 무엇이 문제인지 매일 문제점을 분석하고 블로그와 유튜브에서 '저품질 탈출법'을 검색하며, 해결법을 찾아보았습니다. 하지만 인터넷에 공개된 정보만으로는 구체적인 해결 방법을 찾을 수 없었습니다. 이래서는 안 되겠다는 생각에 네이버 공식 블로그 '네이버 검색'과 '네이버 Search & Tech'의 포스트를 꼼꼼히 읽으며 해법을 찾기 시작했습니다.

다행히 네이버 공식 자료에서 실마리를 찾을 수 있었습니다. 네이버 AI는 여러 종류의 어뷰징 시도를 분석·학습하고 이 결과를 콘텐츠 생산자의 신뢰도에 새로운 요소(피처)로 추가하여 랭킹 알고리즘에 반영한다는 내용이었습니다. 그리고 '최근 n일간의 데이터를 바탕으로 매일 업데이트하기 때문에 어뷰징 시도를 중단한 생산자의 신뢰도는 시간이 지남에 따라 어뷰징 시도 이전 수준으로 회복될 수 있다'고 설명하고 있었습니다.

블로그 방문자가 빠진 전후 기간을 기준으로 문제가 될 만한 요소가 있는 포스트를 집중적으로 살펴봤고 제휴 마케팅 플랫폼의 외부 링크를 삭제하거나 수정해 발행했습니다. 대부분은 직접 촬영한 사진을 이용해 작성한 정보성 리뷰였으므로 크게 수정한 내용은 없었습니다. 포스트 수정의 80% 이상은 외부 링크를 삭제하는 작업이었습니다. 그리고 5주 후 놀라운 결과를 얻을 수 있었습니다.

1/10 수준으로 감소했던 방문자가 다시 이전 수준으로 돌아오고, 블로그 전체 랭킹도 41위까지 올랐습니다.

서비스

콘텐츠 생산자의 신뢰도를 평가하는 피쳐(Feature)가 더욱 다양해집니다.

네이버 검색 2018. 6. 7. 10:59 · URL 복사 · 이웃 ⋮

이용자들은 원하는 정보를 얻기 위해 네이버 검색창에 키워드를 입력한 후, 검색 결과를 통해 블로그, 포스트, 카페, 지식iN, 뉴스 등 키워드와 관련한 다양한 콘텐츠를 접하고 있습니다.

| 랭킹 알고리즘은 어떻게 개선되나요?

네이버는 여러 경우의 어뷰징 시도들을 분석, 학습하고, 이 결과를 콘텐츠 생산자의 신뢰도에 새로운 피쳐로 추가하여 랭킹 알고리즘에 반영할 예정입니다.

구체적으로, 콘텐츠 생산자가 어뷰징을 시도하고 있는지, 어뷰징의 규모나 빈도가 어느 정도 되는지 등을 분석한 후, 새로운 피쳐를 생산자의 신뢰도 값에 반영하여 검색 결과에서 순위를 결정하는 데 사용하게 됩니다.

단, 이렇게 추가된 피쳐는 최근 n일간의 데이터를 바탕으로 매일 업데이트되기 때문에, 어뷰징 시도를 중단한 생산자들의 신뢰도는 시간이 지남에 따라 어뷰징 시도 이전 수준으로 회복될 수 있습니다.

▲ 저품질 탈출의 실마리를 찾은 네이버 힌트(출처 : https://blog.naver.com/naver_search/221293441359)

제휴 마케팅 이야기를 하다가 저품질 이야기를 하는 이유는 제휴 마케팅에서 빠질 수 없는 **외부 링크 사용의 주의 사항**을 알리기 위해서입니다. 제휴 마케팅의 개념을 정리하고 플랫폼과 사이트를 소개하는 정도로 넘어갈 수도 있지만 외부 링크의 위험성을 실제로 겪은 입장에서 그냥 지나칠 수는 없었습니다. 물론 블로그나 유튜브에서 제휴 마케팅 플랫폼을 통해 꾸준히 수익을 내면서 잘 운영하는 분도 있습니다. 하지만 이런 저품질 상황을 모든 사람이 피할 수는 없기 때문에 외부 링크를 통한 제휴 마케팅은 조금 더 장기적인 관점에서 신중히 고민하고 선택할 것을 권장합니다. 당장 블로그 순위가 유지되고 수익이 생기므로 문제없는 것처럼 보이지만 조금씩 누적되면 내 블로그 전체 신뢰도가 하락하는 결과를 만들어낼 수 있기 때문입니다.

쉽게 생각해보겠습니다. 현대자동차에서 자사 사옥 1층에 경쟁사 자동차를 판매하는 대리점이 입점하는 것을 승인해줄리 없습니다. 네이버에는 네이버 스마트스토어라는 자체

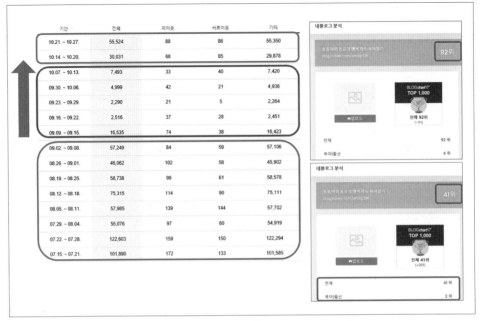

기간	전체	파이웃	서로이웃	기타
10.21. ~ 10.27.	55,524	88	86	55,350
10.14. ~ 10.20.	30,031	68	85	29,878
10.07. ~ 10.13.	7,493	33	40	7,420
09.30. ~ 10.06.	4,999	42	21	4,936
09.23. ~ 09.29.	2,290	21	5	2,264
09.16. ~ 09.22.	2,516	37	28	2,451
09.09. ~ 09.15.	16,535	74	38	16,423
09.02. ~ 09.08.	57,249	84	59	57,106
08.26. ~ 09.01.	46,062	102	58	45,902
08.19. ~ 08.25.	58,738	99	61	58,578
08.12. ~ 08.18.	75,315	114	90	75,111
08.05. ~ 08.11.	57,985	139	144	57,702
07.29. ~ 08.04.	55,076	97	60	54,919
07.22. ~ 07.28.	122,603	159	150	122,294
07.15. ~ 07.21.	101,890	172	133	101,585

▲ 5주만에 '저품질 탈출'에 성공한 사례(출처 : 블로그 차트, https://www.blogchart.co.kr)

쇼핑 플랫폼이 있습니다. 그런데 자사 쇼핑몰 링크가 아닌 외부 링크를 첨부해 판매를 유도하는 것에 대해 네이버에서 어떻게 판단하고 지수를 부여할지 생각해봐야 합니다. 단순히 스마트스토어 문제만은 아닙니다. 네이버는 검색 이용자의 만족도를 올리기 위해 꾸준히 알고리즘과 AI를 지속적으로 업그레이드한다고 앞에서 설명했습니다. 검색 이용자의 만족도와 제휴 마케팅이 무슨 관계가 있을까 싶겠지만, 콘텐츠의 생산자 입장이 아닌 이용자의 입장에서 생각해보아야 합니다. 만약 여러분이 어떤 정보를 얻기 위해 네이버 검색을 사용하고, 검색 결과로 노출된 포스트를 읽다가 정보성 글이 아닌 광고라는 것을 알게 되었을 때, 잘 읽다가 중간에 첨부된 광고성 링크를 보았을 때 들었던 기분을 생각해본다면 쉽게 공감할 수 있을 것입니다.

▲ 링크 사용 시 주의할 점 : 동일한 링크가 여러 포스팅에 삽입되어 있는 사례[3]

네이버 블로그에서 제휴 마케팅을 시행할 때 주의할 점 중 하나가 바로 **링크**입니다. 링크는 웹 문서와 문서를 연결하는 역할을 합니다. 링크를 클릭하면 현재의 문서에서 다른 문서로 쉽고 편리하게 이동할 수 있습니다. 블로그 포스트에서도 링크를 잘 활용하면 긴 설명을 단 한 줄의 링크로 대체할 수도 있고, 블로거가 원하는 문서나 콘텐츠로 방문자를 쉽게 유도할 수도 있습니다.

하지만 링크는 그만큼 신중하게 사용해야 합니다. 네이버에서는 나쁜 문서로 간주될 수 있는 링크의 종류를 다섯 가지로 구분하고 있습니다.

1 **낚시성 링크** : 클릭했을 때 의도와 다른 페이지로 이동하거나 예상하지 못한 특정 동작을 발생시키는 링크

2 **불법 콘텐츠 링크** : 성인 콘텐츠나 도박 사이트, 영상물이나 음원 등 저작권을 위반하는 콘텐츠로 연결되는 링크

3 **대량의 링크** : 대량의 링크가 한 포스트 혹은 한 블로그에 포함된 경우 스팸 문서로 간주

4 **반복 사용된 동일한 링크** : 동일한 링크를 많은 포스트에 반복 사용하는 경우 스팸으로 간주

3]
"블로그에서 링크 사용하기", 네이버 Search & Tech, https://blog.naver.com/naver_search/220748087250

네이버에서도 잘못된 링크로 인한 검색 이용자의 신뢰도 하락을 해결하기 위해 스팸 필터 시스템으로 URL(링크)을 관리하고 있습니다. '기-승-전-링크' 형태로 모든 블로그 포스트에 링크를 삽입하는 경우 방문자 만족도를 떨어뜨리는 요인이 될 수 있고 이런 링크가 첨부된 경우 스팸 문서로 분류될 수 있습니다. 따라서 제휴 마케팅 플랫폼에서 받은 링크를 사용할 때는 다른 글에서 많이 사용되지는 않았는지, 블로그 운영 상태까지 확인하는 절차가 필요합니다.

물론 제휴 마케팅만으로 저품질 블로그가 된다고 단정 지을 수 없습니다. 하지만 콘텐츠 생산자가 아닌 방문자 입장으로 다시 돌아가 생각해볼 필요는 있습니다. 아무리 좋은 내용의 포스팅이라도 "이 포스트는 ○○ 활동의 일환으로 작성되었으며 이에 따른 일정액의 수수료를 제공받고 있습니다."라는 문구를 본다면 왠지 유익하고 신뢰가 가는 정보를 주는 콘텐츠라는 생각이 들지 않아 블로그에서 이탈할 수 있으며, 재방문율 또한 낮아질 수 있다는 점을 기억해야 합니다.

블로그를 넘어
돈 버는 실전 노하우 :
확장형 수입 창출

이번에는 확장형 수익 창출 방법에 대해 알아보겠습니다. 공동구매, 체험단 기획 및 운영, 브랜드 컨설팅, 티스토리(구글 애드센스), 온/오프라인 강의, PDF 전자책 제작, 종이책 출간 등 일곱 가지 수익화 방법입니다. 여기의 내용은 모두 필자의 실제 경험을 바탕으로 작성했습니다. 여러분의 블로그 운영 방식과 최종적인 목표, 수익화 스타일에 맞게 적용하여 수익 창출에 도움이 되었으면 합니다.

① 공동구매 기획 및 판매 대행

블로그 체험단으로 어느 정도 콘텐츠가 쌓이고 양질의 포스팅을 진행하고 있다면 체험단 및 원고 대행 의뢰 문의와 함께 공동구매 진행 문의도 들어오기 시작합니다. 물론 블로거가 먼저 업체에 공동구매를 제안할 수도 있습니다. 업체(브랜드, 제조사) 입장에서는 새 판매망을 확보하는 것이므로 계획서만 잘 제출하면 초보 블로거도 충분히 공략할 수 있습니다.

공동구매 진행의 최대 장점은 재고와 배송에 대한 부담이 없다는 것입니다. 이벤트를 열고 취합된 구매자 리스트를 업체에 전달하면 업체에서 배송과 CS 업무를 알아서 진행하기 때문에 협업하면서 많은 것을 배우고 경험할 수 있습니다. 스마트스토어 또는 온라인 마켓 운영이 목표라면 공동구매 기획과 판매를 통해 고객의 니즈, 소비 트렌드, 구매 패턴을 익힐 수 있으므로 직접적인 도움이 될 것입니다.

필자가 공동구매를 진행하면서 경험한 내용을 바탕으로 어떤 것을 준비하고 업체 선정 시 어떤 것을 확인해야 하는지 알아보겠습니다.

▲ 필자가 운영했던 육아카페 : 다양한 업체들과 공동구매로 수익 채널을 다양화했다.

공동구매의 가장 중요한 요소는 '사람'입니다. 그중에서도 애정이웃과의 신뢰 관계는 무엇보다 중요합니다. CHAPTER 02에서 이러한 신뢰 관계를 만들기 위해서는 꾸준한 소통이 중요하며 내가 메인으로 다루는 블로그 주제에서 지속적인 콘텐츠를 생산해 블로그의 인지도를 쌓아가는 것 또한 중요하다는 사실을 알아보았습니다.

그리고 당연히 블로그 메인 주제와 관련된 제품을 선택해야 판매 확률도 높아질 것입니다. 예를 들어 뷰티 블로거라면 마스크 팩, 화장품, 미용 기구를 판매해야지 유모차나 아기 간식을 판매한다면 당연히 구매 전환율이 떨어질 것입니다.

공동구매의 두 번째 핵심 요소는 업체 담당자입니다. 공동구매 판매 수수료는 평균 10~15%인데, 필자는 블로그 체험단을 통해 업체 담당자와 친분을 유지하면서 공동구매를 진행해 최대 20%까지 판매 수수료를 제안받은 경험이 있습니다. 높아진 판매 수수료에서 필자가 가져가는 비중을 낮춰 쿠팡이나 스마트스토어에서 판매되고 있는 것보다 더 낮은 가격으로 공동구매를 진행했고, 판매 경쟁력과 구매 전환율을 높일 수 있었습니다. 이처럼 수수료를 높이거나 압도적인 가격 경쟁력을 확보할 수 있는 것 또한 사람과의 관계에서 시작된다는 사실을 기억하고, 스쳐 지나갈 수도 있는 인연을 소중히 여기는 마음가짐과 자세를 지녀야 합니다.

공동구매 이벤트 진행 핵심 포인트

01

애정이웃과 블로그 메인 주제
지속적인 소통과 신뢰 구축
블로그 메인 주제와 연계된 공동구매 진행
공동구매 진행 내용 홍보 및 구매 참여

02

업체 담당자와의 신뢰 구축
체험단 참여 및 제안 메일을 통한 관계 형성
신뢰 구축을 통한 판매 수수료 조정
공동구매 시 판매 수수료 상승분으로 가격 조정 가능

▲ 자체 공동구매 이벤트 진행의 핵심 포인트

아직 블로그로 제안이 들어오지 않거나, 공동구매를 제안해볼 만큼 친한 업체가 없더라도 걱정하지 않아도 됩니다. 인플루언서(블로거)와 공동구매를 원하는 업체를 연결해주는 플랫폼을 활용하면 됩니다.

▲ 공동구매 제휴 업체를 통해 이벤트 진행을 시작한다.

블로그를 통한 공동구매는 재고를 떠안을 부담이 없고 배송과 CS(서비스 관리)에 대한
부담도 덜 수 있기 때문에 물건을 구매해줄 애정이웃과 낮은 단가에 물건을 확보하려는
노력이 더해진다면 판매 성공 확률은 더욱 높아질 것입니다. 그리고 한 번 구매한 고객
은 다음 공동구매에서 재구매할 확률이 높기 때문에 꾸준한 소통과 관리가 중요합니다.
그럼 지금부터 공동구매 성공률을 높이는 방법을 구체적으로 알아보겠습니다.

공동구매 성공 확률을 높이는 방법

먼저 고객에 대한 이해가 필요합니다. 고객은 **잠재 고객, 가망 고객, 구매 고객**으로 구분
할 수 있습니다. 우선 블로그를 통해 **잠재 고객**에게 적절한 정보를 제공하여 **가망 고객**
으로 만드는 것이 중요합니다. 그리고 가격 또는 제품의 퀄리티와 같은 매력적인 제안
을 통해 **가망 고객**을 **구매 고객**으로 만들어야 합니다.

블로그 공동구매는 물론 블로그로 사업을 홍보하는 가장 큰 목적은 사람들에게 나를 알
리고 잠재적 고객을 확보하는 것입니다. 이런 측면에서 블로그 하나를 잘 키우면 고객

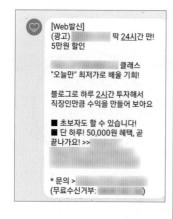
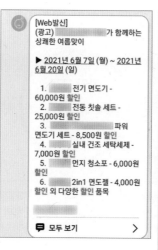
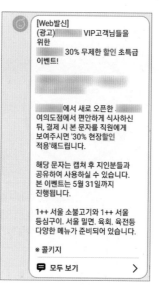

▲ 잠재 고객을 확보하기 위해 노력 중인 기업들의 다양한 문자

확보에 투입되는 어마어마한 비용을 절약할 수 있습니다. 따라서 공동구매를 진행할 때는 판매 제품에 관심을 가질 만한 잠재 고객을 탐색하고 확보하는 것이 무엇보다 중요합니다.

판매하려는 제품이 '아디다스 운동화 A모델'이라고 가정해보겠습니다. 먼저 아디다스 운동화 A모델에 대해 검색합니다. 관련된 블로그 · 카페의 글을 VIEW 영역에서 최신순으로 정렬합니다. 그리고 댓글을 확인하며 가격과 디자인 등에 관심을 보이는 사람들을 대상으로 이웃을 신청하고 소통합니다. 이 과정을 판매 2주 전부터 미리 진행해 기존의 애정이웃과 더불어 실제 구매 가능성이 높은 고객을 확보하는 것만으로도 구매 전환율을 높일 수 있습니다.

잠재 고객에게 적절한 정보를 주어 가망 고객으로 만들었으니 이제 구매 고객으로 만들 차례입니다. 이를 위해서는 가격이 저렴하거나 물건의 퀄리티가 좋다는 등의 매력적인 제안이 필요합니다. 아무 제품이나 공동구매로 판매해 성공할 수는 없습니다. 성공적인 공동구매를 위해서는 그에 맞는 제품을 찾아야 합니다. 네이버에 **공동구매**라고 검색해 검색 기간을 3개월 이내로 설정합니다. 이미 진행됐거나 현재 진행 중인 블로그 포스팅

고객 유형에 대한 이해

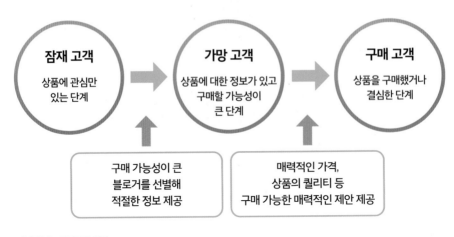

▲ 고객 유형에 따른 접근 전략

에 달린 댓글 등 이용자의 반응을 확인해 실제 판매율이 높았던 제품을 확인해봅니다. 물론 동일한 제품으로 진행해도 되지만 경쟁 브랜드의 제품을 선택하거나, 해당 제품보다 가격이 저렴하거나, 기능이 뛰어나거나, 새로 출시된 제품을 선택하면 성공 확률을 높일 수 있습니다.

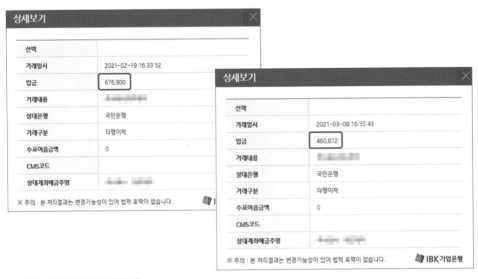

▲ 꾸준한 수익을 올려주는 공동구매

정리하자면 블로그 공동구매의 중요한 포인트는 **신뢰와 가격**입니다. 업체 담당자와의 친분을 통해 나의 마진율을 낮춥니다. 그런 다음 경쟁력 있는 단가의 제품 및 서비스를 신뢰로 형성된 이웃에게 제공한다면 구매는 자연스럽게 증가할 것입니다. 한 번 구매한 고객은 내 블로그를 다시 찾을 확률이 높기 때문에 꾸준한 소통과 빠른 피드백은 기본입니다. 공동구매를 진행하며 구매 누적 고객이 30~50명 이상 되었을 때 카카오톡 단톡방을 만들어 관련 소식을 공유하고, 관심 있는 친구 초대 이벤트를 통해 구매 가능 고객을 확장하는 것도 좋은 방법입니다.

② 체험단 기획 및 운영

블로그 체험단, 공동구매까지 진행했다면 이런 경험을 바탕으로 자체적인 블로그 체험단을 기획해볼 차례입니다. 업체의 섭외, 체험단 사이트 선정을 통해 체험단의 모집 방식, 블로거 섭외 방법, 리뷰 가이드 작성 방법은 자연스럽게 익혔을 것입니다. 이때 업체에서 제공하는 리뷰 가이드 메일이나 관련 파일은 삭제하지 말고 차곡차곡 모아둘 것을 추천합니다. 이미 해당 분야의 전문가들이 최적의 조건에 맞춰 제작한 가이드와 제안서 등은 클라이언트로부터 검증받은 자료이므로 직접 가이드나 포맷을 제작할 때 훌륭한 교재가 됩니다. 이것을 여러분의 블로그, 체험단 기획 제안서에 그대로 옮겨오면 됩니다.

▲ 필자의 블로그에서 진행 중인 블로그 체험단

CHAPTER 02에서 소개한 육아맘의 이웃 추가 방법을 기억할 것입니다. 해당 사례에서 소개한 것처럼 충분한 이웃을 확보했다면 누구든 업체에 '블로그 체험단 진행'을 제안할 수 있습니다. 업체 담당자와의 친분이 있다면 접근은 더욱 수월해집니다. 앞서 소개한 과정들이 하나하나 쌓여 블로그 수익화를 극대화하는 탄탄한 기초 공사, 밑거름이 되는 것입니다.

세계적으로 유명한 경영 컨설턴트이자 작가인 짐 콜린스는 저서 《좋은 기업을 넘어 위대한 기업으로》[4] 에서 '플라이휠(Fly wheel)'이라는 개념을 제시합니다. 아주 거대한 크기의 물레방아를 생각해보겠습니다. 처음 한 바퀴를 돌리려면 많은 양의 물과 힘이 필요합니다. 하지만 두 바퀴, 세 바퀴 돌아가기 시작하면 가속도가 붙어 적은 양의 물로도 거대한 물레방아를 돌릴 수 있습니다. 이처럼 블로그 수익화를 안정적으로 극대화하려면 **축적의 단계**를 거쳐야 합니다. 작고 소중한 경험이 모이고 쌓여 결국 거대한 수익화의 플라이휠을 돌아가게 만드는 것입니다. 그러니 사소한 경험이라도 소중히 여기고 기회로 만들어야 합니다.

지금까지 필자는 약 70여 개의 업체와 자체 체험단을 진행했으며 현재도 계속 진행하고 있습니다. 체험단을 진행하며 업체 대표나 담당자들과 이야기를 나누다보니 체험단 운영 및 광고를 대행하는 업체에 관한 몇 가지 공통점을 발견할 수 있었습니다.

- 장기간의 계약에 대한 부담(금액적 부분)
- 제대로 된 판매 피드백의 부족
- 블로거 선정의 불만족

필자는 여기에서 착안해 업체에 체험단 진행을 제안할 때 업체가 아쉬워하는 부분을 적절히 보완할 방법을 먼저 전달하고, 차별화할 수 있는 지점을 전략적으로 제시합니다. 이런 방법으로 수많은 업체와 공동구매를 성공적으로 진행할 수 있었습니다. 자체 체험단을 진행할 때 고려해야 할 부분을 알아보겠습니다.

단가로 승부하라

먼저 가격 전략입니다. 체험단 대행사 관계자들에게 평균 단가를 전해 듣고 계산한 수치이니 참고하면 좋습니다. 보통 체험단은 적게는 10회, 많으면 60회까지 진행하며, 진

---

4) ....

《좋은 기업을 넘어 위대한 기업으로》(짐 콜린스 지음/이무열 역, 김영사, 2002년 6월)

행 인원은 회차당 10명 내외로 블로거 1인 책정 단가는 15,000~20,000원 수준입니다.

> **예시 :** 10회 진행×회당 10명×블로거 1명 단가 17,000원 = 1,700,000원

체험단 대행사에서 10일에 한 번씩 모집을 진행한다고 가정하면 3개월에 약 170만 원의 광고비+제품 제공 비용이 필요합니다. 그렇다면 그만한 홍보 효과가 나와야 하는데, 대행사에서는 한 명의 담당자가 여러 업체와 다양한 이벤트를 관리하다 보니 피드백이 늦어지거나, 피드백이 들어와도 부족한 내용일 경우가 많고, 대행사에서 선정한 블로거도 아쉬운 점이 많다고 합니다. 그렇다면 업체에 어떤 전략으로 접근하면 좋을지 생각해보겠습니다.

- **회당 단가 낮추기** | 레퍼런스가 쌓이면서 단가는 자연스럽게 올라간다.
- **빠른 피드백** | 카카오톡 등 메신저를 통한 상시적 소통+일상적인 소통
- **업체에 블로거 선정 재량권 부여** | 10명 선정 시 업체 선정 5명, 직접 선정 5명

필자는 체험단을 처음 진행할 때 회당 단가를 3만 원으로 했습니다. 이후 경험이 쌓이고 운영에 자신감이 붙으면서 회당 5만 원, 7만 원, 10만 원 순으로 단가를 높였습니다. 낮은 단가로 시작한 이유는 내 블로그에서 체험단을 운영해 수익을 창출하고 새로운 애정이웃이 유입되어 다양한 경험과 포트폴리오가 쌓인다면 1석 3조의 효과를 얻을 수 있으므로 절대 손해 보는 장사가 아니라고 생각했기 때문입니다.

업체에서 좋아할 혜택을 제공하자

대행사에서 제공하지 않는 추가 혜택과 같은 전략이 더해진다면 업체에서는 거절할 이유가 없습니다. 예를 들어 체험단에 참가한 블로거들이 리뷰에 사용한 사진이나 본문 내용을 업체에서 홍보 목적으로 사용할 수 있도록 가공해서 전달하는 등의 혜택을 제공

합니다. 혜택 내용은 다음과 같습니다.

업체가 선호하는 혜택

01 브랜드 스토어 혹은 SNS 채널 팔로우 이벤트

02 인스타그램 리뷰 추가, 육아맘 카페, 지역맘 카페 간단 리뷰 병행 (사진 첨부)

03 포스팅에 사용된 사진, 영상에 대한 제3자 활용 동의 사전 확보

▲ 공동구매 진행 시 업체에 유리한 혜택 제공 예시

체험단 모집 시에는 위 내용을 필수 사항으로 안내하고 확인을 요청한 후 진행합니다. 그러면 이 기준을 따를 수 있는 블로거만 신청하고 기준에 맞게 포스팅을 작성해주니 문제가 될 부분이 없습니다. 업체 입장에서는 홍보 활동을 대외적으로 진행하기 위해 가장 필요로 하는 부분이지만 대행사를 통할 경우 이런 조건 하나하나가 추가 금액으로 책정되기 때문에 이 부분을 보완해주면 거절할 이유가 없는 것입니다.

블로거들이 포스팅을 위해 촬영한 사진 중에는 업체에서 상세 페이지에 올리고 싶을 만큼 퀄리티가 좋은 경우도 있습니다. 하지만 업체에서 블로거에게 일일이 연락해 사용 동의를 얻는 일은 쉽지 않습니다. 따라서 '제3자 활용 동의에 대한 수락이 가능한 블로거 참여'라는 문구를 넣어 미리 공지하면 업체에서 상세 페이지에 사용하고 싶은 사진을 쉽게 확보해줄 수 있습니다.

필자는 블로그와 카페를 통해 100회가 넘는 체험단을 운영하며 1,000명 이상의 블로거를 만났습니다. 그중에서 양질의 포스팅을 꾸준히 작성해준 블로거 100명은 별도로 관리하며 소통하고 있습니다. 이런 꾸준한 관리와 소통은 내 포트폴리오를 강력하게 만들어주는 또 다른 무기가 됩니다. 만약 업체에서 갑작스럽게 블로거 10명 섭외를 요청할 경우 따로 블로그에서 체험단을 모집하지 않더라도 단톡방에 공지하여 즉시 섭외도 가

능합니다. 이 100명의 블로거가 모두 수도권에 거주하는 것은 아닙니다. 심지어 제주도와 거제도에 거주하는 블로거도 있습니다. 이런 블로거들은 대부분 다른 활동도 겸하기 때문에 지역 맘카페 리뷰에 홍보해야 하는 업체가 있다면 대신 연결해주기도 합니다. 블로거, 업체와의 꾸준한 소통, 발빠른 피드백은 업체에서 지속적으로 여러분을 찾게 만드는 매력 포인트가 될 것입니다.

업체에 블로거 선정의 재량권을 제공하자

마지막 전략은 업체에 블로거 선정의 기회를 제공하는 것입니다. 자체 체험단을 통해 10명의 블로거를 선정할 경우 업체에 30~50% 정도의 블로거 선정 재량권을 제공합니다. 대부분의 업체는 방문자가 높은 블로거를 우선 선정하는 경향이 있습니다. 하지만 내 애정이웃 중에는 방문자가 적은 블로거도 있으므로, 이런 블로거를 선정에서 외면할 수는 없습니다.

 NOTE 네이버 블로그로 돈 버는 직장인 동동이의 실전 노하우 🔍

📋 꼭 방문자가 많은 블로거만 선정해야 할까?

방문자가 적다는 기준은 일 방문자 수 200~300명이 안 되는 경우입니다. 이런 블로거는 대형 체험단 사이트에 지원해도 탈락할 가능성이 높아 자신감이 많이 떨어져 있는 경우가 많습니다. 하지만 블로그를 시작한 지 6개월 내외라면 열정만큼은 최고라고 할 수 있습니다. 비록 대형 체험단에서는 탈락했을지언정 블로그 체험단에 선정된다면 리뷰를 잘 써야겠다는 의욕으로 가득합니다. 따라서 꼭 방문자가 많은 블로거만 선정할 것이 아니라 이렇게 애정이웃에게 동기를 부여하는 기회를 제공하는 것도 좋습니다. 그러면 양질의 체험 포스팅은 물론 서로의 신뢰도를 높이는 효과를 가져올 수 있습니다.

필자는 체험단 진행 시 업체 선정 비율을 협의합니다. 방문자가 많고 노출이 잘 되는 블로거 50%, 방문자는 낮더라도 양질의 포스팅을 작성하거나 사진 퀄리티가 뛰어난 블로거 50% 비율로 선정합니다. 처음에는 노출이 잘 되는 블로거로만 선정하려던 업체 담당자도 진심 어린 포스팅과 뛰어난 퀄리티를 확인한 후에는 성장 중인 블로거의 비율을 더욱 높여달라고 할 만큼 만족도가 높습니다.

필자가 제시한 전략은 예시에 불과합니다. 나만의 어필 포인트, 대행사와의 차별점을 찾고 제시해 업체의 문을 두드려보기 바랍니다.

블로그 자체 체험단 인원 구성

▲ 이상적인 블로그 자체 체험단 인원 구성

③ 브랜드 컨설팅과 마케팅 대행

브랜드 컨설팅, 마케팅 대행이라고 처음부터 겁먹을 필요는 없습니다. 물론 처음부터 시작하기는 어렵겠지만 앞서 소개한 수익화 경험을 쌓다 보면 어느덧 마케팅 전문가로 조금씩 성장하는 자신을 발견할 수 있을 것입니다.

앞에서 다룬 수익화 전략을 요약하면 다음과 같습니다. 내 블로그의 메인 주제(카테고리)와 맞고 공통의 관심사가 있는 애정이웃을 늘리고 꾸준히 소통합니다. 그리고 내가 컨설팅할 브랜드의 주 타깃 고객을 분석하고 잠재적 고객을 확보한 후 그들이 궁금해하는 정보를 제공하고 소통하면서 가망 고객으로 전환시킵니다. 다시 강조하지만 블로그는 고객 확보에 필요한 비용을 절약하기에 최적화된 채널이고 우리는 이 부분을 잘 활용해야 합니다.

블로그를 운영하며 크게 키우고 싶지만 인력이 부족하거나 여건이 안 돼서 시도조차 못하는 개인 사업자가 의외로 많습니다. 심지어 규모를 갖춘 회사도 블로그 운영, 대행에 관한 필요성은 느끼지만 별도의 전문 인력을 구하지 못해 어려워하는 경우가 많습니다. 마케팅 대행이라고 너무 어렵게 생각하지 말고 우리가 이제까지 학습하며 다져온 원칙과 원리를 잘 기억해 컨설팅하고자 하는 블로그에 적용합니다.

아직 경력이 부족하고 두렵다 하여 도전을 피하거나 조금 더 경력을 쌓고 나중에 하려고 생각만 한다면 오랜 시간 그 자리에 머무를 가능성이 높습니다. 플라이휠 효과를 상기해보겠습니다. 업체와 연락하려는 처음 한두 번의 시도가 힘들 뿐 지속적으로 경험이 축적된다면 적은 힘으로도 힘차게 돌아가는 물레방아처럼 어느새 브랜드 컨설팅을 하고 있을 것입니다.

핵심 콕콕 TIP | 잠재 고객, 가망 고객과 플라이휠(Fly wheel)

잠재 고객, 가망 고객과 플라이휠에 대해서는 앞서 공동구매, 자체 체험단 부분에서 알아보았습니다. 블로그를 활용해 제품이나 서비스를 홍보할 때 관심이 있는 잠재 고객을 확보하고 이들에게 정보를 제공해 가망 고객으로 만드는 전략은 매우 유용합니다. 그리고 이런 노력이 처음에는 힘들지만 반복되면 적은 힘으로도 힘차게 돌아가는 물레방아처럼 축적된다는 것을 항상 명심합니다.

필자가 산부인과, 드론 학원, 디퓨저 공방 등 여러 사업체의 공식 블로그 브랜드를 컨설팅하며 알게 된 것이 있습니다. 포스팅을 통한 빠른 키워드 상위 노출을 목표로 하면 보통 대행사와 작업하는 것을 선호하지만 공식 블로그를 시작하는 경우에는 밀착 컨설팅을 받을 수 있는 전문가를 선호하는 경향이 강하다는 것입니다. 운영 중인 블로그와 더불어 다양한 경험이 포트폴리오에 더해진다면 성사 확률은 더욱 높아집니다.

조금 규모가 있는 회사의 경우 블로그 전문 관리 직원을 뽑지 않겠느냐고 궁금해할 수도 있지만 필자가 재직 중인 회사만 해도 약 1,500명이 근무 중이고 마케팅, 광고기획

팀이 별도로 있는 규모입니다. 다만 한 명의 직원이 블로그 하나만 운영할 수 없기 때문에 블로그를 전문으로 관리하는 정직원을 뽑는 것보다 실력과 경험이 있는 업체에 아웃소싱하고 있습니다.

▲ 재능마켓 플랫폼 크몽에 올라온 블로그 운영, 대행 분야 지식 상품(출처 : 크몽, https://kmong.com)

경험을 쌓은 내용을 하나의 스토리로 만들어 제안한다면 자영업자와 회사 모두 잠재 고객 확보 전략, 체험단 진행, 공동구매 기획에 충분히 매력을 느낄 것입니다. 어떠한 방식으로 접근하고 제안할지 모르겠다면 재능마켓 플랫폼에서 벤치마킹할 수 있는 좋은 사례를 찾을 수 있습니다.

지금까지의 경험과 블로그 운영 전략을 토대로 포트폴리오를 작성해봅니다. 처음은 어렵지만 한 번 시작하면 두 번째, 세 번째 업체에서는 가속도가 붙을 것입니다. 실제 필자의 경험에서 우러나온 나온 조언이니 믿어도 좋습니다. 무엇보다 체험단 진행, 공동구매 진행을 통해 업체 대표 또는 담당자와 좋은 관계를 맺었다면 그 업체부터 영업을 시작해보는 것도 좋은 방법입니다.

브랜드 마케팅 컨설팅 사례

마케팅을 전공하지 않았다면 브랜드 컨설팅, 마케팅 대행이 높은 벽처럼 느껴질 수 있습니다. 여기서는 필자의 사례를 통해 어떤 부분을 분석하고 어떻게 강조해야 할지 알아보겠습니다.

디퓨저 공방의 사례입니다. 공방 홍보를 위해 블로그를 시작했지만 홍보 효과를 제대로 보지 못해 컨설팅을 요청했습니다. 블로그를 살펴보니 클래스 공지 포스팅과 디퓨저 만드는 방법에 대한 내용으로 가득했습니다. 당시 수입은 공방에서 진행되는 소소한 클래스에서 발생한 수익과 동네 주민이 디퓨저를 한두 개 구매하는 정도가 전부였습니다. 앞서 우리가 배웠던 잠재 고객과 가망 고객에 대한 타기팅이 전혀 설정되지 않은 상황이었습니다.

먼저 키워드를 통해 구매 고객 분석을 시작했습니다. 분석 결과 집들이 선물, 돌잔치, 결혼식, 환갑 답례품 키워드의 유입이 많았습니다. 블로그 수익화에서는 잠재, 가망, 구매로 이어지는 고객 확보와 각 단계의 적절한 전환이 중요하다고 앞서 배웠습니다. 디퓨저 공방 블로그에도 동일하게 고객 분석 데이터를 단계별로 적용했습니다.

- **1단계** | 잠재 고객에게 적절한 정보를 주고 가망 고객으로 만들기 위한 정보성 포스팅
- **2단계** | 잠재 고객의 확보를 위한 이웃 추가
- **3단계** | 가망 고객에게 매력적인 제안을 제시해 구매 고객으로 전환

먼저 잠재 고객 확보를 위해 이웃을 추가하기 전 그들이 블로그에 들어왔을 때 유익하다고 생각하는 정보, 궁금해하는 정보는 무엇일까를 고민하여 포스팅을 진행하였습니다. 예를 들어 기존에 사용하던 디퓨저 병을 더 고급스러운 용기로 변경하기 위해 동대문 그릇 상가에 들러 병을 고르는 이야기를 전하며 친근함을 더했습니다. 이런 소소하지만 재미있는 이야기를 블로그 방문자들에게 어필하였고 이런 노력이 더해져 제품들이 만들어진다는 긍정적 반응을 끌어낼 수 있었습니다.

또 많은 사람이 디퓨저에 사용하는 액체에 대해 걱정하는 내용을 확인하고, 유해 성분이 없다는 것을 입증하는 디퓨저 자가검사번호와 성적서를 꼼꼼하게 챙기면서 작업한다는 내용으로 고객의 신뢰도를 높였습니다. 그리고 디퓨저를 만드는 과정, 유리 제품이기 때문에 깨지지 않도록 꼼꼼하게 포장하는 모습까지 자세하게 보여주는 등 추가로 궁금해하는 부분을 해소해주며 소통했습니다.

이어서 본격적인 잠재 고객 확보를 위한 이웃 추가 작업에 들어갔습니다. 블로그와 카페에서 답례품에 대한 궁금증을 가진 사람, 돌을 앞둔 9~11개월의 육아맘을 이웃으로 추가해 소통을 진행했고, 결혼식이나 부모님의 환갑을 앞둔 블로거를 섭외하여 제품 리뷰와 키워드 홍보를 함께 진행했습니다.

최종적으로 가망 고객에게 매력적인 제안을 함으로써 구매 고객으로 전환하기 위해 노력했습니다. 거의 모든 고객은 좋은 제품을 적정 가격에 구매하고 싶다는 니즈를 가지고 있습니다. 이 부분을 충족할 수 있는 가격을 책정하고, 제품 차별화를 위해 일반적인 스틱이 아닌 드라이플라워를 세트로 구성하도록 조언했습니다. 동시에 한 번 구매한 고객이 꾸준히 구매하는 고객이 될 수 있도록 좋은 제품을 만드는 것에 집중하도록 조언했습니다. 한두 달 반짝 진행하는 일회성 정보 제공이 아닌 지속적으로 잠재 고객을 확보하고 그들에게 줄 수 있는 최신 정보를 업데이트해야 하는 것 역시 강조했습니다. 상

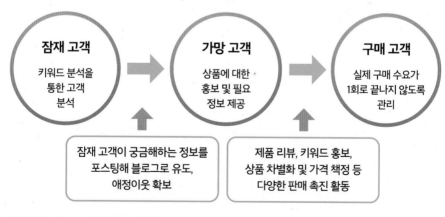

▲ 고객 유형을 브랜드 마케팅 컨설팅에 적용한 사례

위 노출이 되지 않더라도 제품을 판매하는 방법은 다양합니다. 핵심은 기존 이웃, 그리고 새롭게 유입한 사람과 꾸준히 소통하는 것입니다.

이 사례는 디퓨저 공방 블로그 컨설팅에 국한된 것이 아닙니다. 스마트스토어, 온라인 쇼핑몰 오픈을 준비하거나 진행 중인 사업 홍보를 위해 블로그를 운영할 계획이라면, 혹은 운영하고 있다면 이 고객 관리 3단계가 유용할 것이라고 확신합니다. 이 방법을 활용하면 기존과는 다른 높은 매출 상승을 가져다줄 것입니다.

④ 티스토리 블로그+구글 애드센스

네이버에서 메인 블로그를 운영하며 서브 블로그를 하나 더 운영하는 블로거들이 있습니다. 하지만 여러분이 사업을 다각화하고 싶다면 네이버에서 서브 블로그를 동시에 운영하는 것보다 티스토리 블로그를 함께 운영하는 쪽을 추천합니다. 티스토리 블로그를 운영하면 또 다른 블로그 플랫폼에 대해 배우는 장점도 있지만 구글, 다음, 카카오 채널에 사업을 동시에 노출해 채널 다양성을 확보할 수 있습니다.

티스토리에 붙일 수 있는 광고 서비스인 구글 애드센스의 기본 원리는 애드포스트와 거의 동일합니다. 하지만 애드센스는 애드포스트에 비해 서비스 범위가 넓습니다. 우리가 인터넷을 서핑하며 만나는 일반적인 웹사이트에 부착된 광고, 유튜브에 나타나는 광고도 애드센스의 광고 채널 중 하나입니다.

티스토리 블로그에 애드센스를 부착하려면 구글 애드센스의 승인을 받아야 합니다. 승인 기간은 짧으면 2~3개월에서 길면 1년이 소요됩니다. 애드센스 승인까지 긴 시간이 필요하니 일단 수입 확장을 결심했다면 티스토리 블로그를 만들고 수익 확장에 미리 대비하는 것이 필요합니다.

한 가지 팁을 공유하자면, 네이버 블로그에 누적되어 있는 포스팅의 내용을 조금씩 변경해 포스팅하면 쉽고 빠르게 승인을 받을 수 있습니다. 단 네이버 블로그에 작성한 포스팅을 그대로 복사해 붙여 넣는 것은 지양해야 합니다. 네이버 AI는 네이버 블로그뿐만 아니라 검색되는 모든 사이트를 같이 분석합니다. 따라서 운영 중인 네이버 블로그와 티스토리 블로그가 유사 문서로 분류되는 것을 피하려면 문장을 더하고 빼거나 사진을 교체하는 등의 수고를 거쳐 발행해야 합니다. 이런 작업도 여러 번 반복하면 금방 익숙해집니다.

▲ 네 개의 티스토리 블로그에서 애드센스 승인을 받음

네이버 블로그의 경우 한 계정에 세 개의 블로그를 개설할 수 있지만 티스토리는 같은 계정으로 총 다섯 개의 블로그를 운영할 수 있습니다. 필자가 현재 운영 중인 티스토리 블로그 다섯 개 중 네 개는 에드센스가 승인된 상태이며 나머지 한 개는 정확한 정보를 확인하기 위해 하지 말아야 할 내용을 적용해보는 테스트 블로그입니다. 역시나 애드센스 승인이 되지 않았고 위 그림에서 확인할 수 있듯 **주의 필요** 상태입니다.

애드센스 승인에 대한 노하우는 검색을 통해 다양하게 확인할 수 있습니다. 여기서는 입문자를 위한 최소한의 준비 사항을 알아보겠습니다. 먼저 네 개의 티스토리 블로그에서 애드센스 승인을 받은 경험을 바탕으로 정리한 최소 요건은 다음과 같습니다.

- 글 15개 이상(주제의 일관성이 있으면 좋다.)
- 글자 수는 1,000자 이상(크게 상관은 없다.)

그 외에 일정 방문자 수 이상 나와야 한다는 내용도 인터넷에서 많이 보았지만 큰 상관은 없는 것 같습니다. 어떤 블로그는 승인 시점 기준으로 방문자 수가 하루 평균 20명 정도였는데도 승인이 이루어졌습니다. 포스팅에 사진이 반드시 포함되어야 한다는 내용도 있었지만 대부분의 포스팅을 사진 없이 발행한 블로그도 승인되었습니다. 따라서 일관성 있는 주제로 1,000자 이상 작성된 포스팅을 15개 이상 발행했다면 일단 애드센스를 신청하고, 반려된다면 조금 더 글을 발행한 후에 지속적으로 도전하면 됩니다.

▲ 티스토리 블로그 애드센스 수익

위 화면은 2021년 1월부터 티스토리 블로그를 운영하고 6개월 정도 지났을 때의 한 달 수익입니다. 네이버 블로그를 시작하고 초반 6개월 애드포스트 한 달 수익이 평균 2~3만 원 내외였던 것과 비교하면 애드센스 수익이 압도적으로 좋습니다. 이는 애드포스트와 애드센스의 광고 표시 방식과 수익 구조에서 오는 차이입니다.

애드센스의 광고 표시 방식은 크게 **문맥 기반 광고**와 **개인 맞춤 광고**로 구분할 수 있습니다. **문맥 기반 광고**는 포스팅의 키워드에 기반하여 광고가 나타나는 시스템입니다. 예를 들어 눈 영양제에 관한 내용을 포스팅했다면 눈 영양제 관련 광고가 나타날 확률이 높습니다. 이는 검색자가 포스팅에 부착된 광고를 클릭할 확률을 높이는 효과가 있습니다.

두 번째는 **개인 맞춤 광고**입니다. 방문자의 인터넷 검색 기록을 기반에 두고 맞춤 광고가 나타납니다. 예를 들어 눈 영양제 포스팅을 검색하기 전에 장난감과 관련된 내용을 검색했다면 내 블로그에 방문했을 때 온라인 쇼핑몰의 장난감 광고나 장난감 판매 쇼핑몰 사이트의 광고가 나타날 확률이 높습니다.

구글 애드센스 광고 표시 방식

▲ 구글 애드센스 광고 표시의 대표적인 두 가지 방식

애드센스의 이런 사용자 행동 패턴, 포스트와 유사한 광고를 출력하는 시스템 덕분에 애드포스트보다 검색 이용자의 광고 클릭 가능성이 높습니다. 이런 원리를 적절히 활용한다면 단기간에 빠른 수익화를 기대할 수 있습니다. 애드센스의 광고 수익은 **광고 단가(CPC)×광고 클릭 수(CTR)**로 결정됩니다. 광고 클릭률이 다소 떨어져도 내 블로그와 연관된 키워드 중 광고 단가가 높은 키워드를 찾아 활용하면 효과적인 수익을 창출할 수 있습니다. 이것이 네이버 애드포스트와 애드센스의 가장 큰 차이점이라고 할 수 있습니다.

예를 들어 '갤럭시 S22 출시일 사전예약 소식' 내용을 포스팅했을 때, 이 포스팅에 유입된 방문자는 갤럭시 S22 구매를 희망할 가능성이 높습니다. 그렇다면 내 블로그에 방문하기 전에 관련 뉴스나 다른 포스팅, 유튜브 영상을 찾아봤을 확률도 높을 것입니다. 그럼 내 블로그에 방문했을 때 '갤럭시 S22 사전예약' 광고가 노출될 확률이 높아집니다. 이렇게 자연스럽게 광고가 노출되고 클릭할 수 있도록 유도하는 방식을 사용하면 티스토리 블로그 운영 초반에도 높은 광고 수익을 실현할 수 있습니다.

⑤ PDF 전자책 출간

지금부터 소개할 수익화 방법은 나의 지식, 나의 가치를 판매하는 방법입니다. 오프라 윈프리는 TV 강연에서 "성공으로 가는 가장 좋은 방법은 당신이 사랑하는 일을 찾고, 그것을 다른 사람에게 서비스로 제공할 방법을 찾는 것이다."라고 말했습니다.

여기서 우리는 '다른 사람에게 서비스로 제공할 방법'을 콘텐츠와 연결해보겠습니다. 콘텐츠가 넘쳐나는 시대에 우리는 '콘텐츠 소비자'와 '콘텐츠 생산자'로 분류됩니다. 여기서 돈을 버는 사람은 콘텐츠 생산자입니다. 콘텐츠 생산은 어려운 것이 아닙니다. 이미 여러분은 대부분 블로그, 인스타그램, 페이스북 등 SNS 채널 하나쯤은 운영하고 콘텐츠를 생산하고 있을 것입니다.

인상깊게 본 영화의 명장면과 명대사를 기록하고 느낀 점을 글로 써서 남기는 것, 오늘 친구와 갔던 맛집을 소개할 수 있는 사진이나 동영상을 촬영하고 솔직 담백한 평을 더해 리뷰하는 것 등이 모두 콘텐츠 생산입니다. 어렵게 생각할 필요가 없습니다. 이러한 일관된 주제의 콘텐츠 생산이 결국 나라는 사람을 브랜딩하는 것입니다. 이런 활동을 꾸준히 지속하면 자연스레 나의 팬, 구독자, 애정이웃이 만들어지고, 그들 덕분에 수익이 따라오면 이것이 콘텐츠 생산으로 돈을 버는 수익화인 것입니다.

블로그에 콘텐츠가 많이 쌓였다면 이제 내용을 묶어 PDF 전자책으로 만들 차례입니다. 설마 누가 내 글을 사주겠냐는 걱정이 앞설 수 있습니다. 물론 '웹디자이너가 알려주는 포토샵 실무 레슨', '승무원이 알려주는 항공사 실전 면접 팁' 같이 확실한 전문 분야가 있다면 더 빠르게 시작할 수 있을 것입니다.

하지만 자신있는 전문 분야가 없다고 걱정할 필요는 없습니다. 세상의 모든 분야에는 70%의 초보자, 25%의 중급자, 5%의 전문가가 있다고 가정하면 걱정이 줄어들 것입니다. 아무리 쉽고 기초적인 지식이라도 분명 여러분의 지식에 도움을 얻는 초보자가 있습니다. 70% 초보자보다 조금만 더 알면 됩니다.

첫 전자책은 70%의 초보자를 위한 글쓰기로 시작할 것을 권합니다. PDF 전자책을 만들면 적어도 25% 안에 포함되는 중급자가 되는 것입니다. 초보자 대다수는 콘텐츠를 소비하는 것에 익숙합니다. 그러므로 다른 사람에게 필요한 콘텐츠, 선택되는 콘텐츠를 만드는 것이 중요합니다. 그리고 콘텐츠를 판매하기 위해서는 수많은 콘텐츠를 보고 배우면서 성장하고 발전하는 과정이 필요합니다.

PDF 전자책 집필 독자 타기팅

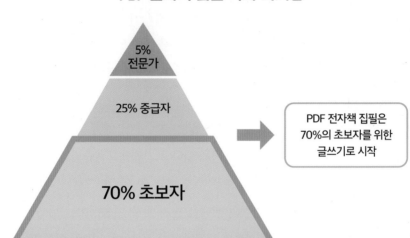

▲ PDF 전자책은 70% 초보자를 위한 내용으로 작성을 시작한다.

사람들이 정말 구매할지, 악플이 달릴지 걱정할 수 있지만 여러분이 만든 PDF 전자책이 좋은지 나쁜지는 시장이 판단하는 것이므로 지금 걱정한다고 달라지는 것은 없습니다. 얼마 전 만난 후배가 계속해서 스마트폰을 확인하기에 무슨 일이 있냐고 물어보니 구매한 주식 가격이 올랐는지 내렸는지 차트를 본다고 대답했습니다. 지금 차트를 본다고 그래프가 올라가지 않습니다. 기업에 믿고 투자했다면 지켜보는 시간도 필요합니다. PDF 전자책도 마찬가지입니다. 내가 걱정한다고 해서 시장의 판단이 달라지지는 않습니다. 자신이 작성한 글의 수준을 스스로 낮추고 시작하면 다른 사람에게 좋은 평가를 받는 것은 더 어려워집니다. 블로그 수익화를 시작한 것처럼 일단 시작하는 자세가 필요합니다.

PDF 전자책 집필 노하우

앞에서 논리의 골격에 대해 설명하면서 포스팅을 하기 위해서만이 아니라 짜임새 있는 글을 쓸 때, 유튜브 콘텐츠를 기획할 때, 제안서, PDF 전자책을 작성할 때도 논리의 골격이 필요하다고 했습니다.

종이책과 PDF 전자책은 다릅니다. 종이책은 A4 용지 기준 200페이지 이상 작성해야 하지만 PDF 전자책은 짧게는 20페이지, 평균 50페이지 내외로 작성하면 됩니다. 이 분량이면 여러분이 다룰 분야의 모든 내용을 전부 적을 필요도 없습니다. 내가 쓰고자 하는 관련 분야의 책이나 문헌을 참조하고 블로그에 포스팅한 지식을 정리만 해도 상대방이 원하는 정보 그 이상의 가치를 전달할 수 있습니다.

전자책 만들기의 핵심은 **모든 내용을 다루지 않는 것**입니다. 예를 들어 '하루 만에 끝내는 인스타그램 운영 전략'을 주제로 전자책을 쓴다고 가정해보겠습니다. 여기에 인스타그램 개설 방법, 사진 업로드 방법, 팔로우 추가 방법 등 인스타그램과 관련된 모든 내용을 다루면 구체성이 떨어져서 고객의 선택을 받지 못할 가능성이 큽니다. 많은 내용을 담아 콘텐츠를 만들려는 사람은 5%의 전문가이거나, 50페이지에 뭘 채워야 할지 몰라 이것저것 모두 담으려는 초보자 둘 중 하나일 것입니다.

PDF 전자책을 만들 때는 해당 주제의 모든 내용이 아니라 한정된 주제에서 나의 경험이나 사례를 다룬 내용을 담는 것이 좋습니다. 인스타그램이라면 '일주일 만에 인스타그램 팔로우 1만 만들기', '첫 달에 수익 낸 인스타그램 노하우', '인스타 섬네일 만들기'와 같이 한 분야에서 사람들이 궁금해하는 세부적인 주제 하나를 정해서 쓰는 것입니다. 이처럼 주제의 범위를 한정하면 PDF 전자책을 쓰기도 쉬워지고 정확한 타깃 설정도 가능합니다.

팔리는 전자책을 만들려면 소비자가 선택, 클릭할 수 있는 유도 장치가 필요합니다. 그 첫 번째는 **제목**입니다. 주제와 제목을 정하면 전자책의 전체적인 방향도 결정됩니다. 제목을 정할 때 혼자서 전전긍긍하고 고민할 필요는 없습니다. PDF 전자책을 집필하는 중간이나 작성 후에도 제목은 수정 가능합니다. 중요한 것은 벤치마킹입니다. 시장에는

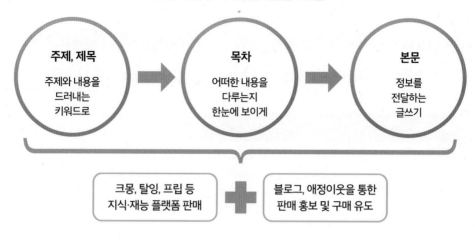

PDF 전자책 집필 진행 과정

주제, 제목
주제와 내용을 드러내는 키워드로

목차
어떠한 내용을 다루는지 한눈에 보이게

본문
정보를 전달하는 글쓰기

크몽, 탈잉, 프립 등 지식·재능 플랫폼 판매

블로그, 애정이웃을 통한 판매 홍보 및 구매 유도

▲ PDF 전자책 집필 과정과 판매 증진을 위한 방법

이미 검증된 결과물이 넘쳐납니다. 블로그, 유튜브뿐 아니라 요즘은 크몽, 탈잉 등 시장의 흐름을 확인할 수 있는 플랫폼도 많습니다. 여기에서 인기 있는 주제와 콘텐츠를 찾아 여러분의 콘텐츠와 제목을 접목하면 됩니다.

주제와 제목을 정했다면 이제 **목차**를 만들 차례입니다. 책을 구매하게 만드는 요소는 다양하지만 대부분 제목 다음으로 목차를 봅니다. 물론 내용도 알차야 하지만 제목과 목차에서 이목을 끌어야 내용도 궁금한 법입니다. 제목에 끌려 클릭하고 상세 페이지의 목차를 확인하는 것은 전자책을 구매하는 소비자의 필수 확인 단계입니다. 따라서 어떠한 내용을 다루는지 짧은 시간에 파악할 수 있도록 목차를 명확하게 제공해야 합니다.

목차는 PDF 전자책 구성의 뼈대이기도 합니다. 50페이지 내외의 전자책을 만들면서 주제, 대제목, 소제목을 세세하게 구성하지 않아도 됩니다. 하지만 구성은 책을 만들 때 기초가 되는 요소인 만큼 목차의 수준을 이해하는 것이 필요합니다. 목차의 수준은 보통 주제, 대제목, 소제목 순으로 구분합니다. PDF 전자책의 분량에 맞는 주제는 보통 한 개로 정하고, 그 아래에 대제목과 소제목을 적절히 쪼개 배치합니다.

마지막으로 **본문**을 작성합니다. 이때 기억할 사항은 감동을 주는 글쓰기를 하라는 것입니다. 시인이나 소설가처럼 마음을 흔드는 문장력에서 오는 감동을 말하는 것이 아닙니다. 문제에 대한 해결 방법, 궁금한 내용을 명확하게 해소하는 정보를 제공해 시원한 감동을 선사하라는 것입니다. 정보를 전달하는 설명문 글쓰기에는 엄청난 필력이 필요하지 않습니다. 아이디어가 떠오르지 않는다면 콘텐츠 소비자로 돌아가 탐색하고 공부하여 이를 바탕으로 경험을 더해 작성하면 됩니다. 많은 콘텐츠 속에 이미 답이 있습니다.

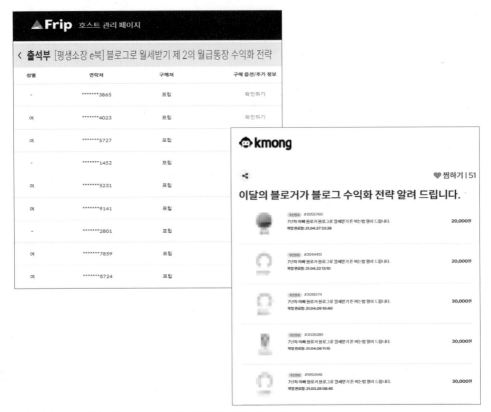

▲ 한 권의 PDF 전자책만 있으면 여러 지식 공유 플랫폼에 업로드할 수 있다.

PDF 전자책은 크몽, 탈잉, 프립 등의 플랫폼에서 판매하는 동시에 블로그에 함께 홍보하면 좋습니다. 나와 같은 관심사를 가진 애정이웃이 우선 구매하고, 홍보에 도움을 줄 것입니다.

소비자가 PDF 전자책을 선택할 때 중요하게 보는 것 중 하나가 바로 다른 수강생들의 만족도입니다. 플랫폼에 업로드하고 블로그에 단순히 홍보한 후 기다리는 것보다 블로그 이웃을 적극적으로 활용하면 좋습니다. 블로그를 통해 서평 이벤트를 열어 좋은 후기를 유도하면 홍보 효과는 배가 될 것입니다.

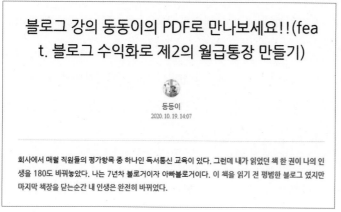

▲ 포스팅으로 PDF 전자책 출간 소식 알리기

플랫폼에서 처음 판매할 때 전략적으로 가격을 낮춰 판매량을 늘리고, 구매 후기를 쌓는 것도 좋은 전략입니다. 어느 정도 판매량과 후기가 쌓이면 전자책의 가치는 자연스럽게 상승하고, 가격이 상승해도 구매 만족도가 높다면 찾는 사람은 더 많아질 것입니다. 판매가 늘어나 후기가 축적되면 이를 통해 온라인 강의 플랫폼으로 확장할 수 있음은 물론, 전문가로서의 신뢰도도 높아집니다.

필자도 집과 회사만 오가는 직장인 생활에 우연히 찾아온 기회로 블로그 강의를 시작했고, 그 기회를 통해 추가적인 강의와 컨설팅을 진행할 수 있었으며, 마케터, 작가 등 다양한 이력을 쌓을 수 있었습니다. 만약 그때 블로그 강의 경험이 적다고 스스로 낮추며 거절했다면 아직도 새로운 기회를 잡지 못했을 것입니다.

블로그와 유튜브에서 블로그 수익화에 대한 콘텐츠를 찾아보며 때론 강사들을 부러워하고 올해는 꼭 도전해보겠다는 의지만 불태우고 있을지도 모릅니다. 블로그 수익화를 포함한 직장인의 투잡 노하우가 궁금해 이 책을 선택한 독자 중에는 강의를 위해 연단에 서고 본인의 책을 출판하는 게 평생의 버킷리스트인 사람도 있을 것입니다. PDF 전자책 출간은 종이책 출간과 강의까지 이어주는 다리가 됩니다.

아직 이런 목표가 없다면 오늘부터 만들면 됩니다. 기회는 한 번에 만들어지지 않습니다. 차근차근 단계를 밟으며 나를 브랜딩해야 가능합니다. 브랜딩에 가장 좋은 채널이 네이버 블로그이고, 이를 적극 활용한다면 강의 제안 등의 기회가 찾아올 것입니다. 그 기회를 백분 활용하기 위한 단계로 PDF 전자책 출간을 권합니다.

⑥ 온·오프라인 강의+영상 콘텐츠 제작

앞서 소개한 블로그 수익화 방법을 모두 거쳤다면 이제 수익화의 끝판왕인 강의가 남았습니다. 어렵게 느껴질 수 있지만 PDF 전자책과 마찬가지로 70%의 초보자를 위한 내용을 준비합니다. 설령 여러분이 70%에 속해 있더라도 30%의 사람이 되는 방법, PDF 전자책을 만드는 과정을 거쳤다면 어떻게 정보와 자료를 준비하고 공부하는지 이미 알고 있을 것입니다. 이것도 어렵다면 내가 작성한 전자책이 대본이라고 생각하고 문장을 구어체로 바꿔 스크립트를 만든 후 내용에 맞춰 간단하게 슬라이드를 준비합니다.

가장 중요한 포인트는 처음 만든 슬라이드와 강의 내용을 무료로 나누는 것입니다. 필자도 지금 보면 정말 부끄럽고, 보여주고 싶지 않은 포스트가 있습니다. 첫 전자책과 강의 교안이 특히 그랬습니다. 하지만 이웃들의 피드백과 필사, 좋은 책의 포맷을 벤치마킹해 발전할 수 있었고, 불과 1년 전에 작성한 전자책은 벌써 세 번의 개정을 거쳤습니다. 완벽을 기하는 것도 좋지만 조금 더 완벽한 결과를 위해 기다리기만 했다면 계속 멈춰 있는 것과 다를 바가 없었을 것입니다.

강사라고 하면 그 분야를 전공하거나 오랜 경험과 경력이 있어야만 할 수 있는 일이라고 생각할 수 있습니다. 하지만 요즘은 취미 클래스 강의도 활발해져서 강사의 개념에 많은 변화가 생겼습니다. 무엇인가 먼저 배우고 함께 어려움을 공감하면서 콘텐츠를 공유하는 전달자 역할을 하는 사람 모두를 강사라고 할 수 있습니다. 조금 더 넓은 범주에서 본다면 블로거, 유튜버와 같이 나의 지식과 정보, 경험, 노하우를 공유하는 사람 모두가 강사입니다.

처음부터 완벽할 필요는 없습니다. 강의에서 실수하고 때로 혹평을 들어도 그 모든 과정을 거치면서 충분히 발전할 수 있습니다. 하지만 초보이기에 할 수 있는 소통의 영역이 있고, 초보만의 열정을 담은 강의로 수강생에게 감동을 선사할 수도 있습니다. 이러한 진심이 통하면 강의를 통해 발전을 경험하는 수강생이 하나둘 많아지면서 애정이웃을 만들고 한 단계 더 도약하게 될 것입니다. 막대한 투자금이 필요한 것도 아닙니다. 실패하더라도 손해볼 것은 없으니 자신감을 가져도 됩니다. 도전하는 것만으로도 배울 수 있는 것이 엄청납니다.

온·오프라인 강의를 위해 알아야 할 것

여기까지 읽고 나도 강의에 도전해보고 싶다는 생각이 들었다면 알아야 할 것이 있습니다. 초보 강사로서 자신의 부족함을 인정하고 부단히 노력해야 하는 것은 맞지만 정말 조심해야 할 부분도 있습니다.

초보 강사 중에 '부족하지만' 또는 '조금은 서툴지만 열심히 준비했다.'는 말로 강의를 시작하는 경우가 있습니다. 물론 노련한 강사가 겸손한 마음에 하는 경우도 있지만 대부분은 아직 강의 경험이 적거나 준비한 것이 정말 부족해 자신감이 결여되었을 때 나오는 멘트이기도 합니다. 여러 유료·무료 강의를 들어보면 정말 열심히 준비했고 또 그 속에서 배울 것이 분명 있는데도 그런 멘트로 시작하는 강사를 많이 보았습니다.

강사가 강의 초반에 '부족'이나 '서툴지만'이라는 말을 하면 아무리 좋은 강의라 해도 모자라다고 생각한 부분이 강하게 남아 수강생의 만족도를 떨어트리는 요인이 됩니다. 열심히 준비한 강의의 수준을 스스로 낮추면 타인에게도 좋은 평가를 받기 어렵습니다. 일단 자신감을 가지고 도전하는 것이 중요합니다. 온라인 무료 강의를 통해 강의 교안에서 보충할 점을 찾고 수강생의 질문을 통해 교안을 업그레이드하면 됩니다.

우선 나와 같은 주제에 관심을 가지는 애정이웃들을 대상으로 가볍게 무료 온라인 강의를 시작해보는 것도 좋습니다. 그래도 온·오프라인 강의가 어렵다고 느껴진다면 필자의 애정이웃이자 직장맘의 사례를 통해 자신감을 가지길 바랍니다.

실제 온·오프라인 강의 사례

유아 영어 교육 콘텐츠를 만드는 회사의 매니저로 일하는 4년 차 워킹맘 '하에리마밍' 님의 사례입니다. 필자와 함께 무료 강의를 진행하며 두터운 친분을 쌓은, 열정이 넘치는 애정이웃입니다. 매사 적극적이면서 진지하고 끊임없는 배움을 위해 노력하고 도전하는 분으로, 본업을 살려 '영불스(영어 노래 불러주기 스터디)' 온라인 강의를 하고 있습니다. 조기 영어 교육, 유아 영어 교육업 종사 10년 차의 경험을 살려 강의를 시작했고 그 인기는 정말 뜨겁습니다.

하에리마밍 님의 두 번째 강의는 '블로그 글쓰기 강의'였습니다. 마케팅의 양적인 성장을 위한 강의는 많지만 글쓰기 본질에 대한 강의는 찾기 어려워 아쉬움이 컸다고 합니다.

육아일기나 체험단 참여를 위해 블로그를 시작했지만 개인의 성장을 위한 글쓰기 강의가 없다는 점에서 갈증을 느꼈고 직접 강의를 기획하게 되었다는 것입니다. 내가 궁금해하면 다른 사람도 궁금해한다는 본질을 잘 꿰뚫어 본 것입니다. 강의가 오픈되고 차차 입소문이 퍼지면서 많은 초보 블로거의 추가 강의 요청이 있을 만큼 유니크한 강의로 자리매김했습니다.

▲ 블로거 퍼스널브랜딩 강사, 육아 블로거 하에리마밍 님(출처 : https://blog.naver.com/hajago84)

▲ 글쓰기 강의 후 실제 기업체에서 '마케팅 글쓰기 강의' 제안을 받고 강의 중인 하에리마밍 님

하에리마밍 님은 첫 기업 강의, 그것도 마케팅 전공자가 아닌 본인에게 들어온 마케팅 글쓰기 강의 제안을 받고 처음에는 장난인 줄 알았다고 합니다. 하지만 담당자와 통화해보니 강의가 들어온 이유를 알게 되었다고 합니다. 기존의 기술적인 방법 위주의 마

케팅이나 SNS 강의와 차별되는 콘셉트, 즉 블로그를 시작하면서 아직 글을 많이 써보지 않은 사람들을 위한 잘 읽히는 글을 쓰는 방법에 대한 내용을 강의해달라는 요청이었던 것입니다.

이후 3주간 마케팅, 콘텐츠 관련 책을 닥치는대로 읽고 관련 강의를 들으면서 무려 120장의 강의 슬라이드를 만들었다고 합니다. 하에리마밍 님의 표현을 빌면 3주 동안 모든 걸 갈아 넣어 준비했고 2시간 20분의 강의를 성공적으로 마무리할 수 있었습니다.

마케팅 전공자도 아니고, 하루 1만 명이 방문하는 파워블로거도 아닌 평범한 직장인이 온라인 강의를 통해 강사로 초청을 받을 수 있었던 비결은 무엇이었을까요? 사람들이 궁금해하는 부분을 찾아 남보다 잘하는 것으로 만들어 콘텐츠화하고 나눈 덕분입니다. 블로그를 시작했고 아직 방향은 찾지 못했지만 매력적인 블로그 글쓰기를 하고 싶은 사람을 찾아 공략한 것입니다. 저렴한 수강료는 물론 1회 3~5명 내외의 수강생만 받아 강의 후 알찬 피드백을 진행한 기획도 한몫했다고 생각합니다. 이 모든 노력이 톱니바퀴처럼 맞물려 지금의 워킹맘, 글쓰기, 퍼스널 브랜딩 강사, 영어 교육 강사로 하에리마밍 님이 성장한 것은 아닌가 생각합니다.

핵심 콕콕 TIP 다양한 블로거의 강의 사례 찾아보기

이밖에 다양한 사례가 있지만 지면 문제로 가장 대표적인 하에리마밍 님의 사례를 통해 알아보았습니다. 다른 사례는 네이버에서 **동동이 강의 후기**, **동동이 블로그 강의**로 검색해 찾아볼 수 있습니다. 꼭 육아 블로그나 글쓰기 강의가 아니더라도 현재 다양한 주제, 다양한 분야에서 활동 중인 다른 블로거에게서 영감을 얻기 바랍니다.

희생과 노력 없이 우연히 성공하는 경우는 드뭅니다. 이처럼 브랜딩에는 내가 잘하는 것, 좋아하는 것을 찾아 경험을 축적하고 진득하게 밀고 나가는 힘이 필요합니다. 독서, 수강, 공부, 기록을 통해 계속해서 발전해나가며 단 한 명의 수강생을 위해서라도 교안을 만들고 강의를 오픈하는 것이 중요합니다. 첫 시작이 어려울 뿐 다음 단계는 어떻게

든 진행할 수 있습니다. 서투른 첫 강의라도 일단 도전해보면 브랜딩은 이미 시작된 것이나 마찬가지입니다.

필자 역시 블로그에 블로그 수익화 강의를 올려 수강생을 모집하고 강의를 시작했습니다. 지금은 수강생의 강의 후기를 보고 다양한 곳에서 강의 의뢰가 들어오고 있습니다. 필자의 무료 강의를 들었던 클래스톡 담당자와 연결되어 온라인 강의 플랫폼에 입점 의뢰도 들어왔습니다. 입점 준비까지 2주가 걸렸고 첫 강의 업로드 이후 2주 만에 12명의 새로운 수강생과 함께할 수 있었습니다. 이를 통해 지금은 누적 수강생 100명을 기록했고 꾸준한 수익을 이루고 있습니다.

▲ 전자책 내용을 기반으로 온라인 강의 플랫폼 클래스톡 온라인 클래스 입점(좌 7월, 우 8월)

블로거에서 무료 강의를 거쳐 온라인 플랫폼 강사까지 될 수 있었던 과정의 시작은 유아 교육 박람회 담당자의 제안이었습니다. 이런 우연한 계기는 여러분에게도 분명 찾아옵니다. 나의 숨은 가치를 알아봐줄 조력자를 만났을 때 망설임 없이 그 기회를 잡을 수 있도록 준비하고 있어야 합니다.

⑦ 종이책 출간

내 관심 분야를 꾸준히 포스팅하고 여러 수익화 과정을 거치면 책 출간의 기회로 이어질 수도 있습니다. 최근에는 1인 출판처럼 상업 출판에 대한 진입 장벽이 많이 낮아졌습니다. 책 출간이 목표라면 한 권의 책을 블로그에 쓰는 것처럼 기획 의도에 맞게 목차를 구성하고 포스팅하면 됩니다. 이때 포스팅 하나하나를 책 소제목에 들어갈 내용이라 생각하고 20~30편의 글을 묶어 발행하는 것도 좋은 방법입니다.

예비 작가가 되어 스스로 기획하고 완성된 글을 블로그에 연재하면 출판사로부터 연락받을 가능성이 커집니다. 출판사와 접촉할 수 있는 채널을 늘리고 싶다면 네이버 블로그와 함께 브런치(https://brunch.co.kr)에 글을 올리는 것도 좋은 방법입니다. 브런치에서는 연재글을 '브런치 북'으로, 그리고 종이책, 전자책, 오디오 북 등으로 연계해 출판해주는 출판 프로젝트를 꾸준히 진행하고 있습니다. 이런 기회를 잘 활용하면 다양한 출판사에서 관심을 보일 수도 있습니다.

brunch   brunch.co.kr

진심으로 축하드립니다.
소중한 글 기대하겠습니다.

안녕하세요, 작가님!
글이 작품이 되는 공간, 브런치의 작가가 되신 것을 진심으로 축하 드립니다.
앞으로 작가님의 브런치에 담길 소중한 글을 기대하겠습니다.

글을 작성하시기 전에, 아래 3가지만 확인해주세요.

▲ 브런치 작가 등록 안내 메일

직접 출판사에 원고를 투고하는 방법도 있습니다. 다만 투고할 때 새 주제를 잡아 완전히 다른 내용으로 작성할 필요는 없습니다. 짜임새 있게 쓴 블로그 내용에 살을 붙여 작성하면 집필 속도와 완성도를 모두 높일 수 있습니다.

여러분도 어떤 이야기를 들려줄 수 있을지 리스트를 적어보고 그 아이디어를 블로그에 이야기로 풀어내보길 바랍니다. 그렇게 소소한 이야기가 쌓이면 분명 좋은 결과가 있을 것입니다.

블로그로
스펙 만들기

블로그를 통해 투잡, 쓰리잡, N잡을 할 수 있는 시대에 나는 어떤 것을 할 수 있을지 많은 고민이 될 것입니다. 블로그를 운영하며 수익화를 꿈꾼다 해서 목표가 반드시 N잡러여야 하는 것은 아닙니다. 블로그로 나를 브랜딩하고 포트폴리오를 착실히 만들며 커리어를 쌓으면 성공적인 이직, 내가 원하는 직장으로의 전업에 도전할 수 있는 발판이 되기도 합니다. 이직을 통해 나의 가치를 상승시키고 좋아하는 일을 하며 연봉을 높이는 것 또한 수익화의 일환입니다.

수강생들 중에는 학생이나 취준생이 적지 않습니다. 그들 중에는 블로그를 통한 브랜딩을 취직과 포트폴리오에 접목해 성공적으로 취업에 성공한 경우도 있습니다. 이번 SECTION이 취준생, 이직 준비 중인 직장인, 육아를 비롯한 경력 단절로 재취업을 원하는 사람들에게 제2의 커리어 도전에 도움이 되었으면 합니다.

이력서의 어떤 한 줄보다 강력한 블로그 포트폴리오

첫 번째는 바로 필자의 사례입니다. 첫 직장을 얻기 전에는 일산에서 체육학원을 운영했습니다. 수강생 300여 명으로 나름 알차게 운영했지만, 한여름이나 겨울에는 야외 수업이 어려워 수강생이 줄어드는 시기가 해마다 찾아왔습니다. 그러다 보니 1년 중 4개월은 매출에 대한 압박과 스트레스를 달고 살았습니다. 그리고 30대를 바라볼 즈음 안정적인 삶을 찾고 싶어 학원을 정리하고 첫 직장에 들어갔습니다. 첫 직장은 중소기업이었습니다. 직무 외 업무로 고생도 많았지만 3년 동안 열심히 다녔습니다.

서른두 살이 넘어갈 무렵, 하고 싶은 일을 하기 위해 이직을 준비했습니다. 아내에게 고민을 이야기하고 3일 연차에 주말 포함 5일간 생각을 정리하기 위해 잠시 여행을 떠났습니다. 여행 중 우연히 한 대형 식품 업체의 마케팅 담당자 채용공고를 보았고, 그 자리에서 3시간에 걸쳐 자기소개서를 작성했습니다.

자기소개서 내용으로 해당 업체의 브랜드 외에도 경쟁 브랜드의 다양한 행사와 할인 이벤트, 신 메뉴, 시즌 메뉴 소식을 블로그로 전달한 경험을 적었습니다. 이용자가 어떤 키워드, 어떤 경로로 유입되는지 알고 있었기 때문에 그 부분도 충분히 어필했습니다. 2차 임원 면접에서 아쉽게 탈락했지만 면접을 통해 느낀 것이 많았습니다. 블로그를 통한 시장 분석 경험에는 어떤 스펙보다 높은 가치가 있다는 것입니다. 비록 면접에는 탈락했지만 내가 정말 하고 싶고, 즐겁게 일하고 싶은 분야가 무엇인지 다시 고민하는 계기가 되었습니다.

머지않아 두 번째 기회가 찾아왔습니다. 누구나 알고 있는 대기업 L 사로의 이직 기회가 찾아온 것입니다. 채용공고가 올라오고 준비 기간이 길지 않았습니다. 이직 준비를 회사 생활과 같이하느라 시간도 넉넉하지 않았습니다.

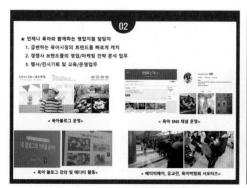

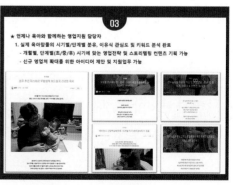

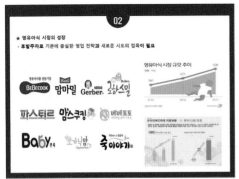
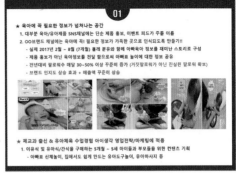

▲ 필자가 이직을 준비하며 정리한 포트폴리오

퇴근 후 하루 두 시간 넘게 집 근처 조용한 카페에서 시장을 조사하고 이력서 작성과 면접 준비에 집중했습니다. 특히 나만의 강점을 드러낼 포트폴리오 준비에 많은 공을 들였습니다. 포트폴리오가 필수 조건은 아니었지만 나를 드러내는 데 이만한 것이 없다고 생각했습니다. 디자이너의 포트폴리오처럼 고급스럽거나 화려할 필요는 없었습니다. 그간 블로그에 담았던 내용, 각종 SNS 채널의 운영 경험, L 사의 브랜드와 경쟁 브랜드에 대한 조사 자료 등을 정리했습니다. 이런 경험과 자료를 바탕으로 브랜드 방향성을 제시하고 내가 할 수 있는 일을 솔직하게 담았습니다. 그렇게 준비한 포트폴리오는 성공적이었고 결국 이직에 성공했습니다.

블로그 포트폴리오 이직 성공 사례

어떻게 보면 채용의 과정도 결국 나를 파는 세일즈 과정이며, 블로그 브랜딩 전략과 일맥상통합니다. 나라는 상품을 회사, 채용 담당자, 면접관에 어필하는 과정이기 때문입니다. 토익 점수, 자격증, 경력 등 이력서에 중요한 것은 많습니다. 하지만 잘 기획된 블로그 운영 경험, 브랜딩 경험, 해당 분야에 대한 풍부한 이해는 여러분의 이력서에서 가장 강력한 한 방이 될 것입니다.

그룹사 면접관으로 있는 팀장님에게 면접에서 중요하게 여기는 판단 기준을 물은 적이 있습니다. 물론 인성과 능력이 가장 중요하지만, 거기에 한 가지를 추가하면 '적합성'이라고 합니다. 가고자 하는 기업과 경쟁 기업의 제품 및 서비스를 직접 사용해본 경험과 시장에 대한 이해를 블로그를 통해 기록한다면 나의 적합성을 증명할 수 있는 차별화된 이력으로 만들 수 있는 것입니다.

취업하고자 하는 분야의 다양한 경험도 그렇습니다. 경험으로 끝내지 말고 블로그를 통해 기록해볼 것을 추천합니다. 기록이 모이면 힘이 생깁니다. 이런 기록을 통해 말뿐인 경험이 아닌 증거가 되고 포트폴리오가 됩니다. 취준생이라면 취업을 준비하면서 거치는 배움의 과정을 적어도 좋습니다. 이러한 기록을 통해 면접관의 마음을 사로잡는 이력서 한 줄이 완성될 것입니다.

블로그를 통한 브랜딩으로 내가 관심있는 분야, 내가 잘 하는 일을 정리하고 콘텐츠로 만드는 과정은 취업, 이직, 경력 단절을 극복하는 무기가 됩니다. 실제 필자의 블로그 강의를 듣고 블로그 브랜딩과 포트폴리오를 통해 이직에 성공한 수강생 여봄 님의 사례를 소개해보겠습니다.

웬만한 사람은 취업이라는 단어만 보아도 막막함을 느낀다. 직장에 한 번도 다녀보지 않은 남동생이 도전하기도 전에 겁부터 먹는 모습에 전화기를 붙들고 세 시간을 상담해준 경험이 있다.

이번에도 이직을 준비하면서 느낀 부분이 있어 취업, 이직을 고민 중인 사람이 있다면 도움이 되지 않을까 싶어서 블로그에 글을 쓰게 되었다. 이번 글이 좀 길기는 하지만 취업 준비가 아직도 어렵고 애매한 사람에게 분명 도움이 될 것이라 생각한다.

결론을 먼저 이야기하자면 나는 같은 회사에 두 달 전과 지금, 두 번 지원했다. 대기업까지는 아니지만 그래도 꽤 유명한 회사다. 안타깝게도 최종 연락은 오지 않았다. 하지만 첫 번째 지원 때는 이력서도 읽지 않았는데 두 번째 지원 때는 포트폴리오를 첨부하자 다음날 이력서를 바로 읽었다는 것만으로도 포트폴리오의 힘이 꽤 크다고 느꼈다.

나의 이야기

나는 마케터로 일하고 있다. 그리고 2년 넘게 다닌 회사를 그만두고 몇 달 동안에 꽤 많은 변화를 겪었다.

- 2020년 7월 : 전 회사 퇴사
- 2020년 9월 중순 : 이직 및 면접/현재 회사 합격
- 2020년 10월 초 : 입사
- 2020년 11월 중순 : 퇴사 의사 밝힘
- 2020년 12월 초 : 퇴사 예정/다른 회사 합격

11월 10일 원래 다니던 회사에 퇴사 의사를 밝혔다. 퇴사의 가장 큰 이유는 마케팅에 대한 이해가 전혀 없고, 업무에 대한 이해는커녕 기강을 잡으려고만 하는 문화 때문이었다. 이 회사와 관련된 이야기를 포스팅한다면 시리즈로 연재할 수 있을 정도다.

그리고 11월 11~13일 사이에 회사 두 군데에 지원했다. 15일에서 16일로 넘어가는 새벽에 약 아홉 곳 정도에 추가로 지원해서 19일에는 총 열한 곳 중 다섯 곳에서 연락을 받았다. 지금은 그중 한 곳에 합격해서 입사일이 확정된 상태다. 이번 이직은 짧은 기간 동안 가장 많은 연락이 왔다. 열한 곳 중에서 서너 곳은 원래 일하던 곳과 다른 분야라서 큰 기대 없이 넣었기 때문에 경력 마케터를 구하는 회사에서는 대부분 연락이 온 셈이었다. 이력서를 제출하고 아직 일주일도 안 된 곳도 있기 때문에 다음 주에도 연락이 올 가능성도 있다.

달라진 세 가지

지난 9월에 이직할 때와 이번 구직에서 달라진 점은 세 가지였다. 나의 마음가짐과 포트폴리오의 유무, 그리고 연봉에 대한 자신감이다.

나는 내 경력에 대한 자신이 별로 없는 편이었다. 그래서 이직할 때마다 연봉을 크게 올리지 않았다. 하지만 이번 회사에서 다른 마케터의 이야기를 들은 후 내 가치를 스스로 너무 낮게 평가하고 있다는 생각이 들었고 이번 구직 때는 희망 연봉을 조금 더 올렸다. 그럼에도 불구하고 더 많은 연락을 받은 것이다.

동동이 님의 도움

지난달 동동이 님이 블로그 강의에서 포트폴리오 관련 이야기를 하면서 만약 필요한 자료가 있다면 따로 이야기하라고 했고, 강의가 끝난 후 혹시 개인 메신저로 포트폴리오를 공유해줄 수 있는지 문의했다. 예상했던 것과는 다르게 포트폴리오 예시 한두 개가 아닌 여러 정보를 받을 수 있었다.

대기업 L 사에 합격했을 당시의 포트폴리오와 C 사의 2차 임원면접까지 갔었던 포트폴리오,

치킨 브랜드 입사 시 제출했던 자기소개서, 육아 관련 업체에 제출했던 포트폴리오를 받을 수 있었다. 이직을 준비하며 여태껏 이력서와 자기소개서만 제출했지 포트폴리오는 생각조차 해본 적이 없어서(포트폴리오는 디자인이나 영상 직군에나 필요한 거라고 생각했다) 자료와 함께 받은 조언 하나하나가 정말 많은 도움이 되었다.

나만의 포트폴리오

- 초등학생 방과후 교재 회사 8개월
- 게임회사 1년
- 광고 대행사 2년 4개월

경력을 합치면 모두 4년이 넘었지만 실제로 마케팅과 관련된 업무 경험은 약 3년이다. 현재 다니는 회사는 지난달에 입사해 12월 초에 퇴사할 예정이므로, 이 회사에 들어오기 전 9월에 구직 준비를 했을 때와 지금의 내가 달라진 것은 태도와 포트폴리오밖에 없다. 이번에 받은 포트폴리오에 대한 조언은 취업 준비에 분명 큰 도움이 되었다.

마케터로서의 나

나는 동동이 님이 사례로 알려주었던 대기업에 입사하는 것이 아니었고, 특정한 회사에 가고 싶다는 생각보다 제대로 마케팅을 할 수 있는 회사에 입사하고 싶다는 생각이 강했기 때문에 '마케터로서의 나'에 대해 더욱 집중하기로 했다.

사실 스스로 마케터라고 의식한 적이 없었다. 광고 대행사에 다닐 때도 마케터라고 지칭하는 게 너무 거창한 일처럼 느껴졌다. 하지만 최근 여러 강연을 듣고 브랜딩이나 마케팅에 대한 재미를 느끼고 나니 내 경력이 얼마나 도움이 되었는지 객관적으로 보였다.

나를 차별화하기 위해 나를 나타낼 수 있는 키워드를 정리하고 조합했다. 단순한 마케터가 아닌 '배우기를 좋아하고', '발전하고 싶고', '마케팅은 물론 디자인 툴 및 문서 작업 능력이 기본 이상인', '호기심이 많은' 나의 이야기를 포트폴리오에 풀어냈다. 평소에 글 쓰는 걸 좋아하고, 나에 대해 탐구하는 시간을 가졌기 때문에 생각보다 쉽게 작성할 수 있었다. 그리고 스토리 마지막에는 내 업무 성과를 숫자로 적고 이번 회사에 내가 하고 싶은 말을 편지 형식으로 적었다. 포트폴리오를 완성하고 나니 몇 달 전에는 인디자인이 어떻게 생겼는지도 몰랐던 내가 지금은 인디자인으로 포트폴리오를 만든다는 것부터 새삼 신기하게 느껴졌다.

포트폴리오의 효과

포트폴리오는 분명 효과가 있었다. 내가 지원했던 회사 중 내가 가고 싶은 순위를 매겼을 때 3위 안에 들어가는 곳 중 한 곳에서 연락이 왔다. 여기에는 동동이 님의 포트폴리오처럼 이 회사에 내가 필요한 이유를 많이 어필했던 것도 큰 효과가 있었다고 생각한다.

포트폴리오의 가장 좋은 점은 준비 과정에서 나를 객관화하는 것이 가능하고 이 회사를 통해 어떻게 발전할 수 있을지에 대해 생각해볼 수 있다는 점이다. 포트폴리오 만들기는 스스로를 객관화하고 생각을 시각화할 수 있는 기회인 것이다.

포트폴리오에 내가 할 수 있는 것을 쭉 나열해보니 생각보다 알차게 살아왔고 많은 장점이 있다는 생각이 들었다. 이렇게 파악한 내 특징과 장점을 면접 때 잘 풀어서 이야기하니 더 자신감이 있고 여유로운 태도도 유지할 수 있었다. 내가 다른 사람과 차별화되는 지점, 그리고 그 이유에 대해서도 알 수 있었다. 올해는 정말 많은 변화가 있었던 해라고 생각한다. 이번 이직을 계기로 또 성장한 느낌이다. 이런 성장이 이어지면 서른 살의 나는 분명 다른 사람이 되어 있을 것이라 확신한다. 그 변화의 중심에는 여러 사람의 강연이 있었지만 가장 직접적인 영향은 동동이 님의 강의다.

처음에는 단순히 블로그 로직을 알고 싶다는 생각으로 신청한 강연이었지만 동동이 님이 만들어준 환경과 포트폴리오를 위해 받은 자료에서 그 이상의 것을 얻을 수 있었다. 동동이 님의 강의를 들으면서 블로그 마케팅에 대한 재미와 방법을 찾았고, 제대로 된 마케터가 되고 싶다고 생각했다. 아마 이 강연을 듣지 않았더라면 나는 몇 달 전과 비슷한 연봉이 적힌 지원서와 이력서로 비슷한 회사에 이직하며 더욱 느리게 발전했을 것이다.

사람이 살다 보면 세상이 넓어지게 되는 결정적인 계기가 있다고 한다. 나에게는 동동이 님의 강의를 듣고 만나게 된 일이 그런 계기 중 하나라는 생각이 든다.

이 사례에서도 볼 수 있는 것처럼 포트폴리오를 만들면 나에 대한 객관화는 물론 앞으로에 대한 생각도 정리하기 수월해집니다. 취업을 준비하면서 단순히 메모하고 기록하는 것만으로는 나를 브랜딩하고 알리기가 쉽지 않습니다. 하지만 블로그를 활용하면 어렵지 않습니다. 그 메모가 계획표라면 계획을 실천하고 누군가에게 결과물을 보여주면 됩니다. 물론 인스타그램, 유튜브 등 다양한 채널이 있지만 텍스트와 이미지, 영상을 자유롭게 활용할 수 있는 블로그가 브랜딩을 하기 더 편리하고 활용법이 다양합니다. 나의 생각을 담은 블로그는 1~2년 후 나의 포트폴리오가 되어 어떤 경쟁자와 견주어도 뒤지지 않는 눈에 띄는 강력한 무기로 발전해 있을 것입니다.

전문가가 알려주는
네이버 블로그 수익화 Q&A

Q 블로그 주제가 세 가지 이상이어도 되나요?

A 주제 삼총사를 정하는 문제에 대해 혼동할 수 있는 부분을 좀 더 알아보겠습니다. 필자가 권장하는 주제 삼총사의 큰 틀은 메인, 일상, 취미/연재 콘셉트입니다. 그런데 일상의 경우 주제를 하나로 정하기 애매한 경우가 많습니다. 영화나 연극, 뮤지컬을 즐겨보는 사람도 있고, 매일 책을 읽거나 요리를 하는 사람도 있을 겁니다. 또 꾸준히 자격증이나 영어를 공부하는 사람도 있고, 한두 가지를 꼽을 수 없을 만큼 취미와 관심사가 다양한 사람도 있습니다.

주제 삼총사를 정하라는 것은 오로지 세 개의 주제만 정해서 포스팅해야 한다는 의미가 아닙니다. 네이버에서도 공식 블로그를 통해 하나의 블로그에 하나의 주제

▲ 블로그 검색 제대로 알아보기(출처 : https://campaign.naver.com/blogsearch)

로만 글을 써야 하는 것은 아니라고 밝히고 있습니다. 다양한 주제를 다루는 블로 그라 해도 포스트의 정보성이 크다면 검색 결과의 상단에 노출될 수 있습니다.

블로그의 대표적인 주제를 정하고 꾸준히 포스팅하는 것이 중요하지만 블로그의 가장 큰 목적은 내 이야기를 기록하며 같은 관심사를 가진 이웃과 소통하는 것입 니다. 따라서 세 가지 주제 안에서만 포스트를 작성할 필요는 없습니다. 주제 삼총 사를 정하고 꾸준히 글을 쓰되, 꾸준히 연재할 것이라면 주제를 늘려도 좋습니다.

[메인 주제]　　　　[일상 주제]　　　　[취미/연재 주제]
육아　　　　　　　맛집　　　　　　　스포츠

▲ 필자가 운영하는 '둥둥이 블로그'의 주제 삼총사

그런데 원래 주제에서 벗어난 다른 분야의 글을 포스팅할 경우에는 정보성이 높아 야 합니다. 갑자기 블로그와 아무 관련이 없고 정보성도 낮은 포스팅을 하면 블로 그 지수에 안 좋은 영향을 미칠 수 있습니다.

CHAPTER 03의 SECTION 04에서 알아본 것처럼 블로그를 운영하면서 블로그 카테고리를 임대해주는 원고형 체험단을 무작정 시작하면 안 되는 이유도 여기에 있습니다. 배포형 체험단에서는 1~5만 원 내외의 포스트를 하루에 1~2건, 한 달 에 30~40건 정도 작성하면 월 50~100만 원을 벌 수 있다고 유혹합니다. 제공하는 이미지와 원고를 그대로 복사해 붙여넣기만 해도 되므로 조금도 어렵지 않다고 안내합니다.

하지만 이런 방식의 포스팅은 블로그를 망가트리는 지름길입니다. 원고형 체험단을 하려면 제일 먼저 평소에 다루는 주제와 관련된 주제인지 확인해야 합니다. 그리고 제공된 원고의 키워드로 검색해 유사한 이미지나 동일한 내용의 글은 없는지, 허위·과장 광고는 아닌지도 확인해야 합니다. 원고 역시 그대로 사용하지 말고 자신이 평소에 포스팅하던 문체로 순화해야 합니다.

Q 발행한 포스트를 여러 번 수정해도 되나요?

A 체험단을 진행하다 보면 발행된 포스트의 내용이나 키워드를 수정해달라는 업체의 요청이 들어오기도 합니다. 또 포스트의 미흡한 점이 보이거나 노출 순위가 낮아 내용을 수정하거나 키워드를 변경하고 싶은 경우도 있습니다. 그런데 포스트를 자주 수정하면 블로그 지수에 좋지 않은 영향을 준다는 소문 때문에 선뜻 수정하지 못한 경험이 있을 것입니다.

▲ 블로그 검색 제대로 알아보기(출처 : https://campaign.naver.com/blogsearch)

하지만 포스트 수정 여부는 블로그 지수와 큰 관련이 없습니다. 필자도 필요한 경우 3~5회까지 수정하지만 문제가 되었던 적은 없습니다. 네이버 공식 블로그에서도 블로그 글을 계속 수정해도 문제없다고 밝히고 있습니다. 오히려 잘못된 정보가 있는 문서보다 수정한 문서가 더 좋은 문서라고 명시하고 있습니다. 포스트에 고쳐야 할 부분이 있다면 수정을 통해 바로잡는 것이 바람직하다는 의미입니다.

오히려 많은 블로거가 노출 순위가 아쉬운 포스트의 키워드 개수를 늘리거나, 키워드의 위치를 바꾸거나, 대표 사진을 바꾸는 정도로만 수정합니다. 이 정도 수정만으로도 순위가 올라가는 경우가 있지만, 수정 후에도 순위가 제자리이거나 떨어지는 경우도 흔합니다.

이왕 수정하려면 잘못된 이미지는 없는지, 오탈자는 없는지 확인하고, 추가한 키워드에 주의할 단어나 내용이 포함되어 있지는 않은지 점검한 후에 발행할 것을 추천합니다. 그러면 이전 포스트보다 높은 순위를 확보할 수 있을 것입니다.

다시 정리해보겠습니다. 포스트를 수정했다는 이력만으로 블로그 지수가 달라지지는 않지만 기록적 요소인 텍스트, 이미지, 영상의 모든 부분을 꼼꼼히 점검하고 미흡하거나 잘못된 부분을 수정해 발행하면 더 좋은 결과로 이어질 수 있습니다.

Q 정보성 키워드를 어떻게 찾고, 관련 사진은 어떻게 확보해야 할까요?

A 맛집이나 아이와 가볼 만한 곳 등을 포스팅하려면 직접 방문해야 하고, 어떤 제품을 리뷰하려면 구매해서 사용해봐야 합니다. 이런 유형의 포스트는 리뷰에 해당합니다.

하지만 반드시 직접 체험해야만 포스팅을 할 수 있는 것은 아닙니다. 블로그 포스트를 구분하면 크게 리뷰형 포스트와 정보성 포스트로 나눌 수 있습니다. 리뷰형 포스트는 직접 체험해야 이미지를 확보할 수 있고 솔직한 후기도 쓸 수 있습니다. 체험단 참여나 협찬이 아니라면 당연히 비용을 투자해야 합니다. 이와 달리 정보성 포스트는 사람들이 궁금해하는 정보나 키워드를 빠르게 포착함으로써 금전적인 투자 없이 작성할 수 있습니다.

예를 들어 서브웨이 10월 행사, 맥도날드 12월 할인 메뉴와 같은 정보성 포스트는 직접 샌드위치나 햄버거를 먹지 않아도 홈페이지에 있는 사진을 캡처하거나 매장에 부착된 포스터를 촬영해 작성할 수 있습니다. 우체국 택배 요금과 접수 마감 시간, 2022년 초복 날짜, 신세계 상품권 사용처, 카카오톡 메시지 백업 방법 등도 정보성 포스트로 활용할 수 있는 주제입니다. 이런 키워드는 아마 누구나 한 번은 검색해본 적이 있을 것입니다.

예시로 든 키워드의 검색량을 조회하면 최소 3~12만 건까지 다양합니다. 결코 적은 검색량이 아닙니다. 이런 키워드를 포착해 포스트를 작성하고 세부 키워드를 확장하는 작업을 쌓아나가면 일 방문자 1,000명은 확보하고 블로그를 운영할 수 있습니다. 다시 강조하지만 블로그 키워드의 핵심은 "내가 궁금해하면 다른 사람도 궁금해한다."입니다.

은행 영업시간과 점심시간에 관한 포스트에 사용할 이미지는 오른쪽처럼 은행을 지나며 안내판 사진을 찍어 확보할 수 있습니다. 스타벅스, 파리바게트, 배스킨라빈스31 등의 프랜차이즈 업체에서 주문을 기다리며 사진 몇 장 찍는 일은 정말 간단합니다. 지금 당장 활용하지 않더라도 이미지를 확보해두면 쓰고 싶을 때 언제

▲ 출퇴근 시 간단한 사진 소재 확보

든 포스팅할 수 있습니다. 이미지가 확보되면 키워드를 확장할 수 있는 것은 물론, 포스팅에 소요되는 시간도 단축할 수 있습니다. 또한 포스팅할 내용이 특별히 없을 때 훌륭한 소재가 됩니다.

Q 티스토리 블로그로 글을 옮기면서 유사 문서로 분류되는 것을 피하려면 어떻게 해야 하나요?

A 블로그를 운영하며 수익을 높이려면 제품 체험단, 원고 대행 등을 통한 1차원적 수익에 멈추지 말고 채널과 전략을 확장해야 합니다. 문화 산업에서는 가장 핫한 키워드 중 하나로 OSMU(원 소스 멀티 유즈)를 꼽습니다. 하나의 원본 콘텐츠를 영화, 게임, 음반, 애니메이션, 캐릭터 상품, 출판 등 다양한 방식으로 변용해 수익을 극대화하는 방식은 이제 문화 산업의 기본 전략이 되었습니다. OSMU는 거창한 것이 아닙니다. 우리가 운영하는 블로그에도 OSMU 전략을 적용하고 활용할 수 있습니다.

블로그를 통해 나를 브랜딩할 무기를 갖추었다면 다른 SNS 채널로도 확장해야 합니다. 네이버에서 서브 블로그를 만드는 방법도 있고, 티스토리 블로그로 확장하는 방법도 있습니다. 티스토리 블로그는 네이버 검색에 노출이 잘 안 된다는 단점이 있지만 광고 플랫폼 중 가장 높은 수익을 제공하는 애드센스 광고를 게재할 수 있다는 장점이 있습니다.

구분	네이버 블로그	티스토리 블로그
운영	네이버	카카오(구 다음)
사용법	쉬움	상대적으로 어려움
수익	애드포스트(네이버)	애드센스(구글)
수익성 (특징)	판매, 클릭당 단가 : 광고 방문자 중 구매가 많을수록 이익	클릭당 단가 : 광고 플랫폼 중 가장 높은 단가 제공
이웃	이웃과의 소통을 중시, 관리기능 다양	이웃보다 방문자

▲ 네이버와 티스토리 블로그 비교

내가 작성한 네이버 포스트를 필사하는 방법으로 티스토리 블로그에 기존 콘텐츠를 활용할 수 있습니다. 네이버 블로그에 포스팅한 글을 메모장에 옮기고 가볍게 읽으면서 단어를 교체하거나 군더더기를 삭제하고 새로운 문장을 추가하면서 수정합니다. 처음에는 시간이 많이 필요할 수 있지만 연습을 거듭하면 시간은 단축됩니다. 그렇게 네이버에 발행했던 포스트를 티스토리 블로그로 옮겨 확장하면 손쉽게 수익을 확장할 수 있습니다.

네이버 블로그에 쌓인 콘텐츠는 유튜브 영상 촬영을 위한 대본으로 활용할 수 있고, 온·오프라인 강의 교안으로도 활용할 수 있습니다. 주제를 선정하고 포스트를 쌓을 때는 단발성 주제만 다루지 말고 타 채널로의 확장성을 고려하면서 전략적으로 계획을 세워야 합니다.

Ⓠ 블로그를 통한 '브랜딩'이 중요하다는데, 어떤 이야기를 써야 할까요?

A 스토리텔링은 소비자와 접촉을 일으키고 경우에 따라 기억에 깊게 남는 공감을 만들기도 합니다. 유명 브랜드나 기업에만 스토리텔링이 필요한 것이 아닙니다. 콘텐츠가 돈이 되는 세상에서 매력을 어필하고 메시지와 가치를 전달하려면 개인도 스토리텔링을 해야 하는 시대가 되었습니다.

블로그 글쓰기가 그 시작이 될 수 있습니다. 필자의 경우 육아를 잘 아는 아빠, 아빠표 육아일기, 아빠 블로거로 브랜딩했습니다. 이를 통해 경쟁률이 높은 육아용품 서포터즈 활동, EBS 딩동댕 유치원 출연, 아빠 육아 다큐멘터리 주인공으로 출연하는 등 다양한 기회를 얻을 수 있었습니다.

이야기를 차근차근 쌓아가면 여러분도 스스로를 브랜딩할 수 있습니다. 처음부터 거창하게 생각하지 말고 자신의 이야기를 써나갔으면 합니다. 그래도 뭘 써야 할지 모르겠다면 회사 생활을 비롯한 일상의 이야기부터 시작하는 것이 좋습니다. 누구나 한 번쯤 마음먹는 이직과 퇴사에 관한 이야기, 직무 이야기, 직장인에게 유용한 프로그램 활용법, 취업준비생을 위한 자기소개서 작성 팁, 직장인의 시간 관리법, 자기 계발 이야기도 주제로 삼을 수 있습니다. 특별한 재능이나 특기가 없어도 다양한 주제를 통해 이웃·방문자와 소통할 수 있습니다. 일단 써보는 게 중요합니다. 일기를 쓰듯 가볍게 쓰다 보면 이런저런 생각이 이어지면서 새롭게 보이는 것들이 있습니다.

돈은 콘텐츠 소비자에게서 콘텐츠 생산자로 흐릅니다. 여러분은 블로그 수익화, N잡 실현을 위해 블로그를 시작했거나 시작하려고 생각하고 있을 것입니다. 대다수의 사람은 콘텐츠를 소비하는 데 익숙합니다. 하지만 돈을 벌려면 생산자가 되어야 합니다. 좋아하는 영화나 드라마의 명장면과 명대사를 기록하고 그 안에서 느낀 점을 정리하는 것, 친구와 함께 간 맛집의 사진이나 동영상을 찍고 솔직한 평가와 함께 소개하는 것 등 글로 남길 수 있는 모든 것이 콘텐츠입니다. 어렵게 생각할 필요가 없습니다.

이러한 일관된 주제의 콘텐츠 생산이 결국 브랜딩으로 이어지는 것입니다. 브랜딩은 수익화의 무기가 됩니다. 나의 스토리가 쌓여 브랜딩이 이루어지는 순간 자연스럽게 구독자와 애정이웃이 생기며, 그들로 인해 소비가 발생합니다. 수익화는 자연스럽게 따라올 것입니다.

평소 좋아하던 배우 이지훈 씨가 TV 예능에 출연한 후 더 많은 예능과 광고에서 러브콜이 들어왔다는 기사를 보았습니다. 이처럼 연예인이 특정 프로그램에 출연한 후 새로운 캐릭터를 얻거나 화제가 되는 이유는 바로 스토리의 힘 덕분입니다. 스토리에는 일상은 물론 그 사람의 생각과 가치관이 녹아들기 마련입니다. 이야기를 통해 재미는 물론 마음을 움직이는 공감이 생기면서 그 사람을 하나의 브랜드로 인식하는 것입니다. 여러분도 자신만의 스토리를 써보기 바랍니다. 6개월 후, 1년 후에는 분명히 달라진 모습을 발견하게 될 것입니다.

ⓠ 온라인 강의를 하고 싶은데 어떻게 시작하면 좋을까요?

A 사회적 거리두기의 여파로 우리 삶 전반에 많은 변화가 일어났습니다. 온라인 강의 시장도 예외가 아닙니다. 어온강(어쩌다 온라인 강의) 시대가 시작되어 쿠팡을 비롯한 온라인 몰에서 지난해 대비 웹캠은 167%, 컴퓨터용 마이크는 64% 판매량이 증가했다고 합니다.

이제 온라인 교육 시장은 어온강 시대에서 늘온강(늘 온라인 강의) 시대로 넘어가는 과도기에 들어섰습니다. 유아/아동, 초등학생, 중학생은 물론 성인을 대상으로 한 온라인 강의 클래스와 같은 비대면 교육 프로그램에 관심을 보이는 소비자가 급증하고 있습니다.

블로그나 인스타그램을 활용한 수익화 강의를 비롯해 사진, 주식투자, 영어 회화 등의 분야는 이미 많은 온라인 강의가 활발하게 운영되고 있고, 최근에는 요리, 인테리어, 악기 연주, 홈트(홈 트레이닝), 공예와 같은 다양한 취미 분야도 온라인 클

▲ 필자의 블로그 강의 현장

래스가 개설되었습니다. 어떤 주제든 강연으로 확장할 수 있는 시대인 것입니다.

불과 5년 전만 해도 나이가 지긋한 전문가, 박사, 교수 등이 사내 교육을 하는 것이 일반적이었지만, 최근에는 블로거, 유튜버 등 자신만의 스토리가 있는 일반인 강사의 강의도 많아졌습니다. 먼저 경험하고 사람들과 공감하면서 콘텐츠, 메시지를 전달하는 사람 모두를 강사라 할 수 있습니다. 기업, 관공서, 학교, 기관에서 찾는 강사의 기준도 다양해졌습니다. 그만큼 진입장벽이 낮아졌다는 의미입니다. 이런 상황에 대비해 나만의 강연 콘텐츠를 만들고 노하우를 쌓아야 합니다. 그 시작이 바로 블로그 글쓰기입니다.

주제 삼총사를 정하고 콘텐츠를 쌓고 있다면 관련 주제에 관심을 가진 이웃과도 활발하게 소통하고 있을 것입니다. 그 정도라면 이미 강사가 될 기본 요건은 갖춘 것입니다. 실행에 옮기지 못하는 가장 큰 이유는 처음부터 완벽한 준비를 해야 한다고 생각하기 때문입니다. 처음부터 완벽할 수 없다는 것을 인정하면 시작이 좀 더 쉬워질 것입니다. 그동안 쌓은 콘텐츠로 소소한 무료 강의부터 시작해 피드백을 받고, 교안의 내용과 교수법 등을 조금씩 수정하면서 발전하면 됩니다.

블로그 강의 동동이의 PDF로 만나보세요!!(feat. 블로그 수익화로 제2의 월급통장 만들기)

동동이

2020. 10. 19. 14:07

회사에서 매월 직원들의 평가항목 중 하나인 독서통신 교육이 있다. 그런데 내가 읽었던 책 한 권이 나의 인생을 180도 바꿔놓았다. 나는 7년차 블로거이자 아빠블로거이다. 이 책을 읽기 전 평범한 블로그 였지만 마지막 책장을 닫는순간 내 인생은 완전히 바뀌었다.

▲ 무료 강의, PDF 전자책 블로그 이벤트 예시

몇 명의 애정이웃을 대상으로 한 무료 강의는 당장 수익이 발생하지는 않지만, 그 과정에서 개선 사항을 발견한다면 0이 아닌 1이 되는 것입니다. 숫자 0에는 어떤 숫자를 곱해도 0이 되지만 1은 다릅니다. 고민과 생각만 하는 것에서 멈추면 안 되는 이유입니다.

자신의 재능을 드러내야 하는 시대는 이미 찾아왔습니다. 숨겨진 재능을 모르는 것은 어쩌면 당연합니다. 나의 재능이 될 만한 것을 꾸준히 탐구하고 세상에 내놔야 기회가 됩니다. 무심코 지나쳤던 나의 장점과 재능, 지금까지 쌓은 경험과 지식, 정보들이 모두 좋은 콘텐츠가 됩니다. 강의를 시작하고자 마음먹었다면 당장 무료 강의부터 기획하고 실천하기 바랍니다.

❶ 공동구매 초보자가 경쟁력을 높이려면 어떻게 해야 할까요?

A 공동구매는 단순히 제품을 판매해 수익을 얻겠다는 1차원적 접근보다 나중에 스마트스토어 마켓을 운영하기 위해 0부터 100까지 경험한다는 생각으로 접근하는 것이 좋습니다. 공동구매는 하나의 파이프라인을 구축하는 과정이지만, 조금 더 발전적인 방향으로 시작하는 것이 좋다는 의미입니다.

공동구매 초보자가 기존의 경쟁자를 이기려면 제품 경쟁력과 가격 경쟁력을 갖춰야 합니다. 제품이 워낙 좋다면 가격 경쟁력이 떨어져도 판매가 되겠지만 인기 아이템은 금방 경쟁자가 진입합니다. 그러므로 장기적으로 가장 유용한 무기는 가격 경쟁력입니다.

경쟁자에 비해 상대적으로 저렴한 가격에 물건을 판매하려면 사람과의 관계가 중요합니다. 제품·서비스를 구매해줄 애정이웃, 그리고 업체 담당자 및 대표와의 관계입니다. 블로그를 운영하면서 체험 이벤트, 홍보 대행 등으로 업체 담당자와 친해질 수 있는 기회는 생각보다 많습니다. 이때 자연스러운 친분 관계를 구성하고 유지하는 것이 가장 좋습니다.

하지만 모든 업체와 이런 관계를 유지하기는 힘듭니다. 따라서 정말 잘 팔 자신이 있는 제품이 있다면 해당 제품의 상위 공급자를 찾아야 합니다.

공동구매를 위한 제품을 찾을 때는 먼저 네이버 스마트스토어, 쿠팡 등에서 판매

01 애정이웃과 블로그 메인 주제
지속적인 소통과 신뢰 구축
블로그 메인 주제와 연계된 공동구매 진행
공동구매 진행 내용 홍보 및 구매 참여

02 업체 담당자와의 신뢰 구축
체험단 참여 및 제안 메일을 통한 관계 형성
신뢰 구축을 통한 판매 수수료 조정
공동구매 시 판매 수수료 상승분으로 가격 조정 가능

▲ 자체 공동구매 이벤트 진행의 핵심 포인트

량이 높거나 인기가 많은 제품을 선택합니다. 그 후 도매 사이트에서 해당 물건을 검색해 가장 낮은 가격을 제시하는 공급자를 찾아 공동구매를 진행합니다. 하지만 도매 사이트에는 1차 공급자보다 2차 공급자가 훨씬 더 많습니다. 1차 공급자(제품 제작업체 및 수입업체)가 아닌 2차 공급자(1차 공급자에게 물건을 받아 소매상에 뿌리는 도매인)와 거래하면 중계 수수료가 붙은 가격에 거래할 수밖에 없습니다. 그런데 공동구매에 참여하는 고객은 조금이라도 저렴한 가격에 제품을 구매하고자 합니다. 따라서 꼭 판매하고 싶은 제품이 있다면 1차 공급자에게 직접 제안서와 메일을 보내 제품을 확보할 것을 추천합니다.

제안서를 보내고 거절 당하는 것이 두려워 2차 공급자의 제품을 선택하면 가격 경쟁력은 당연히 떨어집니다. 물론 모든 1차 공급자가 개인 셀러에게 기회를 주는 것은 아니기 때문에 2차 공급자를 통한 제품 확보가 필요한 경우도 있습니다. 여기서 강조하고자 하는 것은 마음가짐이 중요하다는 것입니다. 실패의 과정에서도 분명히 배우는 것이 있습니다. 다양한 판매 경험을 쌓고 틈틈이 제안서, 제안 방법 등의 포트폴리오를 보강한다면 1차 공급자와의 거래에 성공할 확률도 높아질 것입니다.

찾아보기

찾아보기

나만의 주제 샘플사 정하기

구분	메인 주제	일상 주제	취미/연재 주제
포인트	● 나의 아이덴티티를 잘 나타낼 수 있는 주제 ● 블로그 수익화를 위해 가장 메인이 되는 주제	● 1일 1포스팅이 가능할 만큼 주변에 흔한 주제 ● 이미지 확보가 쉽고 1일 1포스팅이 가능한 주제 ● 일기처럼 쉽고 간단하게 쓸 수 있는 주제	● 연재 형태로 글쓰기가 가능한 주제 　ex) 드라마, 영화, 스포츠 ● 나의 취미, 주식투자, 시험 준비 과정과 같이 　지속성, Level Up, Step Up이 가능한 주제
이미지			
주제명			
벤치마킹 블로거 (3명)	1 2 3	1 2 3	1 2 3

시간 활용 자가 진단 시트

* 하루 24시간(수면 시간 포함) 기준이며, 소요시간+소요시간의 합은 60분이 되어야 한다.

시간	시간 사용 내역 1	소요시간 (분)	시간 사용 내역 2	소요시간 (분)	자체 평가 (보완점 같이 기술)
0:00					
1:00					
2:00					
3:00					
4:00					
5:00					
6:00					
7:00					
8:00					
9:00					
10:00					
11:00					
12:00					
13:00					
14:00					
15:00					
16:00					
17:00					
18:00					
19:00					
20:00					
21:00					
22:00					
23:00					

● 평가는 시간 활용에 대한 나의 '집중도 혹은 몰입도'를 A, B, C, F의 4단계 등급으로 자체 평가
  : 평가는 주관적이지만 나의 시간 사용 패턴을 객관화하여 평가한다.

  A 시간을 효율적으로 100% 몰입해 활용
  B 시간 활용은 양호하지만 몰입이 조금 아쉬운 정도(70% 이상)
  C 시간 활용이 만족스럽지 못했으나 어느 정도 과업은 처리한 상태(50% 이상)
  F 시간을 제대로 활용하지 못함. 개선 필요

1일 1포스팅 계획표

구분			내용
	월에 읽을 책		
글	필사 노트	좋은 글귀	
		필사	
		나만의 문장	
	필사 노트	좋은 글귀	
		필사	
		나만의 문장	

구분		포스팅 주제	확보 방법
이미지	메인 주제		
	일상 주제		
	연재 주제		

나만의 함금 키워드 찾기

* 포화지수=(월간 발행 문서량/Total 검색량)×100 : 포화도 지수가 0에 가까울수록 함금 키워드

구분	키워드	월간 PC 검색량	월간 모바일 검색량	월간 Total 검색량	월간 발행 문서량	포화 지수	연관 검색어	비고
1								
2								
3								
4								
5								
6								
7								
8								
9								
10								
11								
12								
13								
14								
15								

나만의 시즌별 황금 키워드 찾기

구분	계절 / 축제 키워드	비고	해당 월 이벤트	비고
1월				
2월				
3월				
4월				
5월				
6월				
7월				
8월				
9월				
10월				
11월				
12월				

포스팅 노트 글쓰기 만들기

구분	주요 내용			
전체 흐름 (구성)	제품명/포스팅 주제	키워드 (메인/서브)	작성 일정	글쓰기 포인트
포스팅 상세	이미지 개수	동영상	월간 키워드 검색량 (메인/서브)	업로드 일정	이미지 순서
	1	2	3	4	5	6	7	8
	9	10	11	12	13	14	15	16